clave

Osho ha sido descrito por *The Sunday Times* de Londres como «uno de los mil artífices del siglo XX» y por el *Sunday Mid-Day* (India) como una de las diez personas –junto a Gandhi, Nehru y Buda– que han cambiado el destino de la India. En una sociedad donde tantas visiones religiosas e ideológicas tradicionales parecen irremediablemente pasadas de moda, la singularidad de Osho consiste en que no nos ofrece soluciones, sino herramientas para que cada uno las encuentre por sí mismo.

OSHO

Bienestar emocional

Traducción de
Esperanza Moriones

DEBOLS!LLO

Bienestar emocional

Título original: *Emotional Wellness*

Esta traducción se publica por acuerdo con Harmony Books,
una división de Random House, Inc.

Primera edición con esta portada en España: septiembre, 2016
Primera edición en Debolsillo en México: enero, 2017

D. R. © 2007, OSHO International Foundation
www.osho.com/copyrights
Todos los derechos reservados

D. R. © 2007, Penguin Random House Grupo Editorial, S. A. U.
Travessera de Gràcia, 47-49, 08021, Barcelona

El material de este libro ha sido seleccionado entre varias de las charlas
dadas por Osho ante una audiencia durante un período de más de treinta años.
Todos los discursos de Osho han sido publicados íntegramente
en inglés y están también disponibles en audio.
Las grabaciones originales de audio y el archivo completo
de los textos se pueden encontrar on-line en la biblioteca de la
www.osho.com.
OSHO® es una marca registrada de Osho International Foundation
www.osho.com/trademarks

D. R. © 2017, derechos de edición mundiales en lengua castellana:
Penguin Random House Grupo Editorial, S. A. de C. V.
Blvd. Miguel de Cervantes Saavedra núm. 301, 1er piso,
colonia Granada, delegación Miguel Hidalgo, C. P. 11520,
Ciudad de México

www.megustaleer.com.mx

D. R. © 2007, Esperanza Moriones Alonso, por la traducción

ISBN: 978-607-315-010-1
Impreso en México – *Printed in Mexico*

El papel utilizado para la impresión de este libro ha sido fabricado a partir de madera procedente
de bosques y plantaciones gestionadas con los más altos estándares ambientales, garantizando
una explotación de los recursos sostenible con el medio ambiente y beneficiosa para las personas.

Penguin
Random House
Grupo Editorial

Índice

III. Observación – La llave de la transformación

I
COMPRENDER LA NATURALEZA
DE LAS EMOCIONES

Las emociones no pueden ser permanentes, por eso reciben el nombre de «emociones» —término que viene de «moción», movimiento—. Van cambiando, de ahí que sean «emociones». Van pasando constantemente de una a otra. En un momento estás triste y al siguiente estás contento; en un momento estás enfadado y al siguiente eres compasivo. En un momento eres cariñoso y al siguiente estás lleno de odio; la mañana ha sido preciosa, la noche es horrible. Y así sucesivamente. Tu naturaleza no puede ser todo esto, detrás de todos esos cambios debe haber algo parecido a un hilo que los mantenga unidos. Es como una guirnalda de flores, aunque no se vea el hilo es lo que mantiene unidas todas las flores; las emociones son como esas flores. A veces florece la ira, a veces la tristeza, a veces la felicidad, a veces el dolor y a veces la angustia. Pero todas ellas son flores, y tu vida es la guirnalda. Debe existir un hilo, si no, te habrías desarmado hace ya mucho tiempo. Sigues siendo una entidad, entonces ¿dónde está ese hilo, dónde está esa estrella que te guía? ¿Qué es lo permanente en ti?

Lo primero es lo primero: el mecanismo de la mente

Tus emociones, sentimientos y pensamientos —toda la parafernalia de tu mente— se manipulan desde el exterior. Ahora la ciencia es capaz de entenderlo mejor, pero incluso antes de que la ciencia lo hubiese investigado, los místicos llevaban miles de años diciendo exactamente lo mismo: que todo lo que está dentro de tu mente no es tuyo; tú estás más allá de todo eso. El único problema es que te identificas con ello.

Por ejemplo, si alguien te insulta, te enfadas. Crees que te estás enfadando *tú* pero, en términos científicos, el insulto de la otra persona actúa como un control remoto. La persona que te ha insultado está manipulando tu comportamiento. Tu ira está en sus manos, y tú solo te comportas como una marioneta.

En la actualidad, los científicos pueden poner electrodos en ciertos centros del cerebro con un resultado increíble. Los místicos llevaban hablando de esto desde hace miles de años, pero solo recientemente la ciencia ha descubierto que en el cerebro hay cientos de centros que controlan tu comportamiento. Se puede poner un electrodo en un punto determinado, por ejemplo, en el centro de la ira. Nadie te está insultando, nadie te está humillando, nadie te está diciendo nada; tú estás tranquilamente sentado y feliz, y cuando alguien pulsa el botón de un control remoto, ¡te enfadas! Es una sensación extraña porque no en-

9

cuentras el motivo de tu ira en ninguna parte. Intentas buscarle una explicación racional. Ves pasar un hombre por el pasillo y recuerdas que te insultó; buscas una justificación tan solo para convencerte de que no te estás volviendo loco. Estás tranquilamente sentado y, de repente, sin mediar provocación alguna ¿cómo es posible que te enfades tanto?

Ese mismo control remoto también se puede accionar para que te sientas feliz. Estás sentado en una silla y empiezas a reírte, miras a tu alrededor, ¡si te viera alguien pensaría que estás loco! No te han dicho nada, no ha pasado nada, nadie ha dado un patinazo, ¿de qué te ríes? Buscas una explicación racional, intentas encontrar una explicación racional a la risa. Y lo más curioso es que la próxima vez que pulsen el mismo botón y te rías, se te ocurrirá la misma justificación, el mismo consuelo, la misma explicación; ¡esa explicación racional ni siquiera es tuya! Es como si se tratase de un disco de vinilo.

Al leer unas investigaciones científicas acerca de estos centros, me acordé de mis días de estudiante. Yo era uno de los ponentes en un debate intrauniversitario en el que participaban todas las universidades del país. La Universidad de sánscrito de Benarés también estaba entre ellas pero, naturalmente, los alumnos de dicha Universidad se consideraban un poco inferiores a los participantes de las demás. Conocían las antiguas escrituras, conocían la poesía sánscrita, el teatro, pero no estaban familiarizados con el mundo del arte, la literatura, la filosofía o la lógica contemporáneas. Y el complejo de inferioridad tiene unos mecanismos muy extraños...

Después de mi intervención, le tocaba el turno al representante de la Universidad de sánscrito. Para impresionar al auditorio y para disimular su complejo de inferioridad, comenzó su discurso con una cita de Bertrand Russell que había aprendido de memoria; los estudiantes de sánscrito son capaces de memorizar mejor que nadie. Pero tenía tanto miedo escénico... y además no sabía nada de Bertrand Russell, no tenía ni idea de lo que estaba diciendo. Si se hubiese limitado a citar algo relativo al sánscrito, se habría sentido más cómodo.

En mitad de la frase se quedó callado. Yo estaba sentado a su lado porque acababa de terminar mi turno. Hubo un silencio, él estaba sudando, y para echarle una mano le dije: «Vuelve a empezar». ¿Qué otra cosa podía hacer? Se había quedado en blanco y le dije: «Si no puedes seguir, vuelve a empezar; a lo mejor te acuerdas de cómo sigue».

Así que volvió a empezar: «Compañeros y compañeras...», pero al llegar exactamente al mismo punto volvió a quedarse en blanco. Ahora resultaba cómico. En la sala todo el mundo empezó a corear: «¡Otra vez!». Él lo estaba pasando fatal. No era capaz de seguir pero tampoco podía quedarse callado como un idiota. Así que tuvo que volver a empezar. Y volvió desde el principio: «Compañeros y compañeras...».

Durante un cuarto de hora oímos una y otra vez esa parte que empezaba por «Compañeros y compañeras...», hasta que llegaba al punto en el que se quedaba en blanco. Cuando se le acabó el tiempo vino, se sentó a mi lado y me dijo:

—Has arruinado mi exposición.

Yo le respondí:

—Estaba intentando ayudarte.

—¿Eso es ayudar? —dijo lastimeramente.

—De todas formas estabas en un apuro. Así por lo menos has hecho que todo el mundo se divierta... menos tú, por supuesto. ¡Pero deberías estar contento de haber hecho reír a toda esa gente! Además, ¿por qué escogiste esa cita? Cuando te dije: «Empieza otra vez», no hacía falta que lo hicieras desde el principio, podías haberte saltado la cita, no era imprescindible.

Pero leyendo algunas investigaciones científicas me he enterado de que el centro del habla es exactamente igual que un disco, aunque tiene algo muy raro y especial. En un disco, si levantas la aguja, puedes volver a ponerla en el sitio donde estaba y seguir desde ahí. Pero en el centro del habla, si levantas la aguja y vuelves a bajarla, el centro vuelve automáticamente al principio.

Si esto es así, ¿cómo puedes decir que tú eres dueño de lo que dices o de lo que sientes? Es obvio que no te han puesto ningún electrodo, pero biológicamente está ocurriendo lo mismo.

Cuando ves determinado tipo de mujer, tu mente reacciona automáticamente: «¡Qué bella!». No es más que un control remoto. Esa mujer está actuando de control remoto conectado a un electrodo, y tu centro del habla reproduce la frase grabada: «¡Qué bella!».

La mente es un mecanismo. No eres tú. La mente graba cosas del exterior y luego reacciona a los estímulos externos conforme a esas grabaciones. La única diferencia entre un hindú, un musulmán, un católico o un judío, es que sus discos son diferentes. Pero internamente solo hay una humanidad. Cuando pones un disco... la letra puede estar en hebreo, en sánscrito, en persa o en árabe, pero la máquina que lo hace sonar es la misma. A la máquina no le importa que el disco esté en hebreo o en sánscrito.

Todas vuestras religiones, vuestras ideas políticas y vuestras actitudes culturales solo son grabaciones. Y cada situación desencadena determinada grabación.

Hay un bella anécdota en la vida de uno de los reyes más sabios de la India, Raja Dhoj. Él se mostraba muy interesado por los sabios. Había puesto su fortuna a disposición de un único propósito: reunir a todos los sabios del país, costara lo que costase. La capital de su reino era Ujjain, y en su corte había treinta de las personas más famosas del país. Era la corte más refinada de toda la nación.

Kalidas, uno de los mayores poetas que ha dado el mundo, era miembro de la corte de Raja Dhoj.

Un día apareció en la corte un hombre que hablaba treinta idiomas con la fluidez, la precisión y el acento de un nativo, y venía a desafiarlos: «He oído decir que en tu corte están las personas más sabias del país. Te propongo un trato, aquí traigo mil monedas de oro para aquel que pueda distinguir mi lengua materna. Pero si se equivoca, él tendrá que darme a mí mil monedas de oro».

La sala estaba llena de eruditos y, todo el mundo sabe que por más que uno quiera, nadie puede hablar otro idioma con la misma fluidez que su lengua materna, porque los demás idiomas se aprenden con esfuerzo. Solo la lengua materna se aprende espontáneamente; en realidad, ni siquiera hay que aprenderla. Empiezas a hablar a raíz de las circunstancias. Es algo instintivo. Los alemanes llaman «tierra padre» a su tierra... mientras que casi todos los demás países dicen «tierra madre»; pero ni siquiera los alemanes dicen «lengua paterna». En cualquier idioma se dice «lengua materna», porque el niño empieza aprendiéndola de su madre. De todas formas ¡el padre nunca tiene ocasión de abrir la boca en casa! Es la madre quien siempre está hablando; el padre se limita a escuchar.

Mucha gente aceptó el desafío en la corte de Raja Dhoj. El hombre hablaba en treinta idiomas —un poco en un idioma, otro poco en otro idioma—, ¡y realmente era muy difícil adivinar su lengua materna! Se trataba, sin lugar a dudas, de un experto. Hablaba cualquier idioma como solo lo haría un nativo. Los treinta famosos eruditos perdieron la apuesta. El concurso duró treinta días; cada día le tocaba apostar a uno, pero siempre acababa perdiendo la apuesta. Cada vez que daban una respuesta, el hombre les contestaba: «No, esa no es mi lengua materna».

Al llegar el trigésimo primer día... el rey Dhoj insistió a Kalidas: «¿Por qué no participas en el desafío? Los poetas conocéis el lenguaje en su forma más compleja, con todos sus matices, mejor que nadie». Pero Kalidas seguía callado. Llevaba treinta días observando e intentando adivinar el idioma que hablaba este hombre con más facilidad, más naturalidad y alegría. Pero no había sido capaz de adivinarlo porque hablaba todos los idiomas exactamente igual de bien.

El trigésimo primer día, Kalidas pidió al rey Dhoj y a todos los sabios que esperasen fuera de la sala. El hombre estaba subiendo un largo tramo de escaleras y cuando llegó al último escalón, Kalidas le dio un empujón. Al caer rodando por la escalera se enfadó mucho y gritó.

Entonces Kalidas le dijo: «¡Esa es tu lengua materna!». Cuando estás enfadado no puedes fingir; pero el hombre no se esperaba que emplearan esa táctica en el concurso. Y en efecto, esa era su lengua materna. La grabación, en el fondo de su mente, estaba en su lengua materna.

Uno de mis profesores —que había impartido clases en diversas universidades de todo el mundo— solía decir: «En todos los países en los que he estado, solo me he visto en apuros en dos situaciones: cuando discutía o cuando me enamoraba. En esos momentos tienes que utilizar tu lengua materna. Y aunque te expreses muy bien en otro idioma, no es lo mismo, suena superficial. Cuando te enfadas y discutes en un idioma que no es el tuyo, no tienes la misma soltura... Son dos situaciones muy significativas: discutir y amar —dijo—, ¡y casi siempre ocurren con la misma persona! Te enamoras de una persona y luego tienes que discutir con ella».

Mi profesor tenía razón cuando decía que por muy bien que hables un idioma, no te valdrá para cantar una bella canción ni para insultar como en tu propio idioma. En ambos casos se queda corto.

Sin lugar a dudas, la mente es un mecanismo que graba experiencias del exterior, y reacciona y responde de la forma correspondiente. No eres tú. Sin embargo, desafortunadamente, los psicólogos creen que la mente lo es todo y que no hay nada más allá de ella. Eso significa que tú no eres más que un conjunto de impresiones del exterior y que no tienes alma propia. Hasta la idea del alma te viene del exterior.

Esto es en lo que difieren los místicos. En lo que respecta a la mente, están completamente de acuerdo con las investigaciones científicas contemporáneas, pero en lo que respecta a la totalidad del ser humano, no. Más allá de la mente hay una conciencia que no viene del exterior, y que no es solamente un concepto; pero, hasta ahora, ningún experimento ha descubierto un centro en el cerebro que corresponda a la conciencia.

El objeto de la meditación es tomar conciencia de todo lo que representa la mente y no identificarse con ello. Cuando la mente esté enfadada podrás darte cuenta de que no es más que un disco. Cuando la mente esté triste recuerda que se trata simplemente de un disco. Una situación concreta activa el control remoto y te sientes triste, enfadado, frustrado, preocupado, tenso; todas esas cosas vienen del exterior y la mente responde. Pero tú eres el observador, no el actor. No es tu reacción.

El arte de la meditación consiste en aprender a estar atento, alerta, consciente. Cuando estés enfadado, no te reprimas, permítelo. Simplemente sé consciente de ello. Obsérvalo como si se tratase de algo que viniera de fuera. Poco a poco, irás cortando la identificación con tu mente. Así encontrarás tu verdadera individualidad, tu ser, tu alma.

La iluminación es encontrar esa conciencia, volverse luminoso, dejar de estar en la oscuridad y dejar de ser una marioneta en manos de la mente. Eres el amo, no el esclavo. Ahora la mente no puede reaccionar automáticamente, de forma autónoma, como solía hacer antes. Tienes que darle permiso. Si alguien te insulta y no quieres enfadarte, no te enfadas.

Gautama Buda solía decirle a sus discípulos: «Enfadarse es algo tan estúpido que no puedo concebir que los seres humanos inteligentes sigan haciéndolo. Cada vez que alguien hace algo, ¿tú te enfadas? Puede hacerte algo malo, decirte algo feo o esforzarse en humillarte e insultarte... pero él es libre de hacerlo. Si tú reaccionas, estarás siendo un esclavo. Sin embargo, si le contestas: "Tú disfrutas insultándome y yo disfruto no enfadándome", estarás comportándote como el amo».

Hasta que este amo no esté absolutamente claro dentro de ti, hasta que no cristalice, no tendrás alma. No eres más que un disco y, a medida que te haces mayor, la grabación aumenta. Como tienes más información, la gente cree que eres más sabio pero, en realidad, lo que estás haciendo es convertirte en un burro cargado de libros.

La sabiduría no consiste en tener muchos conocimientos, sino uno solo: conocer tu conciencia y saber que está separada de tu mente.

Intenta fijarte en los pequeños detalles y te llevarás una sorpresa. La gente repite las mismas cosas todos los días. Deciden hacer algo y luego se arrepienten de no haberlo hecho; se convierte en una rutina. Nada de lo que haces es nuevo. Aunque no quieras volver a hacerlas, vas repitiendo mecánicamente, una vez tras otra, sin poder evitarlo, todas las cosas que te han hecho infeliz, que te han producido tristeza y preocupación, que te han herido muchas veces. Pero no podrás evitarlo hasta que no crees una separación entre la mente y la conciencia.

Esa separación es la mayor revolución que puede hacer un ser humano. A partir de ese momento, tu vida se convierte en una vida de celebración, porque no tienes que hacer nada que te perjudique, que te haga infeliz. Ahora puedes hacer aquello que te haga más feliz, que te haga estar más satisfecho y contento, que convierta tu vida en una obra de arte, en algo bello.

Pero eso solo es posible si se despierta el amo que hay en tu interior. Ahora mismo está profundamente dormido y el esclavo está interpretando el papel del amo. Ese esclavo ni siquiera es tuyo, sino del mundo exterior. Pertenece al mundo exterior y obedece las leyes del mundo exterior.

Esta es la tragedia de la vida humana: estás dormido, el mundo exterior te domina y manipula tu mente según sus necesidades; la mente solo es una marioneta. Cuando tu conciencia se convierte en una llama, quema la esclavitud que ha creado la mente. No hay dicha más preciada que la libertad, que ser el amo de tu propio destino.

La mente no es tu amiga. Finge que es el amo, pero hay que colocarla en el lugar que le corresponde, de sirviente; la mente no es tu amiga. La lucha por la libertad, por la dicha, por la verdad, no es una lucha contra el mundo sino contra esa marioneta que es la mente. Es muy sencillo.

Hay un cuento muy bonito de Khalil Gibran.

Para proteger sus cultivos, los granjeros de los pueblos construyen un hombre artificial, un espantapájaros. Se trata simplemente de dos palos atados en forma de cruz. Luego lo visten y le ponen un puchero de barro por cabeza. Con eso es suficiente para que los pájaros y los animales se asusten pensando que se trata de una persona. La ropa y las manos les hacen creer que es una persona que les está observando. Eso basta para que los animales se mantengan alejados de los campos.

Gibran dice que un día le preguntó a un espantapájaros: «Comprendo al granjero que te ha construido porque te necesita. Comprendo a los pobres animales que no tienen suficiente inteligencia para darse cuenta de que no eres real. Pero ¿por qué te quedas quieto llueva o haga sol, haga frío o calor?».

El espantapájaros le respondió: «No sabes lo feliz que me siento. Me hace tan feliz espantar a todos esos animales que vale la pena soportar la lluvia, el sol, el calor, el invierno o lo que sea. ¡Espanto a miles de animales! Sé que soy artificial, que estoy hueco por dentro, pero no me importa. Me siento feliz espantando a los demás».

Y yo te pregunto: ¿te gustaría ser como ese espantapájaros que está hueco por dentro y se dedica a espantar o a hacer feliz, humillar o respetar a los demás? ¿Tu vida es solo para los demás? ¿Nunca mirarás en tu interior? ¿Hay alguien en casa, o no? ¿Estás interesado en encontrar al amo de la casa?

Hay un amo, es posible que esté dormido, pero puedes despertarlo. Y cuando lo despiertes, tu vida empezará a adquirir otro color, otro arco iris, otras flores, otra música, otro baile. Por primera vez estarás vivo.

La puerta a la realidad no se abre a través de la mente, sino a través del corazón.

El mayor problema al que se enfrenta el hombre moderno es que ejercita demasiado la mente y se desentiende del corazón, y no solamente se desentiende de él sino que lo censura. Los sentimientos no están permitidos, se reprimen. Creemos que un hombre con sentimientos es débil, infantil, inmaduro. Creemos que un hombre con sentimientos no es contemporáneo sino primitivo. Los sentimientos y el corazón se censuran tanto que, naturalmente, empezamos a tenerles miedo. Empezamos a reprimir los sentimientos hasta que, poco a poco, evitamos el corazón y nos vamos directamente a la cabeza. El corazón se va convirtiendo en un órgano que solo sirve para bombear la sangre y depurarla.

Por primera vez en la historia de la humanidad, el corazón se ha reducido a algo exclusivamente fisiológico; sin embargo, no lo es. Tras la fisiología del corazón se esconde el verdadero corazón, pero este no forma parte del cuerpo físico, por eso la ciencia no puede descubrirlo. Tendrás que llegar a él a través de los poetas, los pintores, los músicos o los escultores. Y finalmente, la llave secreta la tienen los místicos. Pero en cuanto descubres que en tu ser hay una cámara secreta —que no está contaminada por la educación, la sociedad o la cultura; sin influencia alguna del cristianismo, el hinduismo o el islam; que no está corrompida por todo lo que le está sucediendo al ser humano moderno, que todavía es virgen—, cuando conectas con la fuente de tu ser, vives tu vida en un plano diferente.

Es el plano de lo divino. Vivir en la mente es vivir en el plano de lo humano, vivir por debajo de la mente es vivir en el plano animal. Vivir más allá de la mente, en el corazón, es vivir en el plano de lo divino. A través del corazón nos conectamos con la totalidad. Esa es nuestra conexión.

Todas las meditaciones que he ideado están diseñadas con un único propósito: llevarte de la cabeza al corazón, sacarte como sea del lodo de la mente y llevarte a la libertad del corazón, hacerte ver de alguna manera que tú no solo eres cabeza.

La cabeza es un gran mecanismo; úsalo, pero no te dejes usar por él. Debe estar al servicio de tus sentimientos. Cuando el pensamiento está al servicio de los sentimientos, todo se equilibra. Surge en tu ser una gran tranquilidad y felicidad que no procede del exterior, sino de tus fuentes internas. Te prepara, te transforma, y no solo a ti..., te vuelves tan luminoso que todo aquel que entra en contacto contigo puede saborear lo desconocido.

Represión y control.
Las raíces del condicionamiento moral

EL NIÑO NACE SINTIENDO TODO EL UNIVERSO, no se siente separado de él. Poco a poco, le enseñamos a sentir la separación. Le ponemos un nombre, le damos una identidad, le inculcamos ciertas cualidades, ciertas ambiciones, y creamos una personalidad en torno a él. Gradualmente, esa personalidad se va marcando más por la formación, la educación y la enseñanza religiosa. De ese modo, el niño empieza a olvidarse de quién era cuando estaba en el vientre de su madre; porque cuando estaba allí no era ni médico ni ingeniero. Allí no tenía nombre, no estaba separado de la existencia. Estaba en absoluta unión con su madre y no había nada más allá de ella. Lo único que existía para él era el vientre, ese era todo su universo.

Cuando está en el vientre de la madre, el niño nunca se preocupa ni piensa: «¿Qué va a ocurrir mañana?». No tiene dinero ni cuenta en el banco, no tiene una profesión. Está completamente desempleado, no tiene ninguna preparación. No sabe cuándo se hace de noche ni de día, cuándo cambian las estaciones; simplemente vive en una inocencia absoluta, tiene plena confianza en que todo irá bien como ha ocurrido hasta ese momento. Si hoy ha ido bien, mañana también. No es que lo «piense», se trata de un sentimiento intrínseco; no hay palabras porque no las conoce. Solo conoce los sentimientos, los estados de ánimo, y él siempre está alegre, contento... es absolutamente libre y sin responsabilidades.

¿Por qué sufren tanto las madres con cada niño que sale del vientre? ¿Por qué los niños nacen llorando? Si te fijas atentamente en estas pequeñas cuestiones, es posible que descubras grandes secretos de la vida. El niño se resiste a salir del vientre porque era su casa. No conoce el calendario, para él nueve meses son como una eternidad, como un para siempre. Desde que tuvo noción de su existencia siempre ha estado en el vientre. Ahora, de repente, le arrebatan su casa. Le expulsan y él se resiste con todas sus fuerzas. El problema es que se aferra al vientre. La madre quiere que nazca antes, porque cuanto más tiempo permanezca allí, más sufrirá ella. Pero el niño se aferra y siempre nace llorando; les ocurre a todos los niños sin excepción.

Solo hay un hombre del que se dice que nació riendo: Lao Tse. Es posible. Era un hombre excepcional; ya estaba loco el día que nació. Como no sabía exactamente qué tenía que hacer —que en ese momento era llorar—, se echó a reír. Y eso es lo que siguió haciendo toda la vida: hacer lo que no debía cuando no debía. La singularidad de su vida empieza con la risa. Todo el mundo se sorprendió porque ningún niño lo había hecho nunca. Es la única excepción; puede que simplemente sea un mito o una idea que se ha ido creando. Conociendo la vida de Lao Tse, es probable que los que escribieron su biografía pensaran que su llegada al mundo no podía ser como la del común de los humanos; tenía que ser especial. Toda su vida fue extravagante y su comienzo tenía que estar en consonancia con su vida. Es posible que solo se trate de un mito, pero en caso de haber sido un hecho histórico, reírse al nacer no sería la regla sino la excepción.

¿Por qué lloran todos los niños al nacer? Porque los han echado de su casa, han destruido su mundo y se encuentran, de repente, en un mundo desconocido y rodeados de extraños. Y siguen llorando porque cada día disminuye su libertad, y su responsabilidad cada vez es más pesada. Al final se dan cuenta de que ya no tienen libertad sino tareas que cumplir y responsabilidades que asumir; se convierten en bestias de carga. No es extraño que lloren al ver eso con la transparencia de unos ojos inocentes, no se les puede reprochar.

Los psicólogos dicen que la búsqueda de la verdad, de Dios, del paraíso, se basa realmente en la experiencia que el niño tiene en el vientre. Es algo que no puede olvidar. Y aunque lo olvide conscientemente, sigue resonando en su inconsciente. Quiere recuperar esos hermosos días de relajación total sin responsabilidades, en los que disponía de toda la libertad del mundo.

Hay personas que lo han encontrado. El término que yo utilizo para describirlo es «iluminación». Puedes usar el término que quieras pero, básicamente, el significado será el mismo. Es como si todo el universo fuese el vientre materno. Puedes confiar, puedes relajarte, puedes disfrutar, puedes cantar, puedes bailar. Tu vida es eterna y tu conciencia, universal.

Pero a la gente le da miedo relajarse, le da miedo confiar, le dan miedo las lágrimas. A la gente le da miedo todo lo que se sale de lo corriente, de lo mundano. Se resisten, y al hacerlo están cavando su propia tumba, nunca llegan a conocer los deliciosos momentos y las experiencias extáticas que les corresponden por derecho natural. Pero lo único que tienen que hacer es reclamarlo.

Un hombre va a la consulta de un psiquiatra. Se presenta como Napoleón Bonaparte, aunque en su ficha pone Jaime Gálvez.

—¿Qué le ocurre? —le pregunta el médico.

—Mire, doctor, todo va estupendamente. Tengo un ejército poderoso, un palacio magnífico y un país próspero. El único problema es mi mujer, Josefina.

—Y bien —dice el doctor—, ¿qué le pasa?

Levantando desesperadamente las manos le contesta:

—¡Se cree la señora Gálvez!

El hombre se pierde entre la multitud y se convierte en otra persona por culpa de sus tensiones, ansiedades y problemas. En el fondo, saber que no es el personaje que está representando, sino otra persona, le provoca una profunda división psicológica. No puede interpretar su personaje correctamente porque sabe que no es su auténtico ser, pero tampoco puede encontrarle. Tiene que interpretar ese papel porque es el que le garantiza sus ingresos, su mujer, sus hijos, su poder, su respetabilidad y todo lo demás. No puede arriesgarlo todo, de modo que sigue interpretando el papel de Napoleón Bonaparte. Poco a poco, él mismo se lo empieza a creer. Tiene que creérselo, de otra forma, no podría interpretarlo. El mejor actor es aquel que se olvida de su individualidad y se identifica con su actuación; entonces su llanto es auténtico, su amor es auténtico, y todo lo que diga no saldrá solo del papel que le han asignado, sino de su corazón, será casi real. Cuando tienes que interpretar un papel, tienes que estar muy identificado con él. Tienes que transformarte en él.

Todo el mundo interpreta algún papel sabiendo perfectamente que no es quien debería ser en realidad. Esto provoca una fisura, una ansiedad, y esa ansiedad destruye cualquier posibilidad de relajarte, de confiar, de amar o de estar en comunión con alguien... con un amigo, con un amado. Te aíslas. Por culpa de tus propias acciones te conviertes en un autoexiliado, y entonces sufres.

No es natural que en el mundo haya tanto sufrimiento; es una situación un tanto antinatural. Es admisible que alguien sufra de vez en cuando, pero la felicidad debería ser natural y universal.

¿Por qué nos cuesta tanto y nos da tanto miedo expresar nuestros verdaderos sentimientos y ser nosotros mismos?

Te resulta difícil expresar tus sentimientos y ser tú mismo porque, desde hace miles de años, te han dicho que reprimas tus sentimientos. Eso ha entrado a formar parte del inconsciente colectivo. Llevan diciéndote, desde hace miles de años, que no seas tú mismo, que seas Jesús,

Buda, Krishna, pero no tú mismo. Sé otra persona. Esta enseñanza ha sido tan constante y persistente a lo largo del tiempo, que se te ha metido en la sangre y en los huesos hasta la médula.

Hay un profundo autorrechazo que ha pasado a formar parte de ti. Todos los sacerdotes te condenan. Te dicen que eres un pecador, que has nacido en pecado. Tu única esperanza es que Jesús o Krishna te salven pero, en lo que a ti respecta, no tienes esperanzas; tú no puedes salvarte, tendrá que hacerlo otra persona. Estás condenado, lo único que puedes hacer es rezar a Jesús o a Krishna para que te salven. En cuanto a ti, eres un inútil, solo eres polvo. No vales nada, te han reducido a algo horrible, a un ser despreciable. Es por eso que te resulta muy difícil y te da mucho miedo expresar tus verdaderos sentimientos. Te han enseñado a ser un hipócrita.

La hipocresía es rentable, y todo lo que es rentable tiene valor en apariencia. Dicen que la honestidad es la mejor política, pero fíjate en lo que dicen: la mejor «política». Incluso la honestidad se ha convertido en simple política, porque es rentable. ¿Y qué pasa cuando no es rentable? En ese caso la mejor política es ser deshonesto. Todo está en función de lo que interesa, de lo que resulta más rentable, de lo que te enriquece o te hace más respetable, de lo que te permite estar más cómodo, más a salvo, más seguro, de lo que nutre más al ego... esa es la mejor política. Puede ser la honestidad o la falta de honestidad; sea lo que sea, úsalo como un medio porque no se trata de un fin.

La religión también se ha convertido en una buena política. Es una especie de seguro para el más allá. Siendo virtuoso, yendo a la iglesia, haciendo donaciones a los pobres, te preparas para el otro mundo. Estás abriendo una cuenta bancaria en el paraíso para que te reciban con gran alegría, para que los ángeles exclamen «aleluya», bailen y toquen sus arpas cuando llegues. El volumen de tu cuenta bancaria dependerá de los actos virtuosos que hayas realizado. La religión también se ha convertido en un negocio, y tu realidad queda reprimida.

Los reprimidos siempre han sido muy respetados. Los llaman santos pero, en realidad, son esquizofrénicos. Deberían someterse a algún tratamiento, necesitan hacer terapia... ¡y vosotros los alabáis! Sería un milagro que, entre cien de los llamados santos, hubiera uno verdadero. El noventa y nueve por ciento restantes no son más que un fraude, estafadores, impostores. No estoy diciendo que intenten engañarte, se están engañando a sí mismos. Están reprimidos.

En la India he conocido a numerosos mahatmas muy respetados por las masas. He estado muy cerca de algunos de ellos; personas que en privado me han abierto sus corazones, y son más horribles que los de la gente corriente.

Yo solía visitar a los presos para enseñarles a meditar, y al principio me sorprendió mucho que los presos —incluso los que habían sido condenados a cadena perpetua— fueran mucho más inocentes y mejores personas que todos esos supuestos santos; eran mucho más simples, mucho más inocentes. Los supuestos santos son astutos, taimados, solo tienen una cualidad: la capacidad de reprimirse. Siempre están reprimiéndose y, por supuesto, acaban escindidos. Por eso tienen dos vidas: una en la puerta principal y otra en la puerta trasera; una de cara al exterior —la real— y otra que no muestran a nadie. Incluso a ellos les da miedo verla.

Es lo mismo que os sucede a vosotros a otra escala, por supuesto, porque no sois santos. Vuestra enfermedad no es incurable, todavía se puede curar. Aún no ha llegado a ser muy grave, todavía no es crónica. Vuestra enfermedad es como un simple catarro que puede desaparecer con facilidad.

Pero estos mal llamados santos —que, en realidad, son enfermos mentales— han influido en todo el mundo. Reprimen su sexualidad, reprimen su codicia y reprimen su ira; su interior está que hierve. Su vida interior es una pesadilla. No tienen paz, no hay silencio. Su sonrisa es falsa.

Las Sagradas Escrituras hindúes están repletas de historias de grandes santos a punto de alcanzar la iluminación, a quienes los dioses envían bellas mujeres para tentarlos. Todavía no he entendido el interés que tienen los dioses en molestar a esa pobre gente. Ascetas que llevan años ayunando, reprimiéndose, haciendo el pino, torturándose... que no han hecho daño a nadie excepto a sí mismos. ¿Qué interés pueden tener los dioses en confundirlos? ¡En realidad, deberían apoyarles! Sin embargo, les envían bellas mujeres desnudas que danzan a su alrededor y hacen gestos obscenos. Naturalmente, caen víctima de ellas, les seducen y les hacen perder su estado de gracia... es como si los dioses estuviesen en contra de cualquiera que esté a punto de alcanzar la iluminación. ¡Es ridículo! Deberían apoyarles y, sin embargo, se dedican a hundirlos.

Pero no hay que interpretar estas historias al pie de la letra; son historias simbólicas, metáforas muy significativas. Sigmund Freud habría disfrutado enormemente con ellas si las hubiese conocido. Habría sido una suerte para él porque habrían respaldado todas sus teorías sobre el psicoanálisis.

En realidad, a esos santos no se les ha aparecido nadie, lo que ocurre es que están proyectando sus represiones. Se trata de sus deseos, sus deseos reprimidos; los han reprimido durante tanto tiempo que acaban adquiriendo mucha fuerza y les hacen soñar incluso con los ojos abiertos.

En la India, a los santos se les enseña que durante determinado tiempo no pueden sentarse en el lugar donde haya estado sentada una mujer, porque hay unas vibraciones peligrosas. ¿No te parece una inmensa tontería? Y estos son los maestros de la humanidad. Son los que han hecho que temas tus propios sentimientos. Y como no puedes aceptarlos, los rechazas, por eso te dan miedo.

Acéptalo, no hay nada malo en ellos, ¡y a ti tampoco te pasa nada! Lo que necesitas no es represión ni destrucción, sino aprender el arte de cómo armonizar tu energía. Tienes que convertirte en una orquesta. Es cierto que cuando no sabes tocar un instrumento, haces ruido, vuelves locos a los vecinos. Pero cuando dominas el arte de tocar un instrumento, puedes interpretar una música preciosa, música celestial. Puedes traer a la tierra algo del más allá.

La vida también es un gran instrumento. Debes aprender a tocarlo. No tienes que cortar, destruir, reprimir o rechazar nada. Todo lo que la existencia te proporciona es maravilloso. Si no has sido capaz de usarlo de forma hermosa es señal de que todavía no tienes la maestría suficiente. Damos por hecho nuestras vidas tal como son, pero es un error. Solo recibimos una posibilidad en bruto, un *potencial* de vida, y debemos aprender a convertirlo en realidad.

Podemos usar todos los recursos que tengamos; puedes usar tu ira de tal forma que se convierta en compasión, tu sexualidad en amor, tu codicia en generosidad. Todas tus energías se pueden convertir en su polo opuesto, porque el polo opuesto está contenido en ellas.

Tu cuerpo contiene el alma; la materia contiene la mente. El mundo contiene el paraíso; el polvo contiene lo divino. Tienes que descubrirlo, y el primer paso para este descubrimiento es aceptarte, gozar de ser tú mismo. No, no tienes por qué ser Jesús. No tienes por qué ser Buda o ninguna otra persona. Solo tienes que ser tú mismo. La existencia no quiere fotocopias, ella adora tu unicidad. Tú solamente puedes ofrecerte a la vida como un fenómeno único. Solo si eres un fenómeno único, la ofrenda será aceptada. Las imitaciones de Jesús, Krishna, Cristo, Buda o Mahoma, no servirán. Los imitadores serán inevitablemente rechazados.

Sé tú mismo, genuinamente tú mismo. Respétate. Ámate. Y luego empieza a observar las energías que hay en ti... ¡tú eres el vasto universo! Poco a poco, según vayas tomando conciencia, serás capaz de ir enderezando las cosas, de ir poniéndolas en el sitio que les corresponde. Estás hecho un desbarajuste, eso es verdad, pero no es nada grave. No eres un pecador, basta con reorganizarlo todo un poco y te convertirás en un hermoso fenómeno.

¿Podrías hablar un poco más acerca de la represión y de cómo librarnos de ella? ¿Qué es exactamente? ¿Y por qué seguimos reprimiéndonos si es mucho mejor no hacerlo?

Represión es vivir una vida que no te corresponde. Represión es hacer cosas que nunca quisiste hacer. Represión es ser quien no eres, es una forma de destruirte. La represión es un suicidio, muy lento, por supuesto, un lento pero certero envenenamiento. La expresión es vida; la represión es suicidio.

Cuando llevas una vida reprimida, no vives en absoluto. La vida es expresión, creatividad, alegría. Cuando vives como la existencia ha querido que lo hagas, estás viviendo de forma natural.

No tengas miedo a los sacerdotes. Haz caso a tu instinto, escucha a tu cuerpo, escucha a tu corazón, a tu inteligencia. Confía en ti mismo, ve donde te lleve tu espontaneidad, de ese modo no fracasarás. Si sigues la corriente de tu vida natural de forma espontánea, un día, inevitablemente, llegarás a las puertas de lo divino.

Tu naturaleza es lo divino que hay dentro en ti. La fuerza de esa naturaleza es la fuerza de la vida que hay en ti. No hagas caso a los envenenadores, haz caso a la fuerza de la naturaleza. Es cierto que la naturaleza no es suficiente —también hay una naturaleza superior—, pero lo superior llega a través de lo inferior. El loto nace del lodo. El alma nace del cuerpo, la trascendencia nace de la sexualidad.

Recuerda, la conciencia nace de los alimentos. En Oriente decimos «*Annam brahm*», el alimento es Dios. ¿Cómo es posible afirmar que el alimento es Dios? Lo inferior está ligado a lo más elevado, lo más superficial está ligado a lo más profundo.

Los sacerdotes te han enseñado a reprimir lo inferior. Pero, aunque son muy lógicos, olvidan una cosa: que la vida es ilógica. Son muy lógicos y eso te atrae. Por eso siempre les has hecho caso y les has obedecido. A tu razón le seduce la idea de que para alcanzar lo más elevado, no haya que hacer caso a lo inferior. Parece lógico. Si quieres subir, no bajes; es muy racional. El único problema es que la vida no es racional.

Precisamente el otro día, uno de los terapeutas que hay aquí me decía que, en su grupo de terapia, a veces llega un momento en el que todos los participantes se quedan en silencio sin motivo aparente, sin ninguna razón. Esos pequeños momentos de silencio son enormemente hermosos. Me decía: «Esos momentos son muy misteriosos. No los provocamos, no los preparamos; simplemente ocurren algunas veces. Pero cuando ocurren, inmediatamente, todo el grupo siente la presencia de algo más elevado, algo más grande que todos nosotros, algo misterioso. Y todos se quedan en silencio en ese momento». Pero su mente racional le decía: «Quizá estaría bien hacer todo el proceso en silencio». Debe de haber pensado: «Ya que esos pocos momentos espaciados eran tan hermosos, ¿por qué no hacer todo el proceso en silencio?».

Yo le dije: «De nuevo estás siendo lógico y la vida no lo es. Si se hace todo el proceso en silencio, esos momentos no volverán».

En la vida hay cierta polaridad. Durante el día trabajas duramente, haces las tareas; luego, por la noche, caes en un sueño profundo. Esto tiene sentido desde un punto de vista lógico, desde un enfoque matemático. Al día siguiente puedes pensar: «Ayer trabajé mucho durante todo el día y estaba cansado y, aun así, he podido dormir profundamente. Así que si descanso durante todo el día, dormiré más profundamente aún». Y al día siguiente simplemente te recuestas en un sillón y te dedicas a descansar. ¿Crees que dormirás bien? ¡Ni siquiera podrás llegar a lograr tu descanso habitual! Por eso, las personas que no hacen nada durante el día sufren de insomnio.

La vida no es lógica, la naturaleza no es lógica. La naturaleza concede el descanso a los mendigos que se han pasado todo el día trabajando, yendo de un sitio a otro para mendigar bajo un sol de justicia. La naturaleza les concede un buen descanso a los obreros, a los picapedreros, a los leñadores. Trabajan duramente todo el día y acaban cansados. A consecuencia de ese cansancio, duermen profundamente.

Esa es la polaridad. Cuanto más desgaste energético hayas hecho, más necesidad tendrás de dormir, porque solo puedes recuperar energías si descansas profundamente. Si no trabajas, no es necesario. Ni siquiera has utilizado la energía que tienes, ¿qué sentido tiene acumular más? Se da energía a quien la utiliza.

Ese terapeuta no estaba actuando con lógica. Él pensaba: «Si efectuamos todo el proceso en silencio...». Pero si los miembros del grupo empezasen a hablar consigo mismos se quedarían incluso sin esos pocos momentos de silencio. Exteriormente estarían en silencio, por supuesto, pero sus mentes estarían enloquecidas. Ahora trabajan duramente expresando sus emociones, haciendo catarsis, dejando que aflore todo, sacándolo todo... y se agotan. Hasta que llega un momento en el que están tan exhaustos que no les queda nada más que sacar. En ese momento, de repente, hay una conexión; te embarga el silencio.

El descanso es consecuencia del trabajo. El silencio es consecuencia de la expresión. Así funciona la vida. Sus caminos son irracionales. Si realmente quieres estar seguro, tendrás que vivir una vida de inseguridad. Si realmente quieres estar vivo, tendrás que estar dispuesto a morir en cualquier momento. ¡La vida es así de ilógica! Si quieres ser verdaderamente genuino, tendrás que arriesgarte. La represión es una manera de evitar el riesgo.

Por ejemplo, te han enseñado a no enfadarte nunca, y crees que una persona que no se enfada nunca será obviamente muy cariñosa. Te equivocas. La persona que nunca se enfada tampoco es capaz de amar. Ambas cosas van unidas, van juntas en el mismo lote. La persona que ama de verdad, algunas veces se enfada mucho. Pero ese enfado es maravilloso... ¡porque es consecuencia del amor! Su ira es una energía intensa pero no te hace daño. En realidad, tendrías que agradecerle que se enfade. ¿Te has fijado? Cuando amas a alguien y haces algo que le provoca un enfado de verdad, descomunal, se lo agradeces, porque te quiere tanto que puede admitir la ira. ¿Si no, para qué? Cuando no quieres dar a la otra persona la energía de tu enfado, mantienes la compostura. Cuando no quieres dar nada, no te arriesgas, sigues sonriendo. Te da igual.

Si tu hijo está a punto de saltar a un abismo, ¿no te enfadarás? ¿No gritarás? ¿No estallará tu energía? ¿Seguirás sonriendo? ¡No es posible!

Voy a contar una historia:

Una vez llegaron a la corte del rey Salomón dos mujeres que discutían por un niño. Las dos proclamaban ser la madre del niño. Era muy difícil tomar una decisión. El niño era tan pequeño que no podía decir nada.

Salomón pensó un rato y dijo: «Vamos a hacer una cosa, cortaremos al niño en dos y así os lo podréis repartir. Es lo único que se puede hacer. Tengo que ser justo y ecuánime. No hay ninguna prueba de que el niño sea de una o de la otra. Por tanto, como rey, ordeno que se corte al niño en dos y que se dé una mitad a cada mujer».

La mujer que tenía al niño en brazos siguió sonriendo, estaba contenta. Pero la otra se volvió loca, ¡parecía que quería matar al rey! «¿Qué está diciendo? —exclamó—. ¿Se ha vuelto loco?» Estaba enfurecida, estaba fuera de sí, ¡era la ira en persona, echaba chispas! Finalmente dijo: «Si ha de ser así, renuncio a mi derecho. Que la otra mujer se quede con el niño. ¡Renuncio a él, dádselo!». Estaba enfadada y a la vez se le caían las lágrimas.

Entonces, el rey dijo: «El niño es tuyo. Llévatelo. Esa otra mujer no es más que una embustera, una impostora».

Cuando amas, te puedes enfadar. Cuando amas puedes aceptarlo. Si te amas —lo cual es necesario si no quieres desperdiciar tu vida—

nunca te reprimirás, te expresarás acerca de todo lo que te traiga la vida. Expresarás las alegrías, las tristezas, los altos, los bajos, los días y las noches.

Pero te han educado para que seas un farsante; te han educado para que seas un hipócrita. Cuando estás enfadado sigues con una sonrisa falsa en los labios. Cuando estás enfurecido, reprimes tu rabia. Nunca eres sincero con lo que sientes dentro de ti.

En cierta ocasión sucedió que...

Un hombre llevó a su hija pequeña al parque de atracciones. Por el camino se pararon a comer copiosamente. Una vez en el parque, encontraron un puesto de perritos calientes y la hija le dijo: «Papi, quiero...». El padre, sin dejarla terminar, le compró una enorme bolsa de palomitas.

Al pasar por el puesto de los helados, la pequeña volvió a gritar: «Papi quiero...». El padre la volvió interrumpir y esta vez dijo: «¡Quiero, quiero! Ya sé lo que quieres, helado».

«No, papi —suplicó la niña—, quiero vomitar.»

Eso es lo que quería desde el primer momento. Pero si no escuchas...

La represión es no escuchar a tu naturaleza. La represión es un truco para destruirte.

Doce cabezas rapadas entran en un pub ataviados con sus chaquetas Levi's y toda la parafernalia. Se dirigen al camarero y le dicen:

—Trece jarras de cerveza, por favor.

—Pero solo sois doce.

—Oiga, queremos trece jarras de cerveza.

De modo que les sirve la cerveza y se sientan. El jefe de los cabezas rapadas se acerca a un viejecito que está sentado en una esquina y le dice:

—Toma, abuelo, esta jarra de cerveza es para ti.

El viejecito dice:

—Gracias, gracias, eres muy amable, hijo.

—Nos gusta ayudar a los inválidos.

—Pero yo no soy un inválido.

—Ya, pero si no invitas a la próxima ronda, lo serás.

Eso es la represión, un truco para convertirte en un inválido, un truco para destruirte, un truco para debilitarte, un truco para enfrentarte a ti mismo. Es una forma de crear un conflicto en tu interior y, por supuesto, siempre que un hombre está en conflicto consigo mismo está muy débil.

La sociedad ha realizado una gran jugada: ha enfrentado a todo el mundo consigo mismo, de forma que siempre estás en lucha en tu interior. No te queda energía para hacer nada más. ¿No te das cuenta de que eso es lo que te ocurre? Estás luchando constantemente. La sociedad te ha convertido en una persona dividida, te ha vuelto esquizofrénico y te ha llenado de confusión. Te has convertido en un tronco a la deriva. No sabes quién eres, no sabes adónde vas, no sabes qué estás haciendo aquí. En primer lugar, ni siquiera sabes por qué estás aquí. Realmente han conseguido desorientarte. La consecuencia de esa desorientación son los grandes líderes: Adolf Hitler, Mao Zedong, Josif Stalin. Esta desorientación hace que surjan el Papa y mil cosas más, pero a ti te destruye.

Sé expresivo. Pero recuerda: expresar no significa ser irresponsable. Exprésate con inteligencia y no perjudicarás a nadie. Una persona que no es capaz de hacerse daño a sí misma tampoco puede hacérselo a nadie. Una persona que se hace daño es, en cierto sentido, peligrosa. Si ni siquiera te amas, eres peligroso; podrías hacer daño a cualquiera. De hecho, seguro que se lo estás haciendo.

Cuando estás triste o deprimido, haces que todos los que te rodean estén tristes y deprimidos. Cuando eres feliz te gustaría crear una sociedad feliz, porque la felicidad solo puede existir en un mundo feliz. Si vives con alegría, querrás que todo el mundo esté alegre; esa es la verdadera religiosidad. El resultado de tu alegría es tu bendición a toda la existencia.

Pero la represión hace que te vuelvas falso. La ira, la sexualidad y la codicia no se destruyen por medio de la represión. Siguen ahí, simplemente cambian de etiqueta. Se esconden en el inconsciente y empiezan a actuar desde allí. Se esconden bajo tierra. Y, por supuesto, cuanto más recónditas están, más poder tienen. El psicoanálisis nace de la necesidad de intentar hacer aflorar lo que está oculto. Cuando tomas conciencia de ello puedes liberarte.

> Un francés estaba pasando una temporada en Inglaterra y un amigo le preguntó qué tal le iba. Él respondió que bien, excepto por una cosa.
>
> —Cuando voy a alguna fiesta, la anfitriona no quiere decirme dónde está el *pissoir*.
>
> —Ah, amigo, eso se debe a nuestra mojigatería inglesa. Ella te preguntará: «¿Quieres lavarte las manos?», que significa lo mismo.
>
> El francés tomó nota de esto y la siguiente vez que fue a una fiesta, efectivamente, la anfitriona le preguntó:
>
> —¿Quieres lavarte las manos?
>
> —No, gracias —respondió—, acabo de lavármelas en el árbol que hay en el jardín de tu casa.

Eso es lo que pasa, que solo cambian los nombres. Te confundes, ya no sabes qué corresponde a qué. Todo es igual, solo cambian los nombres, y eso da lugar a una humanidad trastornada.

Tus padres y la sociedad te han destruido, y tú estás destruyendo a tus hijos. Es un círculo vicioso. Alguien tiene que romperlo.

Si me has entendido bien, te darás cuenta de que lo que estoy intentando hacer es sacarte del círculo vicioso. No te enfades con tus padres, lo han hecho lo mejor que han podido. Pero ahora tienes que ser más consciente para no hacerles lo mismo a tus hijos. Procura que sean más expresivos, enséñales a expresarse. Ayúdales a ser más auténticos, a sacar lo que llevan dentro. Y siempre te estarán agradecidos porque no tendrán conflictos. Estarán completos, serán un todo; no estarán fragmentados. No estarán desorientados, sabrán qué quieren.

Cuando sabes exactamente qué quieres, puedes hacer algo para conseguirlo. Cuando no sabes qué quieres en realidad, ¿qué podrás hacer para conseguirlo? Empezarás a obedecer al primero que te enrede, al primero que te proponga un plan. Si llega un líder que consiga convencerte con buenos argumentos, empezarás a obedecerle. Todas las personas a las que has obedecido te han destruido.

Haz caso a tu naturaleza.

Cada generación destruye a la siguiente. A menos que estés muy alerta y atento, la destrucción es inevitable.

Hablas de ser «natural», pero ¿no es cierto que esa naturaleza humana, dejándola expresarse a su libre albedrío, es precisamente el problema? Si no tuviésemos normas y reglas de comportamiento como las que nos proporcionan las religiones, ¿no estarían nuestras emociones e impulsos creándonos siempre problemas?

Lo primero que debes comprender es que, hasta ahora, la humanidad ha vivido bajo una maldición, y esa maldición es que nunca hemos sido capaces de confiar en nuestra naturaleza. Siempre nos han dicho: «Si confías en tu naturaleza, te equivocarás». La falta de confianza, la represión, el control, no van de acuerdo a tu sentimiento. Nos han dicho que la naturaleza humana es intrínsecamente malvada. Eso es una estupidez, es absurdo y malintencionado. La naturaleza humana no es malvada; la naturaleza humana es básicamente divina. Si ha surgido el mal ha sido por culpa de las restricciones. Lo explicaré.

Los animales no hacen guerras. A veces luchan, claro, pero sus luchas son individuales, no guerras mundiales en las que todos los cuervos de Oriente luchan contra todos los cuervos de Occidente, o todos los perros de la India luchan contra todos los perros de Pakistán. Ni los perros ni los cuervos son tan tontos. Sí, a veces pelean pero no pasa nada. Pelean cuando se viola su libertad, pero es una lucha individual. No es una guerra mundial.

¿Qué han conseguido? Reprimir a la humanidad no dejando que los individuos se enfaden de vez en cuando, lo cual es natural. El resultado final es que todo el mundo va acumulando ira, reprimiendo su enfado, hasta que un día la gente está tan envenenada que estalla una guerra mundial. Cada diez años es necesario que haya una gran guerra. ¿Y quién es el responsable de esas guerras? Los mal llamados santos y moralistas, los bienhechores y la gente que nunca te ha permitido ser natural.

¿Alguna vez has visto que los perros se maten entre sí? De acuerdo, a veces pelean, pero solo pelean. El ser humano es el único animal que mata a otros hombres. Los cuervos no organizan guerras para matar a otros cuervos, los leones no matan a otros leones. El hombre es la única especie que mata a los suyos. ¿Qué le ha ocurrido al ser humano? ¿Cómo ha caído más bajo que el resto de los animales? ¿Quién es el responsable de esto? Solo hay una cosa de la que carecen los animales, ellos no tienen santos ni moralistas católicos, hinduistas o musulmanes. No tienen templos ni mezquitas, ni Biblia ni Vedas. Esa es la única diferencia.

Todavía quedan sociedades primitivas en las que no ha habido asesinatos a lo largo de la historia porque nadie ha corrompido su mente con moralismos, nadie les ha enseñado a ser morales. Son naturales.

Cuando eres natural funcionas con armonía. A veces te enfadas, pero es natural... y es momentáneo.

La persona que nunca se enfada y controla su ira es muy peligrosa. Cuidado, es capaz de matarte. Si tu marido no se enfada nunca, ¡denúncialo a la policía! Un marido que se enfada a veces es un ser humano natural, no hay por qué tenerle miedo. Un marido que no se enfada nunca, puede saltarte encima un día y estrangularte; lo hará como si estuviese poseído. Los asesinos siempre dicen en el juicio: «Cuando cometí el crimen estaba poseído». ¿Quién les estaba poseyendo? Su propio inconsciente; su inconsciente reprimido, que estalló.

¿Te has dado cuenta de una cosa muy simple? Si le muestras a un perro una foto de una perra bonita, no le hará ningún caso. Los perros no son mujeriegos. No es que no les gusten las perras, claro que les gustan, pero en lo que no están interesados es en las fotos, en la pornografía. Para que haya pornografía tiene que haber santos. Primero hay que reprimir el instinto sexual, el instinto natural, y decirle a la gente lo que está mal y lo que está bien. Al reprimir su instinto sexual, el instinto reprimido busca salidas.

Pero está mal visto salir a la calle y disfrutar viendo mujeres hermosas. ¿Qué puedes hacer entonces? Encerrarte en tu habitación y hojear la revista *Playboy*. Es más seguro; nadie se va a enterar. Puedes esconder tu *Playboy* en la Biblia para disimular.

Solo el ser humano es pornográfico. El resto de los animales no lo son. Es un hecho.

¿Quién ha hecho pornográfico al hombre? A los hombres de las tribus primitivas no les interesa la pornografía, todavía no. Sus mujeres van desnudas y no tienen por qué pasar miedo. ¿En qué civilización vives? Una mujer no puede salir a la calle sin que le pellizquen el trasero, sin que la traten de forma inhumana. Una mujer no puede salir sola de noche, ¿acaso eso es la civilización? La gente está obsesionada con el sexo las veinticuatro horas del día.

¿Quién ha provocado esta obsesión en el hombre? Los animales son sexuales pero no están obsesionados; son naturales. Cuando la sexualidad se convierte en una obsesión toma forma de perversión, y estas perversiones tienen su origen en los moralistas y sus enseñanzas.

Las personas supuestamente religiosas nunca han confiado en la naturaleza humana. Hablan de confianza pero nunca han confiado en la vida. Confían en las reglas, en las leyes, pero no confían en el amor. Hablan de Dios pero lo que dicen no tiene sentido. Confían en la policía, en los tribunales. Confían en el fuego del infierno. Confían en provocar guerras y codicia. Si eres virtuoso, bueno y moral, serás recompensado con el cielo y los placeres del paraíso. Pero si no eres moral, te quemarás en las llamas del infierno... para toda la eternidad, recuerda, por los siglos de los siglos. Todo esto se basa en el miedo y la codicia. Esas personas han manipulado la mente humana por medio del miedo y la codicia.

Yo confío en ti y confío en tu naturaleza. Confío en tu naturaleza animal. Si permites que la naturaleza siga su curso, quizá de vez en cuando haya un poco de ira y te enfurezcas, pero no hay nada de malo en ello. Es humano y es hermoso, y evitará las guerras.

Los psicólogos dicen que todas las armas son fálicas. Al no poder penetrar el cuerpo de una mujer, penetras en el cuerpo de otra persona con una espada. La espada es un símbolo fálico. Amar a una mujer es maravilloso, pero penetrar el cuerpo de alguien con una espada es horrible. Y eso es lo que ocurre.

Vives rodeado de reglas y normas y ¿qué ha ocurrido? Fíjate en el estado actual de la humanidad. Es un mundo neurótico, un gran manicomio. Es el resultado de todas vuestras normas, idealismo, perfeccionismo y moralidad. Es la consecuencia de vuestros mandamientos... el mundo se ha convertido en un reducto de neuróticos, en un inmenso manicomio. Y aún tienes miedo a las llamas del infierno. Es un círculo vicioso.

Es como obligar a alguien a que ayune. Cuando esté ayunando, por supuesto, tendrá hambre y empezará a buscar comida obsesivamente. Y, al ver que está obsesionado con la comida, lo encadenarás para impedir que se meta en alguna cocina. Lo encadenarás con la excusa de que si no lo haces podría ser peligroso. Luego te asustas porque ves que se está volviendo loco. ¡Es un círculo vicioso! ¿Por qué está obsesionado con la comida? Lo que le ha causado su enfermedad, en primer lugar, ha sido tu insistencia en que ayunara.

El ayuno no es natural. Los animales lo hacen a veces, pero no «creen» en el ayuno, no tienen ninguna filosofía sobre el ayuno. A veces ocurre. Un día el perro no se encuentra bien y no come. Eso es natural. No come simplemente porque no «tiene ganas» de comer. Se mueve según lo que siente; no obedece ninguna norma. Nadie le ha enseñado a ayunar. De hecho, come un poco de hierba y vomita; la hierba le ayuda a vomitar. Nadie se lo ha enseñado. Y no come hasta que no vuelve a tener ganas de comer. Esto es lo que yo llamaría vida real.

Cuando no tengas ganas de comer, no comas. Yo no estoy en contra del ayuno, estoy en contra de la filosofía del ayuno. No te impongas normas que te obliguen a ayunar todos los domingos. Es absurdo, porque ¿cómo puedes decidir que no vas a tener ganas de comer los domingos? A lo mejor es el viernes cuando no tienes ganas de comer. ¿Y qué harás en ese caso? Tendrás que comer a la fuerza porque es viernes.

Come cuando tengas ganas de comer. Cuando no tengas ganas, no comas. Actúa de acuerdo a tus sentimientos y, poco a poco, llegarás a estar en armonía con tu naturaleza.

Para mí, ser religioso es estar en armonía con tu naturaleza. Mi definición de religión es estar en armonía con la naturaleza. Eso es lo que expresa la palabra dharma, que quiere decir «naturaleza», naturaleza intrínseca. Confía en la naturaleza y no la violes.

Pero te han enseñado a violar tu naturaleza y, de ese modo, la gente que ha vivido una vida de penurias cree que la religión es algo relacionado con el cementerio, algo negativo. ¿Hombres y mujeres dándose la mano en un lugar religioso? Eso es peligroso. No podemos fiarnos de los hombres, no podemos fiarnos de las mujeres. Es peligroso, es jugar con fuego. Hay que imponer restricciones, hay que construir grandes murallas chinas alrededor de la gente y de sus expresiones.

No, yo confío en la naturaleza. No confío en vuestras leyes. Vuestras leyes han corrompido a toda la humanidad. ¡Ya está bien! Ha llegado la hora de quemar completamente todas las viejas y corruptas religiones. Entonces aflorará un concepto de religiosidad totalmente nuevo, que diga sí a la vida; una religión de amor y no de ley, una religión de naturaleza y no de disciplina, una religión de totalidad y no de perfección, una religión de sentimiento y no de pensamiento. Si el corazón se convirtiera en el maestro, las cosas se arreglarían solas.

Puedes confiar en la naturaleza, poco a poco, te sentirás más tranquilo, silencioso, feliz, alegre, festivo…, porque la naturaleza está celebrando. La naturaleza es celebración. Mira a tu alrededor. ¿Has visto alguna vez una flor que se parezca a tus santos? ¿Has visto alguna vez un arco iris o una nube o un canto de un pájaro o un reflejo de la luz en el río o unas estrellas que se parezcan a tus santos? El mundo está celebrando. El mundo no es triste, el mundo es una canción, una bellísima canción, y la danza continúa.

Entra a formar parte de esta danza y confía en tu naturaleza. Si confías en ella, poco a poco, te irás aproximando a la naturaleza cósmica. Es el único camino. Tú formas parte de lo cósmico, y si confías en ti estarás confiando en lo cósmico que hay en ti. El camino te obliga a pasar por ahí. Siguiendo ese delgado hilo podrás alcanzar la verdadera meta. Si confías en ti, estarás confiando en la propia vida. Si no confías en ti, no estarás confiando en la existencia que te ha puesto aquí.

No estoy diciendo que en tu vida no vaya a haber más que flores. No, habrá espinas, pero también las espinas cumplen su función. Y no estoy diciendo que tu vida vaya a ser siempre dulce. Muchas veces será amarga, pero así es como se desarrolla la vida, por medio de la dialéctica de opuestos. No estoy diciendo que vayas a ser siempre bueno. A veces serás muy malo, pero de una cosa puedes estar seguro: tanto cuando seas malo como cuando seas bueno, lo serás genuinamente. Se podrá confiar en ti, se podrá contar contigo. Cuando estés enfadado, se podrá contar con que tu enfado no será falso, no será impersonal; será ardiente, estará vivo. Y cuando ames se podrá contar con que tu amor sea vivo y cálido.

Recuerda: quien no se puede enfadar no puede ser cariñoso. Las rosas tienen espinas. Si no puedes estar decididamente enfadado en alguna ocasión, tampoco podrás estar ardientemente enamorado, porque no podrás ser ardiente, no podrás ser cálido, seguirás siendo frío. Si has reprimido demasiado la ira, siempre tendrás miedo de enamorarte, porque ¿quién sabe?

En cierta ocasión, un hombre me contó que cuando hacía el amor no conseguía disfrutar de un orgasmo profundo. Era un hombre joven y saludable. ¿Qué le ocurría? No podía disfrutar de un orgasmo, o el orgasmo solamente era local, no abarcaba todo su cuerpo. Un orgasmo local no es muy satisfactorio. Cuando el orgasmo es total, por un momento te vuelves parte del todo, parte de la enorme creatividad que te rodea. Te pierdes. Dejas de ser un ego, te fundes. Entonces ya no tienes límites.

Le pregunté sobre su ira. «¿Por qué me preguntas sobre la ira si mi pregunta es acerca del amor? —dijo él—. El problema es que no puedo amar con profundidad.» «Olvídate del amor —le respondí—. Antes debes ocuparte de la ira; si no puedes amar profundamente, es porque no te puedes enfadar profundamente.» Él estaba sorprendido, pero resultó ser así. Su familia era muy religiosa y desde su más tierna infancia le habían enseñado a no enfadarse, a controlar su ira. Había aprendido a controlar. Era tan eficiente que ni siquiera sabía qué estaba controlando. Realmente se había convertido en un controlador, hasta tal punto que el control ya era inconsciente. Era una persona muy controlada. Todo el mundo le admiraba, socialmente todo le iba bien. Era un triunfador, pero su vida interior era un fracaso. Ni siquiera era capaz de amar.

«Empieza por enfadarte —le dije—; porque a mí me parece que cuando llegas al punto culminante del orgasmo, no lo permites por miedo a que también salga toda la ira reprimida.»

«¿Qué estás diciendo? —me preguntó—. Muchas veces he soñado que mato a mi mujer. Sueño que la mato, que la asfixio mientras hacemos el amor. Y me da miedo perder el control y no resistir la tentación de asfixiarla y matarla.»

Ahora la ira se había convertido en una fuerza poderosa en su interior. Con tanto miedo al descontrol, no se puede amar. Es imposible. Y si no amas te estarás perdiendo lo más valioso de la vida.

Esta sociedad represiva ha fracasado por completo. Pero no te das cuenta.

Esta hermosa historia llegó un día a mis oídos:

En la época en que Krushchev era importante en la Unión Soviética, admitió que Stalin le había tratado en varias ocasiones como si fuese el bufón de la corte, un payaso. Le ordenaba bailar el *gopak*. Krushchev admitió haber bailado. Al decirlo, siempre había alguien de la multitud que le gritaba: «¿Por qué permitías que te pusiera en ridículo?». Y Krushchev preguntaba: «¿Quién ha hecho esa pregunta? ¡Que se levante!».

Evidentemente, no se levantaba nadie y después de la pausa de rigor, Krushchev concluía: «Camaradas, ese es el motivo por el que bailaba».

Por miedo a que Stalin pudiese matarle. Stalin es muerte, y vuestros sacerdotes han sido muerte, han sido los representantes de la muerte, no de la vida. Vuestros sacerdotes conspiran con la muerte y mutilan la vida. Vuestros sacerdotes hablan de Dios, pero parecen los aliados del diablo. Han tramado una gran conspiración y han destruido por completo a la humanidad. Te han extirpado los sentimientos y te han encerrado en la cabeza. Ahora ya no sabes qué sientes. Por eso no confías en tus sentimientos y siempre tienes que buscar a alguien para que te diga qué tienes que hacer.

En tu infancia, tus padres siempre te estaban diciendo que hicieras esto y no hicieras aquello. Luego, en el colegio, era el maestro; más tarde, en la universidad, era el profesor. Después, en la sociedad, es el jefe, el político, el líder. Siempre te están diciendo qué debes y no debes hacer. Te pasas la vida buscando a alguien que te domine y depender de él, porque no sabes cómo recibir el mandato de tu propio corazón, de tu propio ser. Siempre dependes de una autoridad exterior.

Es horrible, es despreciable, no debería ser así.

La gente me pregunta: «Osho, dinos exactamente qué deberíamos hacer». Pero ¿por qué no escuchas a tu corazón? Dentro de ti está hirviendo la vida. La fuente está ahí, el manantial está ahí. Ve a tu interior. Yo puedo decirte cómo ir hacia dentro, puedo enseñarte las técnicas para entrar, pero tú debes seguir el mandamiento que viene de ahí. En tu interior está la Biblia, el verdadero libro, el verdadero conocimiento. Busca ahí las instrucciones, y cuando empieces a obtenerlas de lo más hondo de tu ser, te sentirás libre y feliz. Una persona libre es feliz; una persona que no es libre nunca será feliz. No es vuestro destino ser esclavos.

Si empiezo a profundizar en mis sentimientos tales como la ira, todo mi cuerpo se pone a temblar sin control. ¡Con este tembleque por todo mi cuerpo me siento como si fuese un espástico emocional! No creo que sea un problema, pero no estoy seguro de ello.

No, no es un problema. Está bien. De hecho, es algo que debería ocurrirle a todo el mundo. Cuando el cuerpo no está reprimido, esa es su respuesta natural.

43

Cuando la mente está cargada de emoción, el cuerpo debe estar en concordancia; la emoción es paralela al movimiento del cuerpo. Si hay una emoción y no pasa nada en él, significa que en el cuerpo hay cierto grado de represión. Pero el cuerpo se ha reprimido durante siglos. La gente ha aprendido a hacer el amor sin moverse; a hacer el amor como si todo el cuerpo estuviese inmóvil y se limitase a una zona localizada. Las mujeres han aprendido a estarse quietas, casi muertas, como un cadáver, porque cuando la mujer empieza a moverse el hombre se asusta.

A consecuencia de ese miedo, el hombre ha obligado a la mujer a estarse quieta mientras hace el amor. De lo contrario, la mujer entraría en éxtasis, en un frenesí, casi enloquecida. ¡Saltaría y bailaría, armaría un escándalo y se enteraría todo el vecindario! Al hombre eso le asusta.

Pero su miedo es más profundo que el miedo al vecindario. Tiene miedo de que si la mujer realmente se moviera, ningún hombre podría satisfacerla, porque la energía del hombre tiene un límite. Un hombre puede tener solo un orgasmo, mientras que las mujeres pueden tener múltiples orgasmos, seis, nueve, doce. En ese caso, el hombre sería casi impotente con cualquier mujer. Si la mujer empieza a moverse, todos los hombres, por muy potentes que sean, quedarán como impotentes.

Las mujeres se han olvidado del orgasmo durante siglos. En algunas culturas del mundo ha desaparecido. Solo ha empezado a revivir en las últimas décadas. El término orgasmo no se puede traducir a algunos idiomas. En hindi no tiene traducción, no existe una palabra equivalente. ¡Imagínate, qué manera de mutilar el cuerpo!

Cuando tienes miedo, es natural que el cuerpo tiemble. Como cuando sopla el viento, las hojas se agitan. Cuando sopla el miedo, tu cuerpo tiembla. La función natural del cuerpo es acompañar a las emociones. La palabra «emoción» significa movimiento. Debe corresponder a un movimiento del cuerpo, de lo contrario, no es una emoción.

En realidad, se trata de un truco para controlar la emoción: controlando el cuerpo, controlas la emoción. Por ejemplo, si estás a punto de llorar y no dejas que broten las lágrimas, al hacer ese esfuerzo, podrás ver que han desaparecido de tu interior el llanto y los lamentos.

William James tenía una teoría acerca de las emociones. Es una teoría muy famosa; se llama teoría James-Lange. Normalmente pensamos que una persona se asusta y después sale corriendo. James y Lange lanzan la hipótesis de que es justo a la inversa: la persona corre y por eso se asusta. Si dejas de correr, afirman, el miedo se detiene: no corras y te darás cuenta de que, de repente, el miedo ha desaparecido. Y en cierto modo tienen razón, tienen un cincuenta por ciento de razón, porque el cuerpo y la mente están en equilibrio, a partes iguales. Cuando haces el amor tu mente empieza a imaginar una fantasía y tu cuerpo empieza a moverse. Si la mente y el cuerpo funcionan de forma natural, van al unísono. Si el cuerpo ha sido mutilado no podrá ir al unísono.

Tanto si sientes miedo como si sientes amor o ira, el cuerpo tiene que acompañarlo. Cada emoción se corresponde con un movimiento del cuerpo. Y es una función natural, no hagas de ello un problema. Disfrútalo, permítelo... que no haya la más mínima represión. Por ejemplo, si notas que te tiembla la mano y la mente le dice que se esté quieta, que no queda bien, que no eres un cobarde y no debes temblar... si la paras, estarás forzándote a hacer algo antinatural.

Yo te aconsejo que cooperes y, poco a poco, verás que tu cuerpo tiene un movimiento sutil y agraciado para cada emoción. Cuando hagas el amor, debes enloquecer completamente. El amor no debería ser algo local que atañe solamente a los órganos sexuales, sino a tu totalidad. Tu orgasmo no debería ser solo sexual, también tendría que ser espiritual. Debe sacudir todo tu ser, debe enloquecer extáticamente, llegar a la cima y luego relajarse. En realidad, si haces el amor de verdad, entrarás en una especie de locura sin saber adónde vas ni qué está sucediendo. Será como estar colocado, drogado.

El amor es la droga más fuerte que existe. La produce el propio cuerpo pero, aun así, es una droga. Si has hecho el amor con pasión, después caerás en un profundo sueño, el más profundo posible; te quedarás como muerto, tu mente se detendrá. Y cuando vuelvas a estar consciente, sentirás una especie de resurrección.

Cada vez que haces el amor debe ser como una crucifixión y una resurrección. Es una experiencia tan satisfactoria que no es necesario repetirla todos los días. La gente repite lo que ellos llaman hacer el amor porque nunca quedan satisfechos.

En la India, uno de los textos más antiguos sobre la sexualidad, el *Kama Sutra* de Vatsyayana, afirma que si haces el amor apasionadamente, ¡una vez al año es suficiente! A la mente moderna le parecerá casi imposible, ¿una vez al año? Y el que lo escribió no estaba reprimiendo a nadie. Vatsyayana es el primer sexólogo del mundo, y el primero que introdujo la meditación en la sexualidad; el primero en darse cuenta de los centros profundos. Está en lo cierto. Si el acto llega a su máximo, una vez al año es suficiente. Te quedarás tan profundamente satisfecho que el resplandor te durará meses.

No lo conviertas en un problema. Sé natural y deja que las cosas ocurran.

Los niños grandes no lloran, las niñas guapas no gritan. Variedades de la expresión emocional

EL AMOR, LA COMPASIÓN, LA PIEDAD, LA AMABILIDAD, todas estas grandes cualidades tienen una fragancia femenina. También hay cualidades masculinas: las cualidades del guerrero, el valor. Son cualidades duras, hay que ser como el acero. Porque las cualidades del hombre se han desarrollado a través de la guerra, y las femeninas se han desarrollado en casa con el marido y los niños; ellas han vivido en un mundo totalmente distinto. Los hombres han vivido constantemente en lucha; en los últimos tres mil años ha habido cinco mil guerras en el mundo. Es como si la única profesión de los hombres fuese matar.

El mundo ha vivido dividido en dos partes. Por un lado, el hombre ha creado su mundo, mientras la mujer, a la sombra, ha vivido y ha creado su propio mundo. Esto es una contrariedad, porque para ser completos, enteros, tanto el hombre como la mujer deben tener las cualidades del otro. Tanto el hombre como la mujer deberían ser tan delicados como el pétalo de una rosa y tan fuertes como una espada; ambas cosas juntas, y así poder responder siempre que se presente la ocasión o lo exija la situación. Si la situación requiere que seas una espada, estarás preparado; si la situación requiere que seas un pétalo de rosa, estarás preparado. La flexibilidad de oscilar entre el pétalo y la espada, enriquecerá tu vida; y no solo la flexibilidad entre esas dos cualidades, sino en todas.

El hombre y la mujer son dos partes de un todo; su mundo también debería ser un todo, y deberían compartir las cualidades sin distinción. No tendría por qué haber cualidades femeninas o masculinas.

Cuando alguien es solo «masculino» se pierde cosas muy importantes de la vida. Pierde la gracia, se queda mustio, rígido, casi muerto. Y una mujer que se olvide por completo de ser dura, rebelde, acabará convirtiéndose en una esclava, ya que solo conoce las cualidades suaves. Las rosas no pueden luchar contra las espadas porque las aplastarían, las matarían, las destruirían.

El ser humano total todavía no ha nacido. Hasta ahora ha habido hombres y mujeres, pero no seres humanos. Mi objetivo es traer a la Tierra al ser humano completo, con todas las hermosas cualidades de las mujeres y todas las cualidades del hombre, la aventura, el coraje, la rebelión. Todas deberían formar parte de un todo.

Pero instruimos a los niños desde su más tierna infancia. Si un niño quiere jugar con muñecas como las niñas, enseguida le decimos: «Deberías avergonzarte, eres un niño, eres un hombre, no seas nena». Y si una niña quiere subir a un árbol enseguida le decimos: «Subirse a los árboles no es cosa de chicas, es peligroso, es cosa de niños. ¡Baja ahora mismo!». Empezamos a dividir a los hombres y a las mujeres desde el principio. Ambos sufren, porque subir a un árbol es un placer incomparable, es algo que las mujeres no deberían perderse. Estar en lo alto de un árbol mientras sopla el viento, bajo el sol, oyendo el canto de los pájaros..., si no has vivido esa experiencia, te estás perdiendo algo. ¿Simplemente por ser una niña? ¡Qué raro! Nadie debería impedirte ser aventurera, escalar montañas o nadar en el mar por el simple hecho de ser una niña, porque esa emoción tiene algo de espiritual.

A un niño no se le debería impedir llorar. Pero le reprimen, no puede llorar, las lágrimas son cosa de niñas: «¡Eres un hombre, compórtate como tal!». El llanto es una experiencia maravillosa. Las lágrimas siempre son la expresión de una gran tristeza o una gran alegría, de algo que te desborda. Si reprimes las lágrimas, también reprimes lo que iban a expresar, ya sea una gran tristeza o una gran alegría. Y no olvides que la naturaleza no ha impuesto diferencias. Tanto el hombre como la mujer tienen lagrimales y son del mismo tamaño. Pero si eres un hombre y lloras, todo el mundo te criticará: «Estás comportándote como una mujer».

En ese caso, deberías contestar: «¿Qué le voy a hacer? La naturaleza me ha dado lagrimales. Es la naturaleza la que se está comportando como una mujer. Yo no soy responsable de ello, simplemente disfruto de mi naturaleza. Tengo derecho a llorar».

Todo el mundo debería poder disfrutar de las mismas cualidades.

Hay hombres incapaces de amar porque han sido educados para desarrollar ciertas cualidades: «Tienes que ser duro, tienes que ser competitivo. No debes mostrar tus sentimientos, no debes ser sentimental». Pero ¿cómo se puede pretender que un hombre al que no se le permite sentir, que no es emocional ni sentimental, sea capaz de amar? Y si en su vida no hay amor, será desdichado. Y esto ocurre en ambos géneros.

Me gustaría que desaparecieran todas las distinciones; que todo el mundo, hombre o mujer, pudiese hacer todo lo posible dentro de la naturaleza. El mundo sería más rico, estaría habitado por personas más ricas.

El hombre piensa, la mujer siente, y el sentimiento es irracional. Al hombre le cuesta imaginar; sin embargo, la mujer tiene la capacidad de imaginar cualquier cosa. Su centro operativo está en el sentimiento, en las emociones; sus ojos están constantemente llenos de lágrimas. Esos sueños son muy útiles para la poesía, el teatro, pero en el camino hacia la verdad, no sirven de mucho; al contrario, son un impedimento.

La verdad no es tu imaginación, no es tu sentimiento. La verdad es tu ser.

Pero las mujeres se dejan convencer fácilmente por su imaginación; no es culpa suya, su naturaleza es así. Estas son algunas de las diferencias entre hombres y mujeres. Los hombres básicamente son escépticos, dudan de todo, son desconfiados, por eso están mejor dotados para la investigación científica. A una mujer le resulta más difícil ser científica. Pero en cuanto a la imaginación, si le permitieran desarrollarla —aunque nunca se lo hayan permitido—, no habría pintor que pudiera igualarla, no habría poeta que pudiera igualarla, ningún músico podría alcanzar las cotas que ella alcanzaría, ningún bailarín alcanzaría su nivel. Sería muy útil para crear un planeta más hermoso. Lo llenaría de canciones, de bailes, de amor.

Desafortunadamente, el hombre no le ha permitido tener la libertad de valerse por sí misma y contribuir a la vida. La mitad de la humanidad ha sido privada de aportar su contribución.

En mi opinión esto ha sucedido como consecuencia del miedo. El hombre tiene miedo de la imaginación de la mujer. Tiene miedo de no poder competir con ella cuando tenga la libertad de ser creativa. Peligrarán su sentimiento de superioridad y su ego. Como consecuencia del miedo a perder su superioridad, a que todos los grandes poetas parezcan enanos y todos los grandes pintores parezcan aficionados, ha decidido no poner la educación al alcance de las mujeres para que no tengan la oportunidad de expresar sus sentimientos y sus emociones.

Pero en lo relativo a la verdad, el problema del hombre es el razonamiento y el de la mujer el sentimiento. El hombre tiene que dejar de razonar, la mujer tiene que dejar a un lado el sentimiento. Ambos están a la misma distancia de la iluminación. La distancia del hombre es la del razonamiento, la mente; la distancia de la mujer es la del sentimiento, el corazón... pero la distancia es la misma. El hombre tiene que dejar a un lado su lógica y la mujer sus emociones. Ambos tienen que dejar a un lado lo que está obstruyendo su camino.

¿Hay alguna esperanza de comunicación entre el hombre y la mujer antes de la iluminación? Mi mujer está totalmente en contra de la razón. Dice que todos mis intentos de razonar son «racionalizaciones». ¿Qué significa razonar y qué significa racionalizar? ¿Hay alguna diferencia?

Entiendo tu problema. La razón es masculina, la emoción es femenina, de ahí la dificultad de comunicación entre hombre y mujer, marido y mujer. Aunque siempre se están gritando, al otro no le llega el mensaje porque sus formas de entender las cosas son distintas.

Sin embargo, precisamente por eso se interesan el uno por el otro, porque sus formas son diferentes, eso es lo que les atrae. Son polos opuestos, como la carga eléctrica positiva y negativa. Se atraen, pero al ser opuestos la comunicación es muy difícil, es casi imposible.

El hombre siempre habla desde la cabeza y la mujer desde el corazón. Hablan dos idiomas distintos, como si tú hablaras en chino y yo en alemán, y no hubiera comunicación.

> Una pareja estaba discutiendo y el marido dijo: «Vamos a dejar de discutir, cariño. Seamos sensatos».
> «No me da la gana —dijo enfadada la esposa—. Siempre que somos sensatos, ¡pierdo yo!»

La mujer solo puede ser razonable, sensata, si está dispuesta a perder. Cualquier mujer sabe que no puede ganar siendo razonable. Siempre será derrotada porque la mente masculina es experta en razonar. Por eso, en vez de ser consecuente, se echa a llorar... ahora tú eres el derrotado. Amas a tu mujer y la has hecho llorar. ¿Qué sentido tiene discutir con ella? Así que le dices: «De acuerdo, tienes razón». Ella ha aprendido que las lágrimas dan mejor resultado. Porque no se trata de buscar lo correcto, sino de ver quién gana.

Si realmente quieres comunicarte con tu mujer, o si una mujer quiere comunicarse con su hombre, el único modo es apartándose ambos de la razón y la emoción. Los dos deberían ser más meditativos. La meditación no es razón ni emoción, trasciende la polaridad. Es trascendental. La meditación te lleva más allá del razonamiento y las emociones; no es ni cabeza ni corazón. La única posibilidad de comunión o comunicación entre un hombre y una mujer es la meditación. Es la única posibilidad.

Tu mujer dirá que tu razón es racionalización. ¿Y cómo interpretas tú a tu mujer cuando se pone emotiva? Lo interpretas como sentimentalismo. Son términos peyorativos. Racionalización es un término peyorativo, y cuando dices que la emoción de una mujer es «sentimentalismo», también es peyorativo. Pero por dentro tú sientes que tienes razón, y la mujer también. Solo son formas diferentes de pensar. Nadie tiene la razón ni deja de tenerla, ya que ¡todas las formas de pensar son erróneas! Lo correcto es un estado de no pensamiento. Lo correcto es un estado de no emoción.

Cuando amas a una mujer y esa mujer te ama profundamente, hay una comunión porque en ese amor hay meditación.

Pero, lo que generalmente llamas amor, viene y va. Eres incapaz de retenerlo por eso la luna de miel se acaba enseguida. Cuando te enamoras, al principio todo va bien. Estáis de acuerdo en todo, nunca hay discusiones, ¡sois muy comprensivos, cariñosos y atentos el uno con el otro! Pero en cuanto se acaba la luna de miel surgen esas pequeñas cosas..., tan pequeñas que te da vergüenza hablar de ello.

Casi todos los días viene a verme alguna pareja que se ha peleado o está a punto de separarse. Cuando les pregunto: «¿Qué os ocurre?», el hombre le dice a la mujer: «Díselo tú», y ella le responde: «No, díselo tú». En realidad, ambos están avergonzados por que se trata de una insignificancia, una trivialidad. Alguna tontería. A lo mejor la discusión ha empezado porque la mujer quería comprarse un vestido y al hombre no le gustaba el color, entonces le dijo: «No pienso ir a ninguna parte contigo con ese vestido». ¡Qué estupidez! Es estúpido por ambas partes, pero eso puede desencadenar una gran discusión. Después empiezan a salir otras cosas, cosas más importantes, y acaban sacando a relucir todas sus diferencias. Desenfundan las espadas, han acabado haciendo una montaña de un grano de arena, y siguen reprochándose cosas: «Te equivocas, tu razonamiento no es más que una racionalización».

Lo que estoy diciendo es que no todo tu razonamiento es razonamiento; el noventa por ciento es racionalización. Y que no todas las emociones de las mujeres son emociones; el noventa por ciento es sentimentalismo. La mente es muy tramposa, tanto si es masculina como si es femenina. La mente es muy astuta.

> Un hombre de cincuenta años se casó con una mujer de treinta. El matrimonio desató muchos chismorreos en su círculo. Cuando alguien le preguntaba al recién casado sobre la diferencia de edad, él respondía: «No está mal del todo. Cuando ella me mira se siente diez años mayor, y cuando yo la miro me siento diez años más joven. Así que, en realidad, ¡los dos tenemos cuarenta años!».

Esto es racionalizar. La racionalización es una forma de ocultar cosas. Es una maniobra astuta, muy astuta. Se puede racionalizar sobre lo que sea y fingir que se está razonando. Pero no es lo mismo. El razonamiento debe ser objetivo, sin prejuicio alguno por tu parte.

Una vez un hombre que era jefe del departamento de estudios paranormales y parapsicológicos de una universidad y había escrito muchos libros, me dijo: «Estoy intentando demostrar que la reencarnación es una verdad científica».

«Hasta que no tengas pruebas fehacientes, no digas nada, porque eso demuestra un prejuicio —le respondí—. Tú ya has aceptado la idea de que es una verdad científica, y ahora solo tienes que demostrarlo. Eso no es ser objetivo ni científico. Eso no es ser racional. Lo que demuestra es que en el fondo eres hinduista y aceptas la teoría, pero si fueses musulmán, estarías intentando demostrar científicamente que no existe la reencarnación. Ni la mente hinduista ni la musulmana son científicas. Los musulmanes no creen en la reencarnación, e intentan demostrar su creencia con ayuda de la ciencia. Y tú estás intentando demostrar tu creencia con ayuda de la ciencia. Esto es racionalizar.»

Un hombre puramente racional no tiene creencias, prejuicios, ni ideas a priori. Simplemente investiga sin juicios, sin conclusiones preconcebidas. La investigación será lo que nos dé la conclusión. La investigación misma decidirá la conclusión. Si tienes un deseo oculto de demostrar algo, lo demostrarás, pero a costa de la objetividad científica. Ya no es razonar sino racionalizar.

Y lo mismo sucede con la emoción. La emoción es pureza; el sentimentalismo es un truco. Has aprendido un truco. La mujer sabe que si llora, ganará la discusión. A veces no le salen las lágrimas, porque no es tan fácil manipular el llanto. Pero intenta provocarlo, finge, lo simula. Son lágrimas falsas. Aunque los ojos se le llenen de lágrimas, son falsas porque no surgen de la situación sino que, en realidad, son provocadas.

El sentimentalismo es una emoción inventada, astutamente manipulada. El razonamiento y la racionalización son cosas diferentes. La racionalización es la manipulación de la razón, del mismo modo que el sentimentalismo es la manipulación de la emoción. Si eres racional, verdaderamente racional, te convertirás en un científico. Si eres emocional te convertirás en un poeta. Ambas son cosas hermosas. Pero, aun así, no será posible un verdadero diálogo, aunque sea más fácil. Entre la racionalización y el sentimentalismo es muy difícil, pero entre la razón y la emoción no lo es tanto, seguirá habiendo dificultades, aunque habrá compasión y se esforzarán por llegar a entenderse. El hombre racional intentará comprender racionalmente el punto de vista de la mujer; y, por supuesto, la mujer intentará comprender emocionalmente el punto de vista del hombre pero, al menos, habrá compasión.

El primer paso es dejar a un lado todas las racionalizaciones y sentimentalismos. El segundo es dejar a un lado la razón y la emoción. Y entonces, en ese estado de éxtasis, de meditación, se producirá la comunión. Esa comunión es devoción, y cuando en esa comunión dices «tú», no hay una mujer o un hombre, sino simplemente divinidad.

Una vez me dijo un terapeuta que, al igual que en la mente, también nos podemos quedar atrapados en nuestros sentimientos, y que los sentimientos hay que dejarlos a un lado o superarlos. Pienso en esto a menudo, ya que suelo guiarme en la vida por los sentimientos, porque siento las cosas intensamente. ¿Podrías comentarlo?

Todas tus acciones proceden de tres centros: la cabeza, el corazón y el ser. La cabeza es el más superficial. Tiene que pensar las cosas, hasta cuando te enamoras, la cabeza tiene que pensar: ¿estoy realmente enamorado? Y si decide que sí, que parece que estás enamorado, la cabeza le dirá a la otra persona: «Creo que estoy enamorado de ti». Pero el pensamiento es la base.

Los hombres actúan básicamente desde la cabeza. Esta tiene cierta utilidad: ha creado las ciencias, las tecnologías..., todas las armas nucleares, y es posible que provoque pronto un suicidio global. La mujer actúa desde el corazón. No puede decir: «Creo que te quiero». ¡Eso no se ha visto jamás en la historia de la humanidad! Simplemente dice: «Te quiero», el pensamiento no juega ningún papel. El corazón se basta a sí mismo, no necesita ayuda de la cabeza.

Si hay que elegir entre la cabeza y el corazón, deberíamos elegir el corazón, porque todos los bellos valores de la vida proceden de él. La cabeza es un buen mecánico, un técnico, pero no puedes vivir tu vida con alegría simplemente siendo un mecánico, un técnico, un científico. La cabeza no tiene capacidad para la alegría, la dicha, el silencio, la inocencia, la belleza, el amor, que son las cosas que enriquecen la vida; es el corazón el que tiene esas capacidades.

Pero el terapeuta no estaba equivocado en lo que te decía. Puedes quedarte atrapada en el corazón y los sentimientos, igual que otra gente se queda atrapada en sus pensamientos. Es posible que el propio terapeuta no se diera cuenta de que hay un centro más profundo que el corazón: el ser. Posee todas las cualidades del corazón amén de otras riquezas, otros tesoros: la dicha, el silencio, la serenidad, el arraigo, la sensibilidad, la conciencia... una determinada percepción de la divinidad de la existencia.

Baja de la cabeza al corazón, pero no te detengas ahí; solo es una parada, un *caravanserai*. Puedes quedarte a descansar un rato, pero no es la meta. Baja del corazón al ser. Ese es el secreto de la meditación; estés donde estés, no importa que sea en la cabeza o el corazón, la meditación te lleva desde la cabeza o el corazón al ser. La meditación es el camino hacia el centro de tu propia existencia, donde no hay posibilidad de quedar atrapado. Tú eres eso. ¿Quién va a quedar atrapado dónde? No hay dos cosas, solo tú y tu gloria absoluta.

Pero quien pregunta es una mujer y, como es natural, tiene miedo; sus sentimientos son la guía de su vida porque siente las cosas muy intensamente. Pero es más fácil llegar al ser desde el corazón que desde la cabeza. No perderás la dirección; de hecho, no necesitarás ninguna guía. Estarás llena de luz, llena de claridad. Los ciegos necesitan un guía. Tú tendrás nuevos ojos para ver incluso aquello que los ojos comunes no pueden ver. Y serás capaz de sentir nuevas experiencias que ni siquiera están al alcance del corazón.

De modo que no debes preocuparte de nada. Tu preocupación es una inquietud natural porque tus sentimientos son tu guía y te preocupa intensamente dejarlos a un lado y encontrarte sin guía. Entonces ¿cómo vas a sentir intensamente las cosas? No sabes que existe un centro aún más profundo donde no se necesita guía, donde tú eres el guía y donde tu intensidad se vuelve total. Y no solo respecto a las cosas que has sentido en tu corazón, sino también respecto a las experiencias universales de la iluminación, del despertar. No serás una perdedora, no tienes de qué preocuparte.

Pero una mujer, al fin y al cabo, es una mujer.

> Un grupo de mujeres decidieron aumentar su agudeza intelectual. A partir de ahora no iban a hablar de parejas, niños o yernos, sino únicamente de política y cuestiones sociales: Polonia, El Salvador, Afganistán, la bomba. Entonces una de ellas dijo: «¿Y qué opinas del régimen de Castro?».
>
> «¡He oído que es maravilloso para adelgazar!»

Las mujeres tienen su propia manera de sentir, de pensar y de ver las cosas. Te preocupa cómo dejar a un lado tus sentimientos. No es necesario hacerlo. Simplemente aprende el arte de la meditación y caerán por sí solos, como caen las hojas secas de los árboles. Cuando el viento sopla con fuerza... justamente ayer, estaba sentado en mi porche, el viento soplaba con fuerza y las hojas secas caían como una lluvia.

Cuando la meditación ahonda en tu interior, tus pensamientos y sentimientos empiezan a desaparecer. La meditación te convierte en un lago tranquilo sin olas, tan en calma que parece un espejo; puedes ver tu rostro reflejado. La meditación no te resta inteligencia ni sentimientos, simplemente hace que todo se vuelva más auténtico, más real, más total, más puro. La inteligencia, al igual que el amor, alcanza su punto álgido.

Conocer tu ser y estar centrado en él es haber encontrado el sentido de la vida. Haber descubierto el motivo por el que has venido a este planeta. La intención de la existencia te ha sido revelada.

Según mi novia, yo me aíslo demasiado y no le doy lo suficiente. Me considero del tipo de personas tranquilas y calladas, ¡por lo menos, fuera de mi relación! Pero siento que en el centro de mi ser hay emociones muy fuertes, tanto de ira como de amor.

Ser tranquilo y callado es tu manera de ser, no te impongas otro modo de actuar, sería violar tu naturaleza. Debemos escuchar a nuestro ser, a nuestro corazón. Podrías convertirte en una persona muy activa, muy extrovertida, pero siempre estarías realizando un esfuerzo, no te sentirías satisfecho. Tu mente no es masculina, tu energía es muy femenina. Tu naturaleza se expresa por medio de la pasividad, no por medio de la actividad. Cualquier tipo de actividad será para ti demasiado febril, destructiva. Por tanto, solo tienes que hacer lo esencial. Tienes que mantenerte tranquilo, recogido y centrado. Cuanta menos actividad periférica, mejor para ti.

Hay dos tipos de emociones, las emociones activas que solo se pueden satisfacer por medio de una gran actividad, y las emociones pasivas que no se pueden satisfacer por medio de ninguna actividad sino por medio de los acontecimientos. Quizá no puedes ser un gran amante; sin embargo, puedes ser un gran receptor de amor. Para ti, ha de ser un regalo; no puedes crearlo, no puedes «hacerlo». Solo puedes permitir que suceda. Tu actividad es la de permitir, pero no puedes enfocar tu vida de una forma activa. Tienes que esperar. Esperar a que llegue la vida y llame a tu puerta.

Tu vida será una vida de espera, no de una búsqueda activa, de intenso deseo, de una intensa sed, sino de esperar como una mujer. Una mujer nunca toma la iniciativa en el amor. Espera a que lo haga el hombre. Ni siquiera dice «te amo», sino que espera a que el hombre se lo diga. Cuando una mujer toma la iniciativa, es señal de que se trata de una mujer más masculina, y necesita un hombre más femenino.

Recuerda que siempre que hablo de masculino o femenino no me refiero solo al aspecto fisiológico; eso es muy superficial. En su fuero interno la gente difiere. Muchos hombres son femeninos y muchas mujeres son masculinas, pero como no lo entendemos demasiado bien, se vuelve muy complicado.

Por ejemplo, si te cruzas con una verdadera mujer —y cuando digo «verdadera mujer» me refiero a una persona que sea fisiológica e intrínsecamente mujer—, no te satisfará, porque para ti será casi como una relación homosexual. Tú necesitas una mujer muy activa, muy masculina. Solo así podrás sentir un amor profundo hacia ella. Eso es lo que está haciendo tu novia por ti; por eso sientes que te da mucha vida, porque te aporta la parte que has desatendido. Se convierte en tu actividad, que es algo que tú no tienes; ella te complementa.

En primer lugar, no debes pensar en abordar la verdad o la vida de forma activa. Tienes que ser pasivo, pero manteniéndote alerta. No estoy diciendo pasivo y narcotizado, no estoy diciendo pasivo y dormido. No; estoy diciendo pasivo y alerta... sin ir a ninguna parte, sin hacer nada; observando lo que ocurre, permitiéndolo y observándolo. En una profunda relajación pero perfectamente consciente. Tu única actividad debe ser esa conciencia.

Y en segundo lugar, aunque estés enamorado no lo «intentes». La tendencia natural de la mente del hombre cuando está enamorado es intentar demostrar a la mujer que es muy activo, muy agresivo, muy masculino. Si lo haces, estarás yendo en contra de tu naturaleza y estarás engañando a tu mujer; eso nunca la hará feliz. Debes ser tú mismo. Solo de esa forma es posible que haya una relación y una confianza profundas.

Solo nos satisface la verdad. Tu novia es quien debe elegir. Si se ha enamorado de un monje, ¿qué se le va a hacer? En realidad, deberías estar en un monasterio, pero estás en el mundo, ¡y ella te ha atrapado!

Sé simplemente quien eres. Un día u otro la falsedad acaba quedando al descubierto. Relájate y sé tú mismo, porque la gente no quiere poses, sino la verdad. No hagas gestos vacíos. Tu salud, tu paz interior y tu crecimiento te lo agradecerán. Y también te lo agradecerá la otra persona, que podrá entenderte y decidirse en un sentido o en otro.

No puedo expresar mis carencias, nunca he sido capaz de hacerlo. Las cubro con modales, racionalizaciones y generalizaciones. ¡Cuando intento expresar lo que siento, parece falso!

Los sentimientos no se pueden expresar. Si te limitas a vivir en tu cabeza te sentirás auténtico, porque la cabeza se puede expresar con facilidad. La cabeza ha inventado todas las formas de expresión; son su lenguaje. Pero en cuanto empiezas a sentir algo, surge automáticamente el problema de no sentirte auténtico, de sentirte falso, porque lo que expresas no es lo que estás sintiendo, y lo que sientes no puedes expresarlo.

No es que sea falso, pero tienes que darte cuenta de que los sentimientos no se pueden expresar. No hay ninguna expresión idónea para los sentimientos.

No hay por qué entristecerse, no te preocupes. Simplemente, recuerda que los sentimientos no se pueden expresar del mismo modo que los pensamientos. El lenguaje ha sido creado por y para los pensamientos; es perfecto para ellos. Los sentimientos son de otra índole. Recuerda que no hay una forma adecuada de expresarlos, pero eso no debe preocuparte.

No es que no seas auténtico. La cuestión es que, por primera vez desde hace muchos años, has tenido sentimientos. No es que no seas auténtico, sino que has vivido mucho tiempo en la cabeza. Por primera vez, el corazón se está abriendo, se está abriendo un mundo nuevo para el que no tienes un lenguaje, y en ese mundo te sientes ignorante, analfabeto. Eso le pasa a todo el mundo, porque la alfabetización es propia de la cabeza. Cuando, de repente, se abre el corazón, te sientes un ignorante. Pero, poco a poco, el corazón irá encontrando su camino.

Nunca será tan conciso, claro y preciso como la cabeza. Tampoco será tan eficaz, pero acabará encontrando su propio camino. Por eso, cuando amas a una persona, simplemente le das la mano, porque cualquier cosa que dijeras parecería estúpida, así que es mejor expresarlo físicamente. Abrazas a esa persona como diciendo: «No puedo expresarlo, solo puedo serlo»; abrazar es una forma de ser. O bien se te llenan los ojos de lágrimas y lloras; estás tan lleno de alegría que cualquier palabra resulta inadecuada. O bien bailas, cantas una canción... Pero siempre son formas indirectas.

Poco a poco, irá surgiendo una manera de expresarlo, no te preocupes. Solo se trata de aprender otro lenguaje, una gramática nueva, una semántica nueva. No puedes hacer nada, simplemente ir profundizando cada vez más en ello; tienes que volverte más tonto. La mente te dirá que te estás volviendo cada vez más tonto; ¡pero tienes que volverte un poco más loco! El corazón encontrará su propio camino, que no tiene nada que ver con el de la cabeza.

Ahora mismo se está abriendo tu corazón por primera vez, por eso sientes la diferencia. Tu cabeza está desarrollada, es inteligente, es diestra; tu corazón es absolutamente novel. Esta disparidad hará que te sientas falso, pero ¡no es así!

Disfruta del corazón y sus sentimientos. Recurre más al cuerpo y exprésate a través de él, a través de tus acciones. Los pequeños detalles son muy expresivos. Quizá no puedas decirle nada a tu mujer, pero puedes darle una flor. O simplemente tu forma de mirarla, tu forma de sentirte cautivado por ella, el brillo de tus ojos cuando la miras, será suficiente.

Las mujeres son muy sensibles a todo eso. De hecho, hablar demasiado es una pérdida de tiempo. Una mujer no ve lo que estás diciendo, ve lo que estás sintiendo. Ese es uno de los problemas. El hombre piensa: «¡Estoy diciéndole cosas tan bonitas, soy tan cariñoso, le digo unas cosas tan increíbles!», ¡pero a la mujer no le interesa en absoluto! Sabe cuándo hablas desde el corazón y cuándo no. A veces estás en silencio y la mujer comprende. Hay algo en tu forma de mirarla, de darle la mano o de sentarte en silencio sin pronunciar una palabra, que comunica algo.

La mujer sigue siendo intuitiva. Es más natural que el hombre, más salvaje que el hombre; esa es su belleza. Y esa es la esperanza de la humanidad, que por lo menos la mitad de la humanidad sigue siendo salvaje e incivilizada. Esperemos que la otra mitad vuelva a incivilizarse, vuelva a ser inculta.

¿La voluntad femenina de exponer y expresar sus sentimientos más tiernos no es acaso una forma de coraje? ¿Puedes comentar algo más sobre el coraje y la sabiduría del corazón como opuestos a las cualidades aventureras y científicas de la mente?

El camino del corazón es bello pero peligroso. El camino de la mente es vulgar pero seguro.

El hombre ha escogido el camino más corto y más seguro en la vida. La mujer ha escogido el camino más bello, escarpado y peligroso, de las emociones, los sentimientos y los estados de ánimo. Y dado que, hasta ahora, el mundo ha sido gobernado por hombres, las mujeres han sufrido inmensamente. La mujer no ha sido capaz de encajar en la sociedad que han creado los hombres, porque es una sociedad basada en la razón y la lógica.

La mujer quiere un mundo del corazón, y en la sociedad creada por el hombre no hay sitio para el corazón. Los hombres deberían aprender a abrir su corazón, porque la razón está llevando a toda la humanidad hacia el suicidio global. La razón ha destruido la armonía de la naturaleza, la ecología. Es posible que la razón haya creado máquinas fabulosas, pero ha destruido la bella humanidad. Hace falta poner un poco más de corazón en todo.

Para mí, el camino a tu ser más profundo está más cerca del corazón que de la cabeza. Si vas hacia fuera, la mente es un atajo; por el contrario, el camino del corazón es muy largo. Pero si vas hacia dentro, es todo lo contrario, el corazón es el atajo hacia tu ser y la mente es el camino más largo que puedas tomar.

Por eso estoy a favor del amor, porque llegar a la meditación, a la eternidad de tu vida, a tu divinidad, es más fácil desde el amor; desde la cabeza es más difícil. Antes tienes que bajar al corazón; solo entonces podrás ir hacia el ser.

El motivo de mi énfasis en el amor es, sobre todo, espiritual. La mujer puede avanzar desde el corazón con facilidad... y el hombre puede ir hacia el corazón sin ninguna dificultad, lo que pasa es que no le han enseñado a hacerlo; no es más que un condicionamiento. Le han dicho que tiene que ser duro, que tiene que ser fuerte, que tiene que ser masculino, pero todo eso es absurdo. Los hombres no lloran ni permiten que fluya su tristeza o su alegría a través de las lágrimas, porque desde pequeños les han dicho que llorar es cosa de mujeres, es cosa de niñas. Los hombres nunca lloran.

Pero ¿qué sentido tienen esas lágrimas? ¡Son necesarias! Son un lenguaje enormemente importante. Hay momentos en que no puedes hablar, solo las lágrimas pueden expresarlo. Puedes estar tan lleno de alegría que se te llenen los ojos de lágrimas. Las lágrimas siempre son producto de una experiencia que te desborda. Puedes estar tan triste que no tengas palabras para expresarlo; entonces las lágrimas pueden ayudarte.

Es uno de los motivos por el que las mujeres enloquecen menos que los hombres, porque están dispuestas a llorar y a romper cosas en cualquier momento; pueden enloquecer temporalmente todos los días. El hombre va acumulando hasta que un día explota, ¡a gran escala! Las mujeres enloquecen en pequeña escala, lo cual es más sabio, para mantenerse al día. ¿Para qué acumular?

Los hombres se suicidan en mayor número que las mujeres. Es extraño; las mujeres hablan de suicidarse más que los hombres, pero rara vez lo hacen. Los hombres nunca hablan de ello, pero lo hacen más a menudo, el doble de veces. El hombre se reprime, la expresión de su rostro es falsa. Pero todo tiene un límite, llega un punto en el que no puede aguantar más y todo se desmorona.

A los hombres hay que enseñarles a abrir su corazón, porque el camino hacia el ser empieza en el corazón. No puedes saltarte el corazón. La mujer se encuentra en mejor posición; ella puede ir directamente del corazón al ser. Pero, en vez de reconocer esta inmensa cualidad de las mujeres, los hombres la han censurado. A lo mejor hay algún motivo; tal vez se hayan dado cuenta de la superioridad de las mujeres en un aspecto: la superioridad del amor.

No existe ninguna lógica más elevada que el amor, y no existe ninguna mente más elevada que el corazón. Pero la mente puede ser muy sanguinaria, muy violenta, y lleva así muchos siglos. Los hombres han agredido a las mujeres, las han reprimido, las han censurado. Y el resultado es que los hombres no han tenido la posibilidad de elevar su propia conciencia. También habrían podido aprender el arte de elevarse; podrían haberse movido en la misma dirección. Por eso siempre digo que la liberación de las mujeres también es la liberación de los hombres. Incluso lo es más del hombre que de la mujer.

Es cierto que las mujeres tienen más amor... pero también tendrían que ser conscientes de la otra cara de la moneda. La parte masculina de la mente es lógica, y la parte de la mujer es ilógica. Aunque no es peligrosa, es un error; pero se puede corregir. Por eso, el camino del corazón es bello pero peligroso. La otra cara del amor es el odio; la otra cara del amor son los celos. Si la mujer se ve atrapada en el odio y los celos, toda la belleza que hay en el amor morirá y se quedará con las manos llenas de veneno. Ella se envenenará y envenenará a todo el que esté cerca.

Para ser cariñoso hay que estar muy alerta, porque puedes caer en el pozo del odio, que siempre está cerca. Cada cima del amor está muy próxima al oscuro valle del odio que la rodea por todas partes, y al que puedes caer muy fácilmente. Es posible que ese sea el motivo por el que muchas mujeres han decidido no amar. Es posible que ese sea por ello por lo que los hombres han decidido vivir en la cabeza y olvidarse del corazón por completo. Porque el corazón es muy sensible. Es muy fácil hacerle daño, sus estados de ánimo son volubles como el tiempo.

La persona que realmente quiera aprender el arte del amor, tiene que saber todas estas cosas y evitar que el amor caiga en el pozo del odio o de los celos. De lo contrario, será imposible llegar al ser, será más difícil incluso que desde la cabeza.

La mujer tiene que dejar a un lado los celos, tiene que dejar a un lado el odio. El hombre tiene que dejar a un lado la lógica y ser un poco más cariñoso. La lógica tiene su utilidad, es ideal para el trabajo científico pero no para las relaciones humanas. El hombre tiene que tener cuidado de que la lógica no acabe siendo el único camino; deba ser un instrumento que puede usar o dejar a un lado. La mujer tiene que tener cuidado de no caer en el odio, los celos, la ira, porque destruirán su más preciado tesoro, el amor. Y ambos tienen que profundizar en el amor. Cuanto más profundicen en él, más se aproximarán a su ser.

Su ser no está muy lejos. Es la parte más profunda del amor, un amor absolutamente puro, incondicional. Un amor que está absolutamente despierto, alerta, consciente, se convierte automáticamente en una revolución, abre las puertas del santuario más profundo del amor. Alcanzar tu propio centro es conseguir lo máximo que la vida puede ofrecerte; toda la fragancia, toda la belleza, toda la alegría y todas las bendiciones.

Las emociones y el cuerpo

T U CUERPO NO ES SOLO FÍSICO. A través de las represiones, muchas otras cosas han entrado en tus músculos y en la estructura de tu cuerpo. Si reprimes la ira, el veneno se queda en tu cuerpo. Se mete en los músculos y en la sangre. Cuando reprimes algo, no solo se trata de un fenómeno mental, sino también físico porque, en realidad, no existe tal división. No eres un cuerpo y un alma; eres un cuerpo-alma, eres psicosomático. Eres ambas cosas. Todo lo que le hagas al cuerpo afectará a la mente, y todo lo que le hagas a la mente afectará al cuerpo. El cuerpo y la mente son dos aspectos de una misma entidad.

Por ejemplo, cuando te enfadas ¿qué le sucede a tu cuerpo? Cada vez que te enfadas segregas cierto veneno que va a la sangre. Sin ese veneno no podrías enfadarte. En tu cuerpo hay glándulas que liberan ciertas sustancias químicas. Es un hecho científico, no se trata de filosofía. Tu sangre se envenena. Por eso, cuando te enfadas, puedes hacer cosas que normalmente no harías. Cuando estás enfadado puedes mover una roca enorme, una roca que, en una situación normal, no habrías podido mover. Después, te parecerá imposible que hayas podido hacerlo. Cuando vuelvas a tu estado normal no serás capaz de levantarla, porque ya no eres el mismo. En tu sangre había ciertas sustancias químicas; cuando estás en un estado de emergencia toda tu energía se pone en acción.

Cuando un animal se enfada, simplemente se enfada. No hay ninguna enseñanza o lección moral; simplemente se enfada y desprende ira. Cuando tú te enfadas, lo haces de forma similar a la de un animal, pero luego entran en juego la sociedad, la moralidad, la educación, y otras mil cosas. Tienes que disimular tu ira. Tienes que aparentar no estar enfadado, tienes que dibujar una sonrisa en tu rostro. Pones una sonrisa y disimulas tu ira. ¿Qué le ocurre al cuerpo? El cuerpo estaba dispuesto a luchar —o a luchar o a escapar del peligro, o a enfrentarse a él o a huir—, el cuerpo estaba dispuesto a hacer algo, la ira es simplemente una disposición a hacer algo. El cuerpo estaba dispuesto a ser violento, agresivo.

Si pudieras ser violento o agresivo, liberarías esa energía. Pero no puedes hacerlo, no es lo correcto, por eso te reprimes. Entonces ¿qué ocurre con todos esos músculos que estaban listos para agredir? Se quedan paralizados. La energía les lleva a ser agresivos, pero tú los reprimes, no dejas que lo sean. Entonces se origina un conflicto. Tus músculos, tu sangre, tus tejidos, estarán en conflicto. Estaban preparados para expresar algo y tú se lo has impedido. Los has reprimido. Eso causa daños en el cuerpo.

Es algo que ocurre con todas las emociones día tras día, durante años. Al final tu cuerpo acaba totalmente lesionado. Todos los nervios acaban dañados, pierden su fluidez, su flexibilidad, pierden su vitalidad. Están muertos, han sido envenenados y han acabado enredados. No están en su estado natural.

Fíjate en cualquier animal y observa la gracia de su cuerpo. ¿Qué le ocurre al cuerpo humano? ¿Por qué no tiene esa gracia? Los animales son tan gráciles, ¿por qué el cuerpo del ser humano no lo es? ¿Qué le ha ocurrido? Le han hecho algo. Lo han aplastado y su naturalidad espontánea ha desaparecido. Se ha quedado estancada. Hay veneno por todo tu cuerpo. La ira, la sexualidad, la codicia, la envidia y el odio reprimidos se han acumulado en todos tus músculos. Todo lo que reprimes se queda ahí. Tu cuerpo está realmente enfermo.

Los psicólogos dicen que hemos construido una coraza alrededor de nuestro cuerpo y que esa coraza es el problema. ¿Qué harías si te permitieran expresar toda tu ira cuando estás enfadado? Cuando te enfadas empiezas a rechinar los dientes, sientes deseos de golpear y arañar; ese sería el comportamiento de tu herencia animal. Quieres golpear algo con las manos, destrozarlo. Si no lo haces tus dedos se atrofiarán, perderán su gracia, su belleza. No serán extremidades vivas. Y el veneno se ha quedado ahí, así que cuando le estrechas la mano a alguien, en realidad, no comunicas nada, no hay vida, tus manos están muertas.

Puedes sentirlo. Si tomas la mano de un niño podrás ver la diferencia. Si al niño no le apetece darte la mano, no pasa nada, la apartará. No te dará una mano muerta, simplemente la apartará. Pero si le apetece darte la mano, sentirás como si su mano se fundiese con la tuya. Sentirás una calidez, una fluidez..., será como si todo el niño estuviese en la mano. Es capaz de expresar todo el amor con un leve contacto.

Pero ese mismo niño, cuando sea adulto, dará la mano como si fuese un instrumento muerto. No estará presente en su mano, no fluirá. Esto sucede porque hay bloqueos. La ira se ha quedado bloqueada, y antes de que tu mano realmente vuelva a revivir y a expresar amor tendrá que sufrir una gran agonía, tendrá que superar una profunda expresión de la ira. Si no liberas la ira que bloquea tu energía, el amor no podrá fluir.

Todo tu cuerpo está bloqueado, no solo tus manos. Puedes abrazar a alguien y estrecharlo contra tu pecho, pero eso no significa que lo estés acercando a tu corazón. Son dos cosas distintas. Cuando estrechas a alguien contra tu pecho, se trata de un fenómeno físico. Pero si hay una coraza alrededor de tu corazón, un bloqueo de tus emociones, entonces la otra persona seguirá estando igual de lejos, no se producirá ninguna aproximación. Pero si realmente te acercas a la otra persona y no tienes ninguna coraza, si entre la otra persona y tú no hay ninguna pared, entonces tu corazón se fundirá con el suyo. Se producirá un encuentro, una comunión.

Cuando tu cuerpo vuelva a estar receptivo y no haya bloqueos ni venenos, sentirás que te envuelve una ligera sensación de felicidad. Hagas lo que hagas, siempre habrá una vibración de alegría en tu cuerpo. Alegría, en realidad, significa que tu cuerpo va con el ritmo, eso es todo. La alegría no es el placer, el placer es aquello que se deriva de alguna otra cosa. La alegría es simplemente ser tú mismo, estar vivo, totalmente vibrante, vital. La alegría es la sensación de una música sutil, una sinfonía, que sientes dentro y fuera de tu cuerpo. Tu cuerpo fluye, es como un río, y te sientes feliz.

He podido comprobar que cuando estoy enfadado, triste o inquieto, noto una extraña sensación en el estómago o en el plexo solar. Cuando estoy muy disgustado, esta sensación es tan intensa que me cuesta dormir y pierdo las ganas de comer. ¿Puedes comentar algo al respecto?

Todo el mundo mete muchas porquerías en su estómago, porque es la única parte del cuerpo en la que se puede esconder algo. No hay ningún otro lugar. Si quieres esconder algo tienes que hacerlo en el estómago. Tienes ganas de llorar —porque se haya muerto tu mujer, tu amado, tu amigo—, pero no causaría buena impresión. Parecerías un alfeñique llorando por la pérdida de alguien, así que te reprimes. ¿Qué harás con ese llanto? Efectivamente, tienes que esconderlo en el estómago. Es el único espacio vacío del cuerpo en el que puedes meter algo.

Y lo reprimes en el estómago. Todo el mundo reprime toda clase de emociones: amor, sexualidad, ira, tristeza, llanto e incluso risas. No te atreves a soltar una buena carcajada porque puede que no causara buena impresión, podría parecer grosero, vulgar. En muchas sociedades, reírse a carcajadas es sinónimo de incultura. Así que lo has reprimido todo. Esa represión te impide respirar profundamente, solo puedes respirar superficialmente. Si respiraras profundamente, esas heridas de represión liberarían toda la energía, pero te da miedo. A todo el mundo le da miedo permitirse respirar en el estómago.

Los niños recién nacidos respiran con el vientre. Fíjate mientras duermen: el vientre sube y baja, pero el pecho no. Los niños no respiran con el pecho sino con el vientre. Son completamente libres, no se reprimen. Su estómago está vacío de represión, y ese vacío se manifiesta en forma de belleza en su cuerpo.

Cuando hay demasiada represión en el estómago, el cuerpo se divide en dos partes, lo inferior y lo superior. Dejas de ser uno para convertirte en dos. Y se descarta la parte inferior. Pierdes la unidad; en tu ser aparece la dualidad. Entonces pierdes la belleza, la gracia. Tienes dos cuerpos en vez de uno, y entre los dos siempre hay una brecha. No puedes andar con agilidad, es como si tuvieses que arrastrar las piernas. Cuando el cuerpo es uno, las piernas te llevan, pero cuando está dividido, las vas arrastrando. Tu cuerpo es como una carga. No puedes disfrutar de un agradable paseo, nadar o correr, porque el cuerpo no es uno. Para realizar todos estos movimientos y disfrutarlos el cuerpo necesita estar unido. Es necesario que todo vuelva a ir al unísono; hay que limpiar a fondo el estómago.

Para limpiar el estómago es bueno respirar profundamente, porque al inhalar y exhalar, el estómago expulsa todo lo que se ha acumulado. En la exhalación el estómago se vacía. De ahí la importancia de la respiración profunda. Hay que hacer hincapié en la exhalación para que se elimine todo lo que se ha ido acumulando innecesariamente.

Cuando el estómago deja de acumular emociones, desaparece automáticamente el estreñimiento. Cuando reprimes las emociones en el estómago, sufres de estreñimiento porque el estómago no tiene libertad de movimientos. Estás controlándolo, no le permites moverse libremente. Por eso cuando reprimes tus emociones, sufres de estreñimiento, que es una enfermedad más mental que física; forma parte de la mente más que del cuerpo.

Pero recuerda, no estoy dividiendo la mente y el cuerpo en dos partes. Se trata de dos aspectos del mismo fenómeno. La mente y el cuerpo no son dos cosas separadas; tu cuerpo es un fenómeno psicosomático. La mente es la parte más sutil del cuerpo, y el cuerpo es la parte más burda de la mente. Se afectan mutuamente; corren paralelos. Si reprimes algo en la mente, el cuerpo empieza un viaje de represión. Si la mente deja salir todo, el cuerpo también lo hace. Por eso, en muchas de las meditaciones que he desarrollado insisto en la catarsis. La catarsis es un proceso de limpieza.

En la India, llamamos *manipura* al plexo solar, el centro de los sentimientos y las emociones. Es en el *manipura* donde se reprimen las emociones. Esta palabra significa «diamante»; lo que da valor a la vida son los sentimientos, las emociones, el llanto, las lágrimas y las sonrisas. Todas estas cosas, que son la gloria de la vida, son las que le dan valor. De ahí que el tercer chakra, el tercer centro de energía, se llame *manipura*, el chakra del diamante.

Este valioso diamante solo está al alcance del ser humano. Los animales no pueden reírse y, naturalmente, tampoco pueden llorar. Las lágrimas solo están al alcance del hombre. La belleza y la poesía de las lágrimas y la risa solo están al alcance de los seres humanos. Los demás animales solo tienen dos centros o chakras: el *muladhar* o centro sexual, centro de la vida, y el *svadhisthan*, el hara o centro por el que la vida sale del cuerpo. Los animales nacen y mueren; entre esos dos eventos no sucede mucho más. Si tú solamente naces y mueres, eres un animal, todavía no eres humano. Y hay millones de personas que se han quedado entre estos dos chakras; no irán más allá.

Nos han enseñado a reprimir nuestras emociones, a ser insensibles. Nos han enseñado que los sentimientos no sirven para nada; sé práctico, sé duro, no seas blando, no seas vulnerable, o, de lo contrario, te explotarán. ¡Sé duro! Por lo menos aparenta ser duro, finge que eres peligroso, que no eres un blando. Provoca miedo a tu alrededor. No te rías, porque si te ríes no asustarás a nadie. No llores, porque si lloras estarás manifestando tu miedo. No muestres tus limitaciones. Finge ser perfecto.

Si reprimes el tercer centro, te convertirás en un soldado; no en un hombre sino en un soldado, un militar, un falso hombre. En el tantra se trabaja mucho con el fin de relajar este tercer centro. Hay que aliviar las tensiones, hay que relajarse. Cuando tengas ganas de llorar, llora; cuando tengas ganas de reír, ríe. Olvídate de esa tontería de la represión, aprende a expresarte, porque solo a través de tus sentimientos, de tus emociones, de tu sensibilidad, llegarás a la vibración a través de la cual es posible la comunicación.

¿Nunca lo has observado? Puedes hablar cuanto quieras, pero en realidad no has dicho nada. Sin embargo, algunas lágrimas caen por tus mejillas y todo está dicho. Una lágrima puede expresarlo todo. Aunque te empeñes en repetir: «Soy muy feliz. Estoy bien...» tu rostro muestra lo contrario. Pero una risa auténtica lo dirá todo; la risa habla por ti. Cuando veas a tu amigo tu cara resplandecerá de alegría.

Debemos hacer que el tercer centro esté más al alcance. El tercer centro está en contra del pensamiento, de modo que te resultará más fácil relajar tu tensa mente si tienes en cuenta el tercer centro. Sé auténtico, sensible, toca más, siente más, ríe más, llora más. Y recuerda que no debes hacer más de lo necesario, no puedes exagerar. No fuerces ni una lágrima de más, no rías más de lo necesario. No tengas miedo, no seas tacaño.

Desde que he empezado a meditar, he notado que mi cuerpo y mis sentimientos hacia él están cambiando mucho. Mi forma de caminar, cómo me miro mientras me ducho, cómo me siento en mi cuerpo..., ¡todo es tan diferente que casi no lo reconozco! ¿Acaso el cuerpo obedece a la mente y mi corazón está influenciando a mi mente?

El ser humano no es una máquina sino un organismo, y hay una gran diferencia entre esas dos cosas. La máquina está formada por piezas; el cuerpo está formado por miembros. Aunque separes las piezas no pasará nada. Puedes volver a unirlas y la máquina seguirá funcionando. Pero no puedes separar los miembros de un organismo sin que se muera. Puedes volver a juntarlos, pero el organismo no volverá a vivir. El organismo es una unidad viviente; todo está conectado a todo lo demás.

Cualquier cosa que suceda en el cuerpo, en la mente, en el corazón o en tu conciencia, afectará a todo tu organismo. Te afecta como un todo. Los miembros de una unidad orgánica no son simplemente partes que se hayan juntado; una unidad orgánica es algo más.

Una máquina es simplemente la suma de todas sus piezas. Un organismo es algo más que la suma de todas sus partes, y ese «más» es tu alma, que está inmersa en todo lo que hay en ti. De modo que cualquier cambio que se produzca, sea donde sea, afectará a todo tu ser.

Por eso hay varios métodos. Por ejemplo, el yoga es uno de los más destacados para aquellos que dedican sus esfuerzos a la autorrealización. Pero se centra casi exclusivamente en el cuerpo, en las posturas corporales. Es el resultado de una profunda investigación; las personas que lo crearon hicieron un trabajo increíble. Estudiaron en qué posturas tu mente adopta determinada actitud, tu corazón tiene un ritmo determinado, y tu conciencia está más o menos alerta. Han desarrollado las posturas corporales hasta tal punto que, trabajando solamente el cuerpo, pueden cambiar la totalidad de tu ser.

Pero es un trabajo largo, tedioso y difícil, porque el cuerpo es una parte del ser absolutamente inconsciente. Entrenarlo para conseguir adoptar posturas extrañas que no son naturales es un arduo trabajo. Pero los que desarrollaron el sistema del yoga se dieron cuenta de que la vida era demasiado corta para ejercitar todas las posturas del cuerpo, para cambiar todo el ser interno, por eso fueron los primeros que pensaron en prolongar la vida para poder lograr su objetivo en una sola reencarnación.

El problema del cuerpo es que puedes haberte pasado toda la vida ejercitándote —sesenta o setenta años— para alcanzar cierto estado, y al final el cuerpo muere. Cuando recibes un cuerpo nuevo tienes que empezar de cero; no puedes empezar donde lo habías dejado en tu vida anterior. Esto complicaba tanto el método del yoga que los yoguis empezaron a buscar la forma de prolongar la vida.

Por ejemplo, todo el mundo conoce la postura del loto en la que se representa a Buda sentado. Es la postura más famosa. Ahora se sabe que, sentado en la postura del loto con la columna derecha y todo el cuerpo relajado, la fuerza de la gravedad afecta menos al cuerpo. La gravedad es lo que te mata; cuanto más te afecta la gravedad, más te acercas a la tumba. Einstein afirmó que si dispusiésemos de vehículos que viajaran a la velocidad de la luz, la gente que viajase en ellos no envejecería. Si se alejaran de la Tierra y regresaran dentro de cincuenta años, sus contemporáneos estarían muertos, tal vez quedasen uno o dos vivos; sin embargo, los viajeros del espacio tendrían exactamente la misma edad que cuando se marcharon.

Su teoría es que el envejecimiento se detiene cuando viajas a la velocidad de la luz. Pero solo es una hipótesis porque no hay ningún experimento que lo demuestre. Es imposible construir un vehículo que pueda viajar a la velocidad de la luz porque, a esa velocidad, cualquier material se fundiría. No existe ningún metal o ningún otro material con el que se pueda construir dicho vehículo.

Pero Einstein desconocía la explicación del yoga. El yoga dice que la persona regresará a la Tierra teniendo la misma edad porque, al salir del campo de gravedad, no envejece. Esto es mucho más práctico y más científico, es algo más que una hipótesis. Ha habido miles de yoguis que han vivido mucho más que la mayoría de la gente. Simplemente por sentarse en esa postura, la gravedad ejerce un efecto mucho menor.

El interés de los yoguis por los métodos que prolongan la vida no responde al deseo de vivir más tiempo, sino a que su vehículo de transformación, el cuerpo, sea muy lento. Pero ha habido gente que ha alcanzado la iluminación por medio del cuerpo. Lo único que han tenido que hacer es aprender y practicar ciertas posturas. En determinada postura, la mente funciona de determinado modo, en otra postura deja de funcionar, en otra estás muy alerta, y así sucesivamente.

Es algo que puedes comprobar en tu vida cotidiana. Para cada estado de ánimo, emoción o pensamiento, tu cuerpo adopta determinada postura. Si lo observas, te darás cuenta de que hay una relación que no se puede cambiar. Por ejemplo, si me atas las manos ¡no podré hablar! No podré hacerlo porque mis manos están profundamente conectadas a mis expresiones, y no sabría qué hacer.

Has de saber que cada mano está conectada con un hemisferio de la mente; la izquierda con el hemisferio derecho y la derecha con el hemisferio izquierdo. Las manos son extensiones de la mente. Cuando hablo, utilizo dos vehículos: las palabras y las manos. Cada gesto de la mano me ayuda a expresar determinada idea. Si me las atasen, me sería imposible decir nada. A veces lo he intentado pero cuando lo he hecho me ha resultado muy difícil hablar. Quiero decir una cosa y me sale otra. Y es por no poder llevar el ritmo con las manos.

Todo lo que hay en ti, desde lo más bajo hasta lo más elevado, está conectado. El yoga trabaja con el cuerpo; es un proceso largo, arduo y, a menos que la ciencia lo lleve de la mano y lo guíe, tal vez no tenga futuro. Podría darse una explosión. El yoga es una de las ciencias más antiguas desarrolladas por el hombre. Tiene más de cinco mil años de antigüedad. Si no va de la mano de la ciencia, el yoga estará apuntando demasiado alto. El hombre moderno no dispone de tanto tiempo; hay que buscar caminos más cortos.

Trabajar con la mente es más rápido y sencillo que trabajar con el cuerpo, porque cuando se trabaja con la mente no hay que hacer demasiado, simplemente ser consciente, observar. No estamos hablando de psicoanálisis, que volvería a alargar innecesariamente el proceso. El yoga, por lo menos, llega a un final. El psicoanálisis nunca llega al final porque la mente, que es muy productiva, produce basura sin cesar. Según vas analizando sueños, la mente va creando sueños nuevos. Es tan astuta que es capaz de crear un sueño en el que sueñas que estás soñando que estás durmiendo y soñando contigo mismo. Puede llegar a complicarse mucho. Puede que analizar toda esa basura te ayude a descargarte un poco, pero es un proceso interminable.

Los que realmente han trabajado con la mente, han trabajado con la observación, con el acto de presenciar; cuando eres testigo de la mente, esta, poco a poco, empieza a quedarse en silencio, detiene su parloteo y se queda quieta y tranquila. Y a medida que la mente se va acallando, tu cuerpo también vive cambios sorprendentes; esto es lo que le está ocurriendo a quien ha hecho la pregunta. Te darás cuenta de que el cuerpo se comporta de otro modo, nunca lo había hecho así. Camina de otra forma, sus gestos han cambiado. Cuando tu mente está quieta y callada, tu cuerpo, a su vez, empieza a estar quieto y callado; en el cuerpo notas cierta quietud, cierta vitalidad que no habías sentido antes. Has estado en el cuerpo pero hasta ahora nunca habías tenido un contacto tan profundo, porque la mente siempre te mantenía ocupado. La mente era un obstáculo que no dejaba que la conciencia llegara a tu cuerpo.

Ahora que la mente está en silencio, la conciencia percibe el cuerpo por primera vez. Por eso los gestos, la forma de caminar y el aspecto de un Buda, son diferentes. Todo es distinto porque ya no hay mente. El cuerpo ya no obedece a la mente; la mente no es el camino. Ahora obedece a la conciencia, la virtud más profunda de tu ser.

Cuando empieces a percibir cambios en tu cuerpo, obsérvalo y alégrate. Mantente alerta y se producirán más cambios. Cuanto más consciente estés, más te darás cuenta de que hasta el cuerpo empieza a tener una conciencia propia. Y según vayas estando más alerta y consciente irás sintiendo más amor por tu cuerpo, más compasión; lo sentirás más próximo, más entrañable, como si surgiera una nueva amistad. Hasta ahora simplemente lo habías usado. Y a pesar de que te ha prestado sus servicios de todas las formas posibles, nunca se lo has agradecido. Así que es una buena experiencia. Deja que se vuelva más intensa y dale tu apoyo. Pero la única forma de hacerlo es estando más alerta.

De la cabeza al corazón y al ser.
Un viaje de regreso al centro

L A SOCIEDAD NO QUIERE QUE SEAS UNA PERSONA de corazón porque necesita cabezas, no corazones.

Una vez, durante una visita a una universidad de Benarés, tuve una conversación con uno de los eruditos más famosos de la India en aquel momento, el doctor Hajari Prasad Dwivedi. Él presidía el encuentro al que me dirigía, era el «cabeza» de la facultad de artes, y le pregunté: «¿Alguna vez se ha preguntado por qué le llaman cabeza y no corazón?».

«Qué pregunta más extraña —dijo. En aquella época él era un anciano y ahora ya ha muerto—. Es la primera vez en toda mi vida que me preguntan por qué soy la cabeza y no el corazón. —Reflexionó y añadió—: Su pregunta tiene algo muy revelador. Me lleva a preguntarme también por qué no se dice, por ejemplo, que las personas que están al mando del departamento de filosofía, son el corazón del departamento. Eso sería más auténtico, más apropiado. Sin embargo, reciben el nombre de cabeza.»

La sociedad se divide en cabezas y manos. ¿Os habéis fijado que los obreros reciben el nombre de mano de obra? La gente pobre que trabaja con las manos, los trabajadores manuales, reciben el nombre de «mano de obra», y por encima de ellos están los «cabezas». Pero el corazón no está; nadie recibe el nombre de «corazón».

Es muy importante que empieces a sentir un despertar en tu corazón, porque es mucho más valioso que tu cabeza. Todo lo que hay en tu cabeza es prestado, nada de lo que hay en ella es suyo. Pero el corazón es tuyo. Tu corazón todavía no es católico o hinduista; es existencial. Todavía no ha sido corrompido ni contaminado. Tu corazón sigue siendo original.

De la cabeza al corazón hay un gran salto cuántico. Otro paso más: del corazón al ser, y habrás llegado a casa; la peregrinación habrá concluido.

Nadie puede ir directamente de la cabeza al ser. Son extraños, no están conectados. ¡Ni siquiera les han presentado! Tu ser no sabe nada de la cabeza, y tu cabeza no sabe nada del ser. Viven en la misma casa pero no se conocen. Su forma de funcionar es tan diferente que nunca se cruzan, nunca se encuentran.

El corazón es el puente. Una parte del corazón conoce la cabeza y otra parte del corazón conoce el ser. El corazón es una estación a medio camino. Cuando vas camino de tu ser, haces noche en el corazón.

Desde el corazón puedes divisar el ser, pero desde la cabeza no; por eso los filósofos nunca se vuelven místicos. Los poetas sí, sufren una transformación. Los pintores, escultores, bailarines, músicos y cantantes están más cerca del ser.

Pero nuestra sociedad está dominada por la cabeza porque es capaz de ganar dinero. Es muy eficiente, las máquinas son siempre más eficaces. Es capaz de satisfacer todas tus ambiciones. La cabeza se nutre de tu sistema educativo y toda tu energía se dirige a ella, saltándose el corazón.

El corazón es lo más importante, porque es la puerta de entrada a tu ser, a tu fuente eterna de vida. Yo querría que todas las universidades del mundo enseñaran a la gente a hacerse más consciente del corazón, para ser más estéticos, más sensibles a todo lo que nos rodea, a esa inmensa belleza, a esa inmensa alegría.

Pero el problema es que el corazón no puede satisfacer tus deseos egoístas. Puede ofrecerte una gran experiencia de amor, un cambio alquímico, puede sacar lo mejor de ti en su forma más clara y pura, pero no puede generar dinero, poder o prestigio, que son las metas actuales.

Sigue deslizándote de la cabeza al corazón, y luego arriésgate un poco más y deslízate del corazón al ser. Ahí están los cimientos de tu vida.

Hay una bella historia de Turgueniev: *El idiota*.

En una ciudad vivía un hombre del que todo el mundo decía que era la persona más idiota que había existido jamás. Evidentemente, siempre tenía problemas. Dijera lo que dijese, aunque fuese verdadero y hermoso, la gente se echaba a reír. Como sabían que era idiota, que era tonto, la gente pensaba de antemano que todo lo que decía o hacía era una tontería. Aunque estuviera citando a los sabios, ellos seguían riéndose de él.

Fue a ver a un anciano sabio y le contó que tenía intención de suicidarse porque ya no podía seguir viviendo así.

—No puedo soportar esa crítica constante. No lo aguanto más. O me ayudas a encontrar una solución o me mato.

El anciano sabio se rió y le dijo:

—No te preocupes, tu problema no es tan grave. Solo haz lo que yo te diga y vuelve dentro de siete días. A partir de ahora di a todo que no. Cuestiona a todo el mundo. Cada vez que alguien diga: «Mira que bella puesta de sol», pregúntale automáticamente: «¿Dónde ves la belleza? Yo no la veo, ¡demuéstralo! ¿Qué es la belleza? En el mundo no hay belleza, ¡eso es absurdo!». Insiste en que te lo demuestren, diles: «Demuéstrame dónde está la belleza. Déjame verla, tocarla. Dame una definición». Y si alguien dice: «La música es extática», pregúntale: «¿Qué es el éxtasis? ¿Qué es la música? Define claramente esos términos. Yo no creo en el éxtasis, es una tontería, una ilusión. Y para mí la música no es más que ruido».

»Hazlo constantemente y vuelve dentro de siete días. Sé negativo, haz preguntas que no se puedan contestar: ¿Qué es la belleza, qué es el amor, qué es el éxtasis, qué es la vida, qué es la muerte, qué es Dios?

Al cabo de siete días el idiota volvió a ver al sabio seguido por un nutrido grupo de gente. Le habían puesto guirnaldas de flores e iba muy bien ataviado. El sabio le preguntó:

—¿Qué ha ocurrido?

Y el idiota dijo:

—¡Ha sido como por arte de magia! Ahora todo el mundo cree que soy el hombre más sabio de la tierra. Me tienen por un gran filósofo, un intelectual. Les he dejado sin habla. Ahora me tienen miedo. Se quedan callados en mi presencia porque convierto en pregunta todo lo que dicen y tomo una actitud absolutamente negativa. ¡Tu truco ha funcionado!

El sabio le preguntó:

—¿Y quiénes son esos que te siguen?

—¡Son mis discípulos —respondió—, quieren que les enseñe qué es la sabiduría!

Así son las cosas. La mente vive en el no, dice no, se alimenta de decir no a todo y a todos. La mente es básicamente atea, negativa. La mente positiva no existe.

El corazón es positivo. Así como la mente dice no, el corazón dice sí. Por supuesto, es mejor decir sí que decir no, porque no se puede vivir diciendo no. Cuanto más dices no, más te vas encogiendo y cerrando. Cuanto más dices no, menos vivo estás. Pueden pensar que eres un gran intelectual, pero te estás encogiendo y muriendo, estás suicidándote lentamente.

Si dices no al amor, serás menos que antes; si dices no a la belleza, serás menos que antes. Y si vas diciendo no a todas las cosas, irás desapareciendo poco a poco. Al final solo quedará una vida vacía, sin sentido, sin significado, sin alegría, sin baile, sin celebración.

Eso es lo que le ha ocurrido a la mente moderna. El hombre moderno ha dicho no muchas más veces que en toda la historia. De ahí las preguntas: ¿Cuál es el sentido de la vida? ¿Por qué estamos vivos? ¿Por qué seguir viviendo? Hemos dicho que no a Dios, hemos dicho que no al más allá, hemos dicho que no a todo aquello por lo que el hombre ha estado viviendo hasta ahora. Hemos demostrado, para satisfacción de nuestros corazones, que todos los valores por los que el hombre ha vivido no tenían sentido, y ahora nos vemos en un dilema, en una gran angustia. La vida se está volviendo cada vez más insoportable para nosotros. Seguimos viviendo porque somos cobardes, pero hemos destruido todas las razones para vivir. Seguimos viviendo porque no somos capaces de suicidarnos. Seguimos viviendo porque nos da miedo la muerte. Vivimos por miedo, no por amor.

Es mejor ser positivo, cuanto más positivo seas, más te acercarás al corazón. El corazón no conoce el lenguaje de la negatividad. El corazón nunca pregunta qué es la belleza. Simplemente la disfruta, y disfrutando de ella, la conoce. No puede definirla, no puede explicarla, porque se trata de una experiencia que no tiene explicación, una experiencia inexpresable. No existe un lenguaje adecuado, ningún símbolo puede representarla. El corazón sabe qué es el amor, pero no se lo preguntes. La mente solo sabe de preguntas y el corazón solo sabe de respuestas. La mente pregunta pero no sabe responder.

Por eso la filosofía no tiene respuestas, sino una pregunta tras otra. Cada una de ellas se va dividiendo progresivamente en mil y una preguntas. El corazón no las tiene —ese es uno de los misterios de la vida—, sin embargo, tiene todas las respuestas. Pero la mente no hará caso al corazón; entre ellos no hay ninguna comunión, ninguna comunicación, porque el corazón solo conoce el lenguaje del silencio. El corazón no conoce otro lenguaje, el corazón no entiende ningún otro lenguaje; y la mente no conoce el silencio. La mente es ruido, un cuento contado por un idiota, lleno de ruido y aspavientos, que no quiere decir nada.

El corazón sabe qué es lo importante. El corazón conoce el esplendor de la vida, la enorme felicidad de la sencilla existencia. El corazón es capaz de celebrar, pero nunca pregunta. Por eso la mente cree que el corazón está ciego. La mente está llena de dudas y el corazón está lleno de confianza; son polos opuestos.

Por eso se dice que es mejor ser positivo que negativo. Pero recuerda: lo positivo y lo negativo están unidos, son las dos caras de un mismo fenómeno.

No estoy aquí para enseñarte los caminos del corazón. Sí, los uso, pero solo como medio para sacarte de tu mente. Uso el corazón como vehículo para llevarte a la otra orilla; uso el corazón como si fuese una barca. Una vez en la otra orilla, hay que olvidarse de la barca; no vas a seguir cargando con ella.

La meta es ir más allá de la dualidad. La meta es ir más allá del sí y del no, porque tu sí solo puede tener sentido en el contexto del no; no se puede librar de él. Si se libra del no, ¿qué sentido tiene? Tu sí solo puede existir con tu no, recuerda, y tu no solo puede existir con tu sí. Son polos opuestos, pero cooperan de una forma sutil. Es una conspiración, van de la mano, se apoyan el uno al otro porque no pueden existir por separado. El sí significa algo gracias al no; el no significa algo gracias al sí. Tienes que trascender esta conspiración, tienes que trascender esta dualidad.

Yo no enseño una forma positiva o negativa de vivir. Enseño la vía de la trascendencia. Hay que dejar a un lado todas las dualidades; la dualidad de la mente y el corazón, la dualidad de la materia y la mente, la dualidad del pensamiento y la emoción, la dualidad de lo positivo y lo negativo, la dualidad de lo masculino y lo femenino, el yin y el yang, el día y la noche, el verano y el invierno, la vida y la muerte... todas las dualidades. Hay que dejar a un lado la dualidad como tal, porque tú estás más allá de la dualidad.

En cuanto te empieces a alejar del sí y del no, tendrás los primeros atisbos de lo absoluto. Por ello, lo absoluto es inexpresable; no puedes decir no y tampoco puedes decir sí.

Pero si tienes que elegir entre lo negativo y lo positivo, mi consejo es que elijas lo positivo, porque es más fácil salirse del sí que del no. Dentro del no, no hay mucho sitio; es una celda oscura. El sí es más espacioso, más abierto, más vulnerable. Te costará mucho salirte del no, ya que estás arrinconado y todas las puertas y ventanas están cerradas. El no es un espacio cerrado. Vivir en lo negativo es la cosa más absurda que pueda hacer una persona, pero hay millones de personas que lo hacen. El hombre, particularmente el hombre moderno, vive en lo negativo. Sigue repitiendo la historia de Turgueniev porque se siente bien viviendo en lo negativo, su ego se siente satisfecho.

El ego es una prisión hecha con ladrillos de «noes»: se alimenta de la negatividad. Si tienes que elegir entre lo negativo y lo positivo, elige lo positivo. Al menos, tu esfera de acción será más amplia; habrá algunas ventanas y puertas abiertas, podrás disfrutar del viento, el sol y la lluvia. Podrás divisar el amplio cielo de fuera, las estrellas y la luna. A veces te llegará la fragancia de las flores y, a veces, simplemente el hecho de estar vivo te hará sentir emocionado de alegría. Además ir del sí al más allá es más fácil.

Del no al sí, y del sí al más allá. El más allá no es positivo ni negativo; el más allá es divinidad, es iluminación.

¿Será factible algún día actuar desde una unión de la cabeza y el corazón, o estarán siempre divorciados? ¿Debemos decidirnos conscientemente por uno u otro?

Todo depende de ti, porque ambos son mecanismos. Tú no eres ni la cabeza ni el corazón. Puedes actuar con la cabeza o con el corazón. Llegarás a distintos lugares, porque la cabeza y el corazón van en direcciones diametralmente opuestas.

La cabeza dará vueltas y más vueltas pensando, cavilando, filosofando; solo sabe de palabras, lógica, razonamiento, pero no es fértil. En lo que respecta a la verdad, de la cabeza no sacarás nada, porque la verdad no requiere lógica, razonamiento, investigación filosófica. La verdad es muy simple; es la cabeza quien lo complica. A lo largo de los siglos, los filósofos han estado buscando la verdad con la cabeza. No han encontrado nada, pero han desarrollado grandes corrientes de pensamiento. Yo he estudiado todas esas corrientes y no llegan a ninguna conclusión.

El corazón también es un mecanismo, pero distinto de la cabeza. Se podría decir que la cabeza es el instrumento lógico y el corazón el instrumento emocional. Todas las filosofías y las teologías provienen de la cabeza; todos los tipos de devoción, oración y sentimentalismo provienen del corazón. Pero el corazón también se dedica a darle vueltas y vueltas a las emociones.

La palabra «emoción» está muy bien. Significa acción, movimiento. El corazón se mueve pero es ciego. Se mueve deprisa, rápido, porque no tiene motivos para esperar. No tiene que pensar, salta a lo que sea. Pero con la emotividad no se halla la verdad. La emoción es una barrera, igual que la lógica. La lógica es la parte masculina que hay en ti, y el corazón es la parte femenina. Pero la verdad no tiene nada que ver con lo masculino o lo femenino. La verdad es tu conciencia. Puedes observar cómo piensa la mente y cómo palpita de emoción el corazón. En cierto sentido, hay una relación entre ellos...

Por norma general, la sociedad ha decidido que la cabeza es el amo y el corazón el sirviente, porque la sociedad es un producto de la mente y la psicología masculina. El corazón es femenino. Y del mismo modo que el hombre ha convertido a la mujer en esclava, la cabeza ha convertido al corazón en esclavo. Se podría invertir la situación, que el corazón fuera el amo y la cabeza el sirviente. Si hubiera que elegir entre los dos, si nos obligaran a elegir, sería mejor que el corazón fuese el amo y la cabeza el sirviente.

Hay cosas de las que el corazón es incapaz, y lo mismo le ocurre a la cabeza. La cabeza no puede amar, no puede sentir, es insensible. El corazón no puede ser racional, razonable. En el pasado, siempre han estado en conflicto. Ese conflicto representa la pugna, la lucha que hay entre hombres y mujeres. Si hablas con tu mujer, ya deberías saberlo..., con una mujer es imposible hablar, razonar, llegar a un acuerdo razonable, porque las mujeres actúan desde el corazón. Saltan de un tema a otro sin importarles si guardan relación o no. No pueden razonar, pero pueden llorar. No pueden ser racionales, pero pueden gritar. No pueden cooperar para llegar a una conclusión. El corazón no comprende el lenguaje de la cabeza.

Desde un punto de vista fisiológico, no hay mucha diferencia entre ambos, el corazón y la cabeza se encuentran a pocos centímetros de distancia. Pero en lo concerniente a sus cualidades existenciales, son polos opuestos.

Mi camino se ha descrito como el camino del corazón, pero eso no es cierto. El corazón puede proporcionarte todo tipo de imaginaciones, alucinaciones, ilusiones y sueños, pero no te proporciona la verdad. La verdad está más allá de ambos; está en tu conciencia, que no es ni la cabeza ni el corazón. Y como la conciencia está separada de ambos, puede utilizarlos a ambos en armonía.

La cabeza es peligrosa en ciertos campos, porque tiene ojos pero no tiene piernas, está inválida. El corazón puede funcionar en ciertas dimensiones. Tiene piernas pero no tiene ojos; puede ir muy rápido, pero está ciego, así que, por supuesto, ¡no sabe adónde va! Cuando en todos los idiomas se dice que el amor es ciego, no es por casualidad. Aunque, en realidad, no es que el amor sea ciego, sino que el corazón no tiene ojos.

A medida que vayas ahondando en tu meditación y que tu identificación con la cabeza y el corazón vaya desapareciendo, verás que te conviertes en un triángulo. Tu realidad está en la tercera fuerza que hay en tu interior, la conciencia. La conciencia puede desenvolverse con facilidad porque *ambos,* corazón y cabeza, le pertenecen.

Hay una historia sobre un mendigo ciego y otro inválido que vivían en un bosque cerca de un pueblo. Evidentemente, eran rivales, enemigos, porque la mendicidad es un negocio. Pero un día ardió el bosque. El inválido no tenía forma de escapar ya que no podía andar. Tenía ojos para ver por dónde escapar del fuego, pero ¿de qué le valían si no tenía piernas? El ciego tenía piernas y podía correr, pero ¿cómo iba a saber hacia dónde dirigirse?

Los dos morirían calcinados en el bosque. La emergencia era tal que olvidaron su rivalidad y dejaron a un lado su antagonismo; era la única forma de sobrevivir. El ciego se cargó a hombros al inválido y encontraron la forma de escapar del fuego. Uno veía y el otro caminaba bajo su dirección.

Dentro de ti tiene que ocurrir algo parecido: la cabeza tiene ojos y el corazón tiene el coraje de meterse en lo que sea. Hay que hacer una síntesis de ambos. Y quisiera recalcar que en esta síntesis el corazón debería pasar a ser el amo y la cabeza el sirviente.

Tu razonamiento es muy útil como sirviente. No te pueden engañar, no te pueden mentir ni explotar. El corazón tiene todas las cualidades femeninas: el amor, la belleza, la gracia. La cabeza es cruel. El corazón es mucho más civilizado, mucho más inocente.

Una persona consciente usa la cabeza como sirviente y el corazón como amo. Es algo muy sencillo para una persona consciente. Cuando dejas de identificarte con la cabeza o el corazón y simplemente eres testigo de ambos, puedes ver qué cualidades deberían ser más elevadas, qué cualidades deberían ser la meta. La cabeza como sirviente puede aportar esas cualidades, pero necesita que alguien le dé órdenes. Hasta ahora y desde hace siglos, ha ocurrido justo lo contrario: el sirviente ha sido el amo. Y el verdadero amo es tan educado y tan caballeroso que no ha protestado y ha aceptado la esclavitud voluntariamente. El resultado de esto es la locura que hay en la tierra.

Tendremos que cambiar la alquimia del hombre.

Tendremos que reorganizar el interior del hombre, y la primera revolución llegará cuando el corazón se decida por unos valores. No puede tomar partido por la guerra ni por las armas nucleares; no puede enfocarse hacia la muerte. El corazón es la salsa de la vida. Cuando la cabeza está al servicio del corazón, tiene que hacer lo que el corazón decida. Y la cabeza es enormemente capaz de hacer cualquier cosa. Solo necesita la guía adecuada; de lo contrario, perderá el juicio, se volverá loca. Para la cabeza no existen los valores. Para la cabeza nada tiene significado. Para la cabeza no existe el amor, la belleza, la gracia; solo existe el razonamiento.

Pero este milagro solo es posible cuando no te identificas con ninguno de los dos. Observa los pensamientos, y al observarlos, desaparecerán. Luego, observa tus emociones y sentimentalismos; al observarlos, también desaparecerán. Entonces, tu corazón será tan simple como el de un niño, y tu cabeza será tan genial como la de Albert Einstein, Bertrand Russell o Aristóteles.

Pero el problema es mayor de lo que crees. Estamos en una sociedad machista; el hombre ha establecido las reglas del juego, la mujer simplemente obedece. Y el condicionamiento es muy profundo porque llevamos así miles de años.

Si se produjera una revolución en el individuo y se volviera a poner al corazón en el trono, dándole la posición de amo que le corresponde, y la cabeza ocupara su posición de sirviente, afectaría a toda la estructura social. Hay una posibilidad, pero para ello tiene que cumplirse una condición básica: tienes que volverte más consciente, convertirte en un testigo, en un observador de todo lo que ocurre dentro de ti. El observador se libera inmediatamente de la identificación, porque puede ver las emociones y darse cuenta de que «yo no soy las emociones». Puede ver los pensamientos y llegar a la simple conclusión de que «yo no soy mi proceso mental».

Entonces ¿quién soy yo? Simplemente un observador, un testigo.

De ese modo llegarás a la máxima expresión de la inteligencia. Te conviertes en un ser humano consciente. Dentro de un mundo dormido, tú te despiertas, y una vez despierto ya no hay problemas. Tu despertar empezará a poner las cosas en su sitio. Hay que destronar a la cabeza y volver a coronar al corazón. Si se produce este cambio en mucha gente, surgirá una nueva sociedad, un nuevo tipo de ser humano en el mundo. Transformará más cosas de las que podrías imaginar.

La ciencia adquirirá un matiz completamente distinto. Ya no estará al servicio de la muerte, no fabricará armas que destruyan la vida sobre la tierra. Enriquecerá la vida, descubrirá energías que harán al hombre más feliz, que le permitirán vivir más cómodamente, con más lujo, porque los valores habrán cambiado. La mente seguirá actuando, pero bajo la dirección del corazón.

Mi camino es el camino de la meditación. Desafortunadamente, tengo que usar el lenguaje. Por eso digo que mi camino es el de la meditación; ni el de la cabeza ni el del corazón, sino el de una creciente conciencia que está por encima de ambos: de la mente y del corazón.

Esta es la llave que abre las puertas para que llegue un nuevo ser humano a la tierra.

Después de escucharte hablar sobre el pensamiento, el sentimiento y el ser, y de tener que renunciar a uno para llegar al siguiente, surge en mí esta pregunta: «¿Significa eso que también tendré que renunciar al amor?». ¿Es acaso el amor un sentimiento del ser, y siempre va a estar ahí? ¿Podrías, por favor, hablar del sentimiento, el amor y el ser?

Puedo hablar mucho, pero primero quiero preguntarte ¿acaso sabes qué es ese amor que tanto temes perder? La gente siempre está imaginando cosas...

Dos viejos amigos habían tenido una brutal pelea. El caso llegó a los tribunales. El juez no daba crédito. El pueblo en el que vivían era muy pequeño y todo el mundo sabía que eran muy amigos y siempre estaban juntos.

—¿Qué ha ocurrido? —preguntó el juez—. ¿Cómo es que os habéis peleado?

—Cuéntaselo tú —le dijo uno al otro.

—No, cuéntaselo tú —respondió el otro.

El juez dijo:

—Puede hacerlo cualquiera de los dos, no es una cuestión de educación. Ponedme al corriente.

Los dos se quedaron callados.

El juez, mostrando su firmeza, les dijo:

—¡O habláis o acabaréis los dos en la cárcel!

Entonces uno de los hombres dijo:

—Me da mucha vergüenza... En realidad, estábamos los dos sentados sobre la arena a la orilla del río, cuando mi amigo empezó a contarme que iba a comprar una vaca. Yo le dije: «Olvídalo, tu vaca podría entrar en mis campos y pisotear mi cosecha, y eso acabaría con nuestra amistad porque mataría a la vaca.

»Mi amigo dijo: "¡Qué cara tienes! Yo soy libre de comprarme todas las vacas que quiera. Las vacas son vacas, y es posible que alguna vez entren en tu campo, pero ya veremos qué ocurre. ¡Si tú matas a mi vaca, yo te quemo toda la cosecha!".

Una cosa llevó a la otra y, finalmente, el dueño de la granja la dibujó con el dedo en la arena y dijo: «Esta es mi granja. Como tu vaca entre aquí, te vas a enterar».

Y el hombre dijo:

—Señoría, este hombre trajo con sus dedos cinco vacas a mi finca y me retó: «Y ahora, ¿qué vas a hacer?». Así que empezamos a pelearnos. Y eso que no había ni vacas ni granja. Ni yo podía aporrear a sus vacas ni él podía quemarme el campo. Ambos estamos muy avergonzados, por eso, los dos hemos insistido en que fuera el otro el que le contara al juez lo que había ocurrido.

El juez dijo:

—¡Qué estupidez más grande! Él todavía no tiene ninguna vaca y tú todavía no has sembrado nada en tu granja. ¿Cómo es posible que hayáis acabado con los huesos rotos?

Tú me preguntas: «Cuando haya trascendido la mente, las emociones, los sentimientos y las sensaciones, ¿tendré que renunciar también al amor?». ¿Acaso los tienes? ¡Compra primero la vaca!

Sé que no los tienes, de otro modo esta pregunta no habría surgido. Por eso puede asegurar que no los tienes.

No obstante, tu pregunta es importante.

En el ser humano hay tres niveles: el fisiológico, el cuerpo; el psicológico, la mente: el ser, el yo eterno. El amor puede existir en los tres planos, pero en cada uno tiene distintas cualidades. En el plano fisiológico, el cuerpo, es simplemente sexualidad. Lo llamas amor porque la palabra «amor» es poética, bonita, pero lo que el noventa y nueve por ciento de la gente llama «amor», es solo sexualidad. La sexualidad es algo biológico, fisiológico. En ella participan tu química, tus hormonas y todo lo material.

Cuando te enamoras de un hombre o de una mujer, ¿puedes describir exactamente qué es lo que te atrae de esa persona? Es evidente que no puedes ver el ser de esa persona, porque todavía no has visto el tuyo. Tampoco puedes ver su psicología, porque leer la mente de alguien no es tarea fácil. ¿Qué has descubierto? Hay algo en tu fisiología, en tu química, en tus hormonas, que se siente atraído por la fisiología, la química y las hormonas de la otra persona. Esto no es una relación amorosa, es una relación química.

Imagínate que la mujer de la que te has enamorado decida cambiarse de sexo y, tras un tratamiento, empiece a salirle barba y bigote. ¿La seguirías amando? No habría cambiado nada, solo la química y las hormonas. ¿Dónde está tu amor?

Solo un uno por ciento de las personas tiene una visión un poco más profunda. Los poetas, los pintores, los músicos, los bailarines, los cantantes tienen una sensibilidad que les permite sentir más allá del cuerpo. Pueden ver la belleza de la mente, la sensibilidad del corazón, porque ellos mismos viven en ese plano.

Recuerda esta regla básica: no puedes ver más allá del plano en el que vivas. Si vives en el cuerpo, si piensas que solo eres cuerpo, lo que te atraerá de los demás será el cuerpo. Ese es el estado fisiológico del amor. Pero un músico, un pintor, un poeta, vive en un otro plano. No piensa, siente. Y como vive en el corazón, puede sentir el corazón de la otra persona. Eso es lo que normalmente llamamos amor. Es infrecuente, quizá el uno por ciento, y solo de vez en cuando.

¿Por qué no hay más gente en el segundo plano? Porque es muy bello, pero hay un problema. Las cosas bellas también son delicadas. El amor no es de hierro, está hecho de un material muy frágil. Cuando un espejo se rompe en mil pedazos, ya no hay forma de volver a pegarlo. La gente tiene miedo de recibir demasiado amor y alcanzar el plano delicado del amor porque, aunque es tremendamente bello, también es cambiante. Los sentimientos no son como las piedras, son más como las rosas. Es mejor tener una rosa de plástico, así siempre estará ahí y cada día podrás limpiarla para mantenerla limpia. Le puedes poner un poco de perfume francés. Si pierde color, puedes volver a pintarla. El plástico es una de las cosas más indestructibles del mundo. Es estable, permanente. La gente se detiene en lo fisiológico por eso, porque aunque lo fisiológico sea superficial, es estable.

Sabemos que los poetas, los artistas, se enamoran casi todos los días. Su amor es como una rosa. Mientras dure será muy aromática, estará muy viva, bailará con el viento, bajo la lluvia, bajo el sol, afirmando su belleza. Pero por la noche se marchitará y no podrás hacer nada para evitarlo. Cuanto más profundo es el amor del corazón, más parece una brisa que entra en tu habitación trayéndote frescura y lozanía, pero después se va. No puedes agarrar el viento con la mano. Hay pocas personas con la valentía suficiente para vivir una vida cambiante a cada momento. Por eso, deciden tener un tipo de amor con el que puedan contar.

No sé qué clase de amor conoces, seguramente el primer tipo, quizá el segundo. Y te asusta pensar qué le ocurrirá a tu amor cuando alcances tu ser.

Indudablemente, no estará, pero tú no vas a perder nada. Surgirá un nuevo tipo de amor que quizá solo consigue uno entre un millón. Un amor que solo puede llamarse ternura.

El primer amor debería llamarse sexo. El segundo debería llamarse amor. El tercero debería llamarse ternura, una cualidad no dirigida, no posesiva y que tampoco permite que la posean. Esta cualidad amorosa es una revolución tan radical que nos cuesta trabajo imaginarla.

En el plano del ser hay simplemente un aroma de ternura. Pero no tengas miedo. Tu preocupación está justificada, ya que todo lo que consideras amor desaparecerá. Pero en su lugar recibirás algo inmenso, infinito. Serás capaz de amar sin aferrarte. Serás capaz de amar a muchas personas, porque amar solo a una es seguir siendo miserable. Una persona puede darte una experiencia del amor, pero cuando quieres a muchas personas... para tu sorpresa, verás que cada una te aporta una nueva sensación, una nueva canción, un nuevo éxtasis.

Ese es el motivo por el que estoy en contra del matrimonio. Si dos personas quieren vivir juntas toda la vida, deberían poder hacerlo sin necesidad de un trámite legal. La gente debería experimentar, tener todas las experiencias amorosas que pueda. No debería ser posesiva. Tampoco debería dejarse poseer, porque eso también destruye el amor. La posesividad destruye el amor.

Todos los seres humanos merecen ser amados. No es necesario atarse a una persona para toda la vida. Es uno de los motivos por los que la gente tiene un aspecto tan aburrido. ¿Por qué no se ríen? ¿Por qué no bailan? Están atados con cadenas invisibles: el matrimonio, la familia, el marido, la mujer, los niños. Llevan un lastre de todo tipo de obligaciones, responsabilidades, sacrificios. ¿Y todavía pretendes que sonrían, rían, bailen y celebren? Estás pidiendo algo imposible.

Puedes ayudar a que su amor sea libre, a que no sean posesivos. Pero esto solo podrás hacerlo cuando descubras tu ser meditando. No es algo que se pueda practicar. No te estoy diciendo que lo practiques yéndote esta noche con otra mujer u otro hombre. Así lo único que conseguirás es perder a tu pareja y sentirte ridículo por la mañana. No se trata de practicar, sino de descubrir tu ser.

Tras el descubrimiento del ser surge la cualidad de la ternura impersonal. Entonces simplemente amas y, poco a poco, tu amor se va extendiendo. Primero amas a los seres humanos, luego a los animales, a los pájaros, a los árboles, a las montañas y a las estrellas. Llega un día en que toda esta existencia es objeto de tu amor. Ese es nuestro potencial, y aquel que no esté haciendo algo por conseguirlo estará desperdiciando su vida.

Sí, tendrás que perder algunas cosas, pero no tienen ningún valor. Es tanto lo que vas a ganar que no se te ocurrirá pensar en lo que has perdido.

El resultado de un estado meditativo, del silencio, de profundizar en el interior de tu ser es una ternura pura e impersonal que puede penetrar en el ser de cualquiera. Déjate persuadir. No tengas miedo de perder lo que tienes.

Mi función es, básicamente, convencerte poco a poco de que pases de la fisiología a la psicología, y de la mente al corazón. Después pasarás del corazón al ser. Desde el ser se abre la puerta al ser supremo de la existencia. Es algo indescriptible, solo se puede señalar, como un dedo que apunta a la luna.

Pero no te preocupes. Lo único que perderás será tu pobreza, tu miseria. No estarás perdiendo nada de valor.

II
BIENESTAR EMOCIONAL — RECUPERAR NUESTRA ARMONÍA INTERNA

Si usas tu energía como conciencia te acercas al centro de tu existencia. Tu pensamiento se aleja un poco; y luego, tu expresión se aleja algo más. Al volver de la expresión al pensamiento, y del pensamiento al no pensamiento —a la pura conciencia— te aproximas a tu centro y al centro de la existencia.

Las emociones, los pensamientos y las expresiones son la misma energía solo que está dirigida hacia la periferia, hacia la circunferencia y no hacia el centro. Cuanto más cerca estás de la circunferencia, más lejos estás de ti mismo. Vuelve hacia atrás, paso a paso. Es un viaje a la fuente, y la fuente es lo único que necesitas experimentar, porque no es solo tu fuente, también es la de las estrellas, la luna y el sol. Es la fuente de todo.

Puedes ir hacia la periferia, que es lo que hace la gente: se aleja de sí misma. Es la misma energía que se usa para la conciencia; recuerda que no estoy diciendo que se trate de una energía diferente, pero cuando se dirige hacia fuera se aleja de ti. Llegarás a conocer muchas cosas, pero nunca te conocerás a ti mismo.

Para acercarte a ti mismo tienes que usar la misma energía. La única meta de todo ser inteligente en el mundo debería ser conocerse a uno mismo; de lo contrario, podrías conocer el mundo entero y aun así seguirías desconociendo tu propia naturaleza. Tú eliges.

Empieza por aceptar

L A TRANSFORMACIÓN INTERIOR ES EL DESEO MÁS GRANDE del mundo. Los deseos de tener más dinero, más poder o más prestigio, son insignificantes, el mayor deseo es el llamado deseo espiritual. Cuando este te atrape, serás infeliz para siempre. La transformación es posible, pero no por el hecho de desearla. La transformación solo es posible cuando aceptas lo que hay, sea lo que sea. Aceptarte incondicionalmente te conduce a la transformación.

Debes profundizar en este fenómeno porque está en la raíz de la situación que vive todo el mundo.

El hombre es infeliz, está angustiado; por eso busca un estado de dicha, un estado de unidad con la existencia. El hombre está alienado, desarraigado. Así que su deseo de volver a tener raíces en la existencia, de reverdecer, de florecer, es natural.

Hay que meditar sobre las siguientes cosas. En primer lugar, para establecer una unidad perfecta con la existencia, la conciencia debe unificarse. Pero solo ocurrirá si no rechazamos nada que sea empíricamente cierto. Eso es lo primero que hay que entender.

Tienes miedo, pero es una realidad existencial, una realidad empírica, ¡está ahí! Puedes negarlo, pero si lo niegas lo estarás reprimiendo y abrirá una herida en tu ser. Te sientes cobarde, no quieres darte cuenta pero es un hecho, una realidad. Que tú no lo veas no hará que desaparezca. Te estás comportando como un avestruz. Cuando el avestruz ve al enemigo, cuando hay peligro de muerte, hunde la cabeza en la arena. Pero el enemigo no desaparece porque él cierre los ojos y esconda la cabeza. En realidad, el avestruz está más vulnerable ante el enemigo. Cree que el enemigo no está porque no lo ve, cree que lo que lo hace real es verlo, y eso hace que su miedo desaparezca. Pero, en realidad, ahora su situación es más peligrosa, el enemigo está en mejor posición porque no es detectado.

Si el avestruz no escondiera la cabeza, podría hacer algo. Exactamente eso es lo que hace la gente. Cuando ves la cobardía intentas no prestarle atención, ¡pero es un hecho! Al no prestarle atención esta se convierte en una parte de tu ser que eres incapaz de ver. Te has dividido en segmentos. Otro día aflorará cualquier otra cosa, como la ira, y no reconocerás que está dentro de ti. No querrás verla. Otro día aflorará la codicia, y así sucesivamente. Todo lo que te niegas a ver se va quedando, y tú te vas reduciendo. Cada vez se van separando de ti más partes, las apartas tú mismo. Y cuanto más fragmentado estés, más infeliz serás.

El primer paso hacia la dicha es ser uno. Los místicos han insistido sobre esto una y otra vez: ser uno es la dicha, ser muchos es el infierno. Acepta todo lo que sea empíricamente cierto. Negándolo no consigues nada. Negándolo creas el problema, y el problema se agranda cada vez más.

Es fácil, te sientes un cobarde, ¿y qué? «Soy un cobarde.» ¡Date cuenta! Si aceptas la cobardía ya te has vuelto valiente. Solo una persona valiente puede aceptar conocer que es cobarde; los cobardes no pueden hacerlo. Ya estás en el camino de la transformación. En primer lugar, no hay que negarle la realidad a nada de lo que se experimenta como un hecho.

En segundo lugar, para conseguirlo, la conciencia tiene que dejar de identificarse con todas las ideas preconcebidas con las que está identificada. Si tu mente se aferra a sus ideas de quién eres, a algún concepto fijo y permanente de lo que eres, dentro de ti no quedará sitio para otra realidad que esté en contradicción con esas ideas. Cuando tienes una idea preconcebida de lo que deberías ser, no puedes aceptar las verdades empíricas de tu ser. Si tienes la idea preconcebida de que hay que ser valiente, que la valentía es una virtud, te resultará difícil aceptar tu cobardía. Si tienes la idea de que hay que ser como Buda, compasivo, absolutamente piadoso, no podrás aceptar tu ira. Es el ideal lo que origina el problema.

Cuando no tienes ideales no tienes problemas. Si eres cobarde, ¡eres cobarde! Si no tienes ideales de ser valiente, entonces ni criticas ni rechazas ser cobarde, no lo reprimes, no lo escondes en el sótano de tu ser para no tener que mirarlo de frente.

Todo lo que escondes en tu inconsciente sigue actuando desde allí, sigue causando problemas. Es como una enfermedad a la que no se le ha dejado salir. Ella intentaba salir a la superficie, desde allí habría habido alguna posibilidad de que desapareciera. Es bueno que una herida salga a la superficie porque es señal de que va camino de la curación; en la superficie entra en contacto con el aire fresco y el sol y se puede curar. Si la empujas hacia dentro no le estás permitiendo aflorar y se convertirá en un cáncer. Incluso una pequeña enfermedad, si la reprimes, puede convertirse en una enfermedad muy grave.

No hay que reprimir ninguna enfermedad. Pero cuando tienes algún ideal es normal que te reprimas. No importa de qué ideal se trate. Si tu ideal es el celibato, el sexo se convertirá en el problema. No puedes observarlo. Si no tienes el ideal del celibato, no rechazas el sexo. Entre tú y tu sexualidad no hay ninguna división. Hay comunión, y esa comunión produce alegría.

El principio de toda felicidad es comulgar con uno mismo.

Lo segundo que debes recordar es que no hay que tener ideales. Piénsalo, si tu ideal fuese tener tres ojos, como solo tienes dos inmediatamente surgiría el problema. Tu ideal te dirá que si no tienes tres ojos te falta algo. Ahora anhelas tener un tercer ojo. ¡Acabas de crear un problema insoluble! No tiene solución. Como mucho, podrás dibujarte un tercer ojo en la frente. Pero ese tercer ojo solo será un dibujo, pura hipocresía.

Los ideales son fuente de hipocresía en la gente. Fíjate qué absurdo: uno de los ideales de la gente es no ser hipócrita, sin embargo, la hipocresía emana de los ideales. Si desaparecieran todos ellos, no habría hipocresía. ¿De dónde sale la hipocresía? Es la sombra de los ideales. Cuanto mayor el ideal, mayor la hipocresía. En la India hay más hipócritas que en el resto del mundo, porque la India ha mantenido, desde hace siglos, grandes ideales. Ideales insólitos, delirantes...

Por ejemplo, un monje jainista no estará satisfecho hasta que no consiga comer poco y muy de tarde en tarde, como en las historias mitológicas de Mahavira. Se dice que Mahavira comió en doce años lo que debería haber ingerido en un año. Eso quiere decir que solo comía uno de cada doce días, y después se pasaba doce días ayunando. Si ese es tu ideal, sufrirás mucho. Si ese no es tu ideal, no hay problema.

¿Lo ves? El problema surge del ideal. A un monje católico no le atormenta esta idea, no le preocupa el ayuno. Pero un monje jainista sufre constantemente porque no puede alcanzar su ideal; siempre se queda corto.

Si eres realmente puro —según el concepto jainista—, tu cuerpo no transpira. ¡Qué estupidez! Porque tu cuerpo seguirá transpirando y tú seguirás sufriendo.

Cuantos más ideales tengas, mayor será tu sufrimiento y tu hipocresía, porque como no podrás satisfacerlos, tendrás que fingir. Es aquí donde entra en juego la hipocresía. En el mundo no habría hipocresía si aceptásemos los hechos empíricos sin juzgarlos. Las cosas son como son. Si vivimos con el «es» de la existencia en vez de con el «tendría que ser» y el «debería ser», ¿cómo iba surgir la hipocresía?

Precisamente el otro día, alguien me preguntó: «¿Acaso tú no eres un hipócrita? Vives rodeado de comodidades, en una bonita casa, con un gran coche, vives como un rey». Esta persona no entiende lo que quiere decir la palabra «hipocresía». La esencia de mi enseñanza es vivir lo mejor posible. No soy un hipócrita, porque vivo de la manera que enseño a vivir. Sería hipócrita si estuviese enseñando a vivir en la pobreza y yo viviese en un palacio. Pero yo no enseño a vivir en la pobreza, no es mi objetivo. Yo vivo naturalmente, y vivir con comodidades es natural. Si la comodidad está al alcance, sería una estupidez no aprovecharla. Si no está al alcance, es otra historia. Pero aprovecha todo lo que esté a tu alcance para vivir cómodamente.

He vivido en muchas situaciones distintas, pero siempre con comodidad. Cuando era estudiante solía ir andando a la universidad, caminaba seis kilómetros a diario, ¡pero me encantaba! Hacía esos seis kilómetros con mucho placer, lo disfrutaba. Cuando era profesor, solía ir a la universidad en bicicleta, y también lo disfrutaba. Fuera cual fuese la situación la disfrutaba, tanto si iba en una bicicleta o en un Mercedes, eso era lo de menos. He vivido con comodidad. La comodidad es una actitud mental, un enfoque vital. He vivido en casas muy sencillas. Cuando empecé a ejercer de profesor en la universidad, me fui a vivir a una habitación sin ventanas ni ventilación. El alquiler solo costaba veinte rupias al mes, pero me encantaba, lo disfrutaba, no me importaba en absoluto. Aprovecho al máximo todo lo que me da cada momento. He vivido el momento en su totalidad, y nunca me he arrepentido ni he deseado otra cosa; cuando las cosas cambiaban, disfrutaba igual de la nueva situación. Nunca se podrá decir de mí que soy un hipócrita. Me resulta imposible ser un hipócrita porque no tengo ideales, ni «tendría que ser» ni «debería ser». Lo que «es» es lo único que existe, y vivo en ello.

Lo segundo que hay que recordar es que no debes tener conceptos rígidos de ti mismo. La gente está cargada de conceptos de cómo deberían ser. Si tu ideal es la valentía, la cobardía te parecerá algo horrible.

Pero la cobardía es un hecho; sin embargo, el ideal solo es una fantasía de la mente.

Sacrifica tus fantasías por la realidad, olvídate de todos los ideales, y la vida empezará a formar un todo. Todos los fragmentos volverán a casa y las partes reprimidas empezarán a aflorar. Por primera vez, sentirás una especie de totalidad; habrás dejado de despedazarte.

Por ejemplo, si me considero una persona «amable», cuando surjan sentimientos de ira no podré aceptarlos y reconocerlos. Las personas «amables» no se enfadan. Así que para dar unidad a mi conciencia, debo ser, en todo momento, solamente la realidad empírica. A veces estoy enfadado, a veces triste. A veces estoy celoso y a veces feliz. Acepta lo que venga en cada momento. Así te volverás uno. Esta unidad es lo más importante que hay que comprender.

Mi propósito y mi función es librarte de los ideales. Vienes a mí con ellos y te gustaría que yo los confirmase y que te ayudase a convertirte en lo que tú quieres. Puede que esa sea tu motivación para venir aquí, pero ese no es mi trabajo. Mi trabajo es justo lo contrario: ayudarte a aceptar lo que ya es y olvidarte de tus fantasías. Quiero que te vuelvas más realista y pragmático. Quiero darte raíces en la tierra; sin embargo, tú estás anhelando el cielo y te has olvidado por completo de la tierra.

Sí, el cielo también está al alcance, pero solo para aquellos cuyas raíces en la tierra son profundas. Si un árbol quiere crecer muy alto, susurrar a las nubes, jugar con el viento y comulgar con las estrellas, tendrá que echar raíces muy profundas en la tierra. Primero tienen que penetrar las raíces en la tierra, luego, todo lo demás ocurrirá por sí solo. Cuanto más profundas sean las raíces, más alto crecerá el árbol; no hace falta hacer nada más.

Mi tarea es hacer que tus raíces penetren profundamente en la tierra. La verdad es lo que eres. Después empiezan a ocurrir cosas. Empiezas a elevarte. Los ideales que siempre has perseguido y nunca has podido alcanzar empezarán a aflorar por su cuenta.

Si una persona puede aceptar la realidad tal como es, en la propia aceptación desaparece toda la tensión. La angustia, la ansiedad, la desesperación se evaporan. Cuando no hay ansiedad, ni tensión, ni fragmentación, ni división, ni esquizofrenia, de repente, surge la alegría. Surge el amor, la compasión. Estos no son ideales, sino fenómenos naturales. Lo único que debes hacer es eliminar los ideales porque te están bloqueando. Cuanto más idealista es una persona, más obstáculos encuentra.

Sí, la cobardía te hace sufrir, el miedo te hace sufrir, la ira te hace sufrir; son emociones negativas. Pero la paz solo se alcanza aceptando y absorbiendo lo que causa dolor, sin rechazarlo. De lo contrario te vuelves cada vez más pequeño y tienes menos poder. Te mantienes en una guerra interna constante, una guerra civil en la que una mano lucha contra la otra, y lo único que logras es disipar tu energía.

Una cosa fundamental que debes recordar es que solo la comunión con sufrimiento psicológico abre la puerta a la liberación y a la trascendencia; *solo la comunión con sufrimiento psicológico*. Debes aceptar todo lo que sea doloroso; debes establecer un diálogo con ello. Eres tú. No hay otro modo de superarlo; la única manera es absorbiéndolo.

Y alberga un enorme potencial. La ira es energía, el miedo y la cobardía también. Todo lo que te sucede tiene mucha fuerza, esconde gran cantidad de energía. Cuando lo aceptas, esa energía pasa a ser tuya. Te vuelves más fuerte, más espacioso, te ensanchas. Tu mundo interior se hace más grande.

El dolor psicológico solo termina cuando lo aceptas en su totalidad. El dolor psicológico no surge simplemente por la presencia de algo que tú consideras «doloroso». Se produce por tu interpretación de la realidad. Intenta comprenderlo, el dolor psicológico es creación tuya. La cobardía no es dolorosa, sino tu idea de que la cobardía es mala, tu interpretación de que no debería existir. Hay un ego en ti que no deja de condenar la cobardía. El dolor surge a causa de esa condena y esa interpretación. La cobardía está ahí, así que se convierte en una herida. No puedes aceptarla ni eliminarla con tu rechazo. Con el rechazo no se consigue nada; antes o después tendrás que vértelas con ella. Volverá a aflorar una y otra vez, y, una y otra vez, volverá a destruir tu paz.

Te estás escondiendo de los actos de cobardía, de miedo, de ira o de tristeza. No te escondas. Eso te causa sufrimiento. Obsérvalo en tu interior, conviértete en un laboratorio de experimentación. Fíjate, incluso estar solo de noche, cuando no hay nadie en kilómetros a la redonda, te da miedo. Estás perdido en la selva, sentado bajo un árbol en una noche oscura y los leones están rugiendo... tienes miedo. Hay dos opciones. Una es rechazarlo y contenerte para no empezar a temblar, en cuyo caso el miedo se convierte en algo doloroso. ¡Está ahí y duele! Aunque te contengas, sigue estando ahí y duele.

La segunda opción es disfrutarlo. Tiembla, deja que se convierta en una meditación. Es normal, los leones están rugiendo, es de noche, el peligro está próximo y puedes morir en cualquier momento. Disfrútalo, deja que el temblor se convierta en una danza. Cuando lo aceptas, el temblor es una danza. Coopera con el temblor y te sorprenderás: cuando cooperas con el temblor, te conviertes en él y todo dolor desaparece.

En realidad, si permites el temblor, en vez de dolor sentirás que dentro de ti surge una gran oleada de energía. Es exactamente lo que el cuerpo quería hacer. ¿Por qué temblamos cuando tenemos miedo? El temblor desencadena un proceso químico que libera energía y te prepara para luchar o salir corriendo. Como medida de emergencia, provoca un repentino exceso de energía. Cuando tiemblas empiezas a entrar en calor.

Por eso tiemblas cuando hace frío. ¿Por qué tiemblas aunque no tengas miedo? Cuando hace frío el cuerpo reacciona automáticamente para entrar en calor. Es una especie de reflejo natural del cuerpo. Los tejidos internos empiezan a temblar para entrar en calor y poder hacer frente al frío. Pero si te reprimes te dolerá.

Cuando tienes miedo ocurre exactamente lo mismo. El cuerpo intenta prepararse liberando sustancias químicas en la sangre para que puedas enfrentarte al peligro. Es posible que tengas que pelear o salir corriendo. Para cualquiera de estas respuestas necesitas energía.

Fíjate en la belleza del miedo, en cómo actúa; simplemente te prepara para la situación, para que puedas aceptar el reto. Pero tú, en lugar de aceptar el reto o entender el miedo, lo rechazas. Te dices: «Con lo grande que eres ¿cómo puedes estar temblando? Recuerda que la muerte no existe, el alma es inmortal. ¿Cómo es posible que tiemble un alma inmortal? Recuerda que la muerte no te destruye, el fuego no te quema, las armas no pueden herirte. Recuerda. No tiembles, contrólate».

Aquí hay una contradicción. Tu proceso natural es el miedo y para contradecirlo, estás introduciendo conceptos que no son naturales. Para interferir en el proceso natural, estás introduciendo ideales. Y como hay conflicto, habrá sufrimiento.

No te preocupes de si el alma es inmortal o no. Ahora mismo, la verdad es que tienes miedo. Escucha este momento, deja que te impregne, que te posea, y desaparecerá el sufrimiento. Entonces, el miedo será como una danza sutil de energías dentro de ti. Te preparará, será un amigo, no un enemigo. Pero tu interpretación sigue haciéndote daño. La división que creas entre tu sentimiento y tu ser —el miedo y la ira por una parte, y tu ser por otra—, te divide en dos. Te conviertes en el observador y en lo observado. Entonces dices: «Por un lado estoy yo, el observador, y por el otro, el sufrimiento, lo observado. Yo no soy el sufrimiento». Esta dualidad produce sufrimiento.

Tú no eres lo observado y no eres el observador, eres ambas cosas. Tú eres el observador y lo observado, ambos.

No digas: «Siento miedo». Esta forma de decirlo está mal. No digas: «Tengo miedo», porque también está mal. Simplemente di: «Soy el miedo. En este momento soy el miedo». No provoques divisiones.

Cuando dices: «Tengo miedo», te estás separando del sentimiento. Tú estás ahí distante y el sentimiento está a tu alrededor. Esa es la desunión fundamental. Di: «Soy el miedo», y observa, ¡porque; esa es la realidad! Cuando tienes miedo, eres el miedo. Y lo mismo ocurre con el amor y la ira. No es que a veces sientas amor. Cuando realmente sientes amor, eres el amor. Y cuando sientes ira, eres la ira.

A esto es a lo que se refería una y otra vez Krishnamurti: «El observador es lo observado». El que ve es lo visto, el que experimenta es la experiencia. No crees una división entre el sujeto y el objeto. Esa es la raíz de todo sufrimiento, de toda separación.

La llave definitiva que abre el misterio más profundo de tu ser es observar sin elegir qué es. No digas que es bueno o malo. Al decir que algo es bueno, surge el apego, la atracción. Al decir que algo es malo, surge el rechazo. El miedo es el miedo, no es ni bueno ni malo. No evalúes, deja que sea lo que es. Permite que sea así. En esa observación sin elección todo el dolor psicológico simplemente se evapora como gotas de rocío con el primer rayo de sol, y lo que queda es espacio puro, espacio virgen. Este es el «uno», el Tao, también puedes llamarlo dios. Ese «uno» que queda cuando desaparece el sufrimiento, cuando no estás dividido en ningún sentido, cuando el observador se convierte en lo observado, es la experiencia de la divinidad, la iluminación, o como quieras llamarlo.

En este estado no hay un yo como tal, porque no hay un observador / controlador / juez. Solo somos lo que surge y eso cambia a cada momento. A veces puede ser júbilo, y otras puede ser tristeza, compasión, destructividad, miedo, soledad. No deberías decir: «Estoy triste» o «siento tristeza», sino «soy la tristeza», porque las dos primeras expresiones implican un yo separado de lo que es. En realidad no existe un «yo» al que le esté sucediendo este sentimiento. Solo existe el sentimiento en sí.

Medita sobre ello: solo existe el sentimiento en sí.

No hay un yo que tenga miedo; ese yo, en determinado momento, es el miedo y en otro, no lo es. Pero no estás separado del momento, de lo que surge, solo existe el sentimiento. Por lo tanto, no se puede hacer nada respecto a lo que está surgiendo empíricamente en el momento. No hay nadie que «haga» nada.

Todo lo que existe es bello, incluso la fealdad. Es lo que es, lo aceptes o no. Tu aceptación o tu rechazo no modifican en absoluto la realidad. Lo que es, sigue siendo. Si lo aceptas verás que surge en ti la alegría; si lo rechazas sufrirás, pero la realidad sigue siendo la misma. Puedes sentir dolor, dolor psicológico, pero lo has creado tú por no ser capaz de aceptar e impregnarte de algo que estaba surgiendo. Has rechazado la verdad, y al hacerlo te conviertes en un cautivo. La verdad libera, pero tú la has rechazado; por eso estás encadenado. Si rechazas la verdad, cada vez será mayor tu cautiverio.

La verdad es lo que queda. Rechazarla o aceptarla no cambiará el hecho en sí, sino tu realidad psicológica. Y solo hay dos opciones: el dolor o la alegría, la enfermedad o la salud. Si rechazas la verdad estarás optando por la enfermedad, la aflicción, porque estarás quitándole una parte a tu ser; te hará heridas y cicatrices. Si la aceptas, estarás optando por la celebración, la salud y la totalidad.

La verdad no ata nunca; no es una de sus características. Pero al rechazarla, te cierras y te reprimes. Al rechazarla te conviertes en un inválido, en un paralítico.

Recuerda, la propia idea de liberarte es de nuevo un ideal. La libertad no es un ideal, es una consecuencia de la aceptación de quienquiera que seas. La libertad es una consecuencia, no es la meta de tu empeño y tu esfuerzo. No se logra realizando un gran esfuerzo, ocurre cuando estás relajado. ¿Cómo vas a poder relajarte si no aceptas tu cobardía? ¿Cómo vas a poder relajarte si no aceptas tu miedo, si no aceptas tu amor, si no aceptas tu tristeza?

¿Por qué no se puede relajar la gente? ¿Cuál es la causa de esa tensión constante, crónica? La causa primordial es la siguiente: a lo largo de los siglos las religiones te han enseñado a rechazar y rechazar. Te han enseñado a renunciar, te han enseñado que todo está mal. Que si tienes que cambiar esto, que si tienes que cambiar aquello, que si Dios solo te aceptará así. Han provocado tanto rechazo que ni siquiera te aceptas a ti mismo, ni tampoco aceptas a los que conviven contigo, ¿cómo quieres que Dios te acepte?

La existencia ya te ha aceptado, por eso estás aquí. Si no, no sería así. Esta es mi enseñanza básica. La existencia te acepta de antemano. No tienes que ganártela, ya eres digna de ella. Relájate, disfruta de lo que la naturaleza te ha dado. Si la naturaleza te ha dado cobardía, por algo habrá sido. Confía y acéptala. ¿Qué hay de malo en ser un cobarde? ¿Qué hay de malo en tener miedo? Únicamente los idiotas, los imbéciles, no tienen miedo. Si te cruzaras con una serpiente en el camino, automáticamente saltarías a un lado. Solo a los imbéciles, a los estúpidos, a los idiotas, no les dan miedo las serpientes. Pero si eres inteligente, saltarás, ¡cuanto más inteligente seas, antes saltarás! Eso forma parte de la inteligencia, es absolutamente correcto. Te protege, te ayuda.

Pero te han dado ideologías estúpidas y sigues con tus viejos patrones. No me escuchas. Estoy diciendo que aceptes incondicionalmente todo lo que eres, la aceptación es la llave de la transformación.

No estoy diciendo que te aceptes para transformarte porque, de ser así, no te estarías aceptando en absoluto, en el fondo habría un deseo de transformación. Dices: «De acuerdo, si con eso voy a transformarme, me aceptaré». Pero eso no es aceptación; no lo has entendido en absoluto. Sigues deseando la transformación. Si yo te la garantizo y tú te aceptas debido a esa garantía, ¿dónde está la aceptación? Estás usando la aceptación como un medio; el fin sería transformarse, liberarse, la autorrealización, el nirvana. ¿Dónde estaría la aceptación?

La aceptación debe ser incondicional, injustificada, sin motivo alguno. Solo así te liberará. Te aportará una inmensa alegría, una gran libertad, pero esa libertad no es un fin. Aceptación es otra forma de decir libertad. Si has aceptado verdaderamente, si entiendes lo que quiero decir por aceptación, serás libre de forma inmediata, instantánea.

No es que primero tengas que aceptarte a ti mismo. Practica la aceptación y después, un día, llegará la libertad. Si te aceptas serás libre, porque el dolor psicológico desaparecerá inmediatamente.

Inténtalo. Lo que estoy diciendo se puede experimentar. Puedes hacerlo, no es cuestión de creerme. Has estado luchando contra tu miedo. Acéptalo y observa qué sucede. Siéntate en silencio, acéptalo y di: «Tengo miedo, luego soy el miedo». En ese estado meditativo de «yo soy el miedo» empieza a aparecer la libertad. Cuando la aceptación es total ha llegado la libertad.

A veces realmente me asusto cuando salen a la luz las partes más oscuras de mi mente. Me resulta muy difícil aceptar que solo sean el polo opuesto de las partes más luminosas. Me siento sucio, culpable e indigno. ¿Puedes hablar de esto, por favor?

Lo primero que debes entender es que tú no eres la mente; ni la parte luminosa ni la parte oscura. Si te identificas con la parte bonita, es imposible que no te identifiques con la parte fea; son dos caras de una misma moneda. Puedes quedártela o tirarla, pero no puedes dividirla.

Toda la angustia del hombre parte de querer escoger lo que le parece bonito, brillante. Quiere escoger lo bueno y dejar lo malo. Lo que no sabe es que para que las estrellas brillen el cielo ha de estar oscuro. La oscuridad es el telón de fondo absolutamente necesario para que las estrellas brillen.

Elegir es angustiarse, meterse en líos. No elegir significa que hay mente y que esta tiene una cara oscura y otra luminosa, pero ¿qué más da? ¿Qué tiene que ver contigo? ¿Por qué te preocupas?

En cuanto dejas de elegir, desaparece toda la preocupación. Nace la gran aceptación de que la mente tiene que ser así, es su naturaleza, por lo tanto, no es tu problema porque tú no eres la mente. Si fueses la mente no habría habido ningún problema, porque entonces ¿quién escogería o pensaría en trascender? ¿Quién intentaría aceptar y entender la aceptación?

Estás separado, totalmente separado. En realidad tú solo eres un testigo, sin embargo, actúas como un observador que se identifica con todo lo que resulta agradable, y se olvida de que a lo agradable le sigue lo desagradable como si fuese su sombra. La cara agradable no te preocupa, disfrutas de ella. El problema surge cuando se impone el polo opuesto; eso es lo que te descompone.

Pero tú has empezado todo este lío. Has pasado de ser simplemente un testigo, a identificarte.

La historia bíblica de la caída en la tentación es una ficción. La verdadera caída es la de pasar de ser un testigo a identificarse con algo y perder la calidad de testigo.

Inténtalo de vez en cuando, deja que la mente sea lo que sea. Recuerda, tú no eres la mente. Te llevarás una gran sorpresa. A medida que te vas identificando menos, la mente empieza a perder poder, porque el poder se lo otorga tu identificación. Te está chupando la sangre. Pero cuando empiezas a distanciarte, la mente empieza a reducirse.

El día que dejes de identificarte con la mente, aunque solo sea un instante, habrá una revelación. La mente morirá; dejará de estar ahí. Lo que antes llenaba todo el espacio, lo que estaba ahí constantemente —día tras día, estuvieras despierto o dormido—, de repente ya no está. Miras alrededor y solo hay vacío, nada.

Y junto con la mente desaparece el yo. Lo que queda es una cualidad de conciencia sin «yo». Tiene más que ver con el «soy» que con el «yo». Para ser más exactos, tiene más que ver con el «es» porque incluso en el «soy» todavía hay una sombra del «yo». En cuanto sabes que se trata del «es», se vuelve universal. Al desaparecer la mente desaparece el yo. Desaparecen muchas cosas que antes te parecían importantes y preocupantes. Entonces querías resolverlas y se iban complicando cada vez más; todo era un problema, una desazón, parecía que no había ninguna salida.

Te recordaré la historia de «El ganso está fuera». Tiene que ver con la mente y el «es».

El maestro le dice al discípulo que medite sobre el siguiente *koan*: Dentro de una botella se introduce un ganso recién nacido. El ganso va creciendo hasta que ocupa toda la botella. Entonces ya es demasiado grande para salir por el cuello de la botella, se ha quedado estrecho. El *koan* es: ¿Cómo sacar el ganso sin romper la botella y sin matar al ganso?

Es un desafío para la mente. ¿Qué puedes hacer? El ganso es demasiado grande y no puedes sacarlo sin romper la botella, pero eso no está permitido. También puedes sacarlo matándolo, sin importarte si vive o muere, pero eso tampoco está permitido.

El discípulo medita un día tras otro, pero aunque se devane los sesos tratando de encontrar una solución, en realidad, no hay ninguna salida. Cansado y absolutamente exhausto tiene una repentina revelación: comprende que al maestro no le interesan ni la botella ni el ganso, tienen que representar otra cosa. La botella es la mente y tú eres el ganso. Y con el presenciar, es posible darse cuenta de que puedes identificarte tanto con la mente que acabes creyendo que estás dentro de ella aunque no sea así. Entonces el discípulo corre hacia el maestro para decirle que el ganso está fuera. Y el maestro le dice: «Lo has comprendido. Deja que se quede fuera. Nunca ha estado dentro».

Si sigues pensando en el ganso y la botella, no habrá forma de resolverlo. Tienes que darte cuenta de que representa otra cosa, si no, el maestro no te lo habría planteado. ¿Qué otra cosa puede ser? Porque el único tema, la única cuestión entre el maestro y el discípulo es acerca de la mente y la conciencia.

El ganso es la conciencia, que no está en la botella de la mente, aunque tú creas que es así y le vayas preguntando a todo el mundo cómo sacarlo de ahí. Habrá idiotas que intenten ayudarte a sacarlo con técnicas. Los llamo idiotas porque no han entendido nada: el ganso está fuera, nunca ha estado dentro, por lo tanto, no es cuestión de sacarlo.

La mente es una sucesión de pensamientos que pasan ante ti en la pantalla de tu cerebro. Tú eres un observador. Pero te empiezas a identificar con cosas hermosas que te sobornan. Cuando te atrapan las cosas hermosas, también lo hacen las feas, porque la mente no puede existir sin dualidad.

La conciencia no puede existir en dualidad, y la mente no puede existir sin dualidad.

La conciencia no es dual pero la mente sí lo es. Observa. No te estoy dando soluciones sino la solución. Retrocede y observa. Deja que entre tu mente y tú haya cierta distancia. Mantente lo más alejado que puedas, observa lo que pasa por la mente como si se tratase de una película, tanto si es bueno, bello, agradable, algo que desearías disfrutar de cerca, como si es horrible. Pero incluso con las películas se identifica la gente...

He visto a gente llorar en las películas, derramar lágrimas, ¡y no está pasando nada! Menos mal que los cines son oscuros y no tienen que pasar vergüenza. Yo solía comentarle a mi padre: «¿Has visto? ¡El que tenías a tu lado estaba llorando!».

Y él decía: «Toda la sala estaba llorando. ¡Qué espectáculo...!».

Pero solo era una pantalla. En realidad, no moría nadie, no había ninguna tragedia, solo era una película, imágenes en una pantalla. Pero la gente se reía, lloraba, durante tres horas estaban casi perdidos, se metían de lleno en la película, se identificaban con los personajes.

Mi padre me decía: «Si te dedicas a comentar la reacción de los demás no disfrutarás de la película».

«Puedo disfrutar de la película —le dije—, pero no quiero llorar; no me parece divertido. Puedo verla como una película, pero no quiero implicarme en ella. Todas esas personas se han implicado en ella.»

El barbero de mi abuelo era adicto al opio. Tardaba dos horas en hacer algo que cualquiera podría hacer en cinco minutos, y no paraba de hablar. Pero eran amigos desde la infancia. Todavía recuerdo a mi abuelo sentado en la vieja silla del barbero. Le encantaba hablar. Debo admitir que los adictos al opio tienen una característica especial, tienen un arte especial para hablar y contar historias de sí mismos, de lo cotidiano. Mi abuelo simplemente decía: «Sí, es verdad, qué bueno...».

Un día le recriminé:

—Siempre le dices a todo: «Sí, es verdad, qué bueno». Pero la mayoría de las veces no dice más que tonterías, cosas irrelevantes.

—¿Qué quieres que haga? —me preguntó—. El hombre es un adicto al opio y tiene una navaja afilada justo en mi garganta. Si le digo que no... ¡Me podría matar! Y él lo sabe. A veces me dice: «Nunca me llevas la contraria. Siempre dices a todo que sí, que está bien». Y yo le respondo: «Tienes que comprender que siempre estás bajo la influencia del opio. Contigo es imposible hablar, discutir o no estar de acuerdo. Con una navaja en mi garganta, ¿cómo pretendes que te lleve la contraria?».

—¿Por qué no cambias de barbero? —le pregunté a mi abuelo—. En el pueblo hay muchos, y él tarda dos horas en hacer un trabajo de cinco minutos. A veces te afeita media barba y se marcha diciéndote: «Enseguida vuelvo», y tú te quedas ahí sentado una hora, porque se encuentra con alguien por el camino y se olvida completamente de que tiene un cliente esperándole en la silla. Y cuando vuelve, te dice: «Dios mío, ¿todavía estás aquí?».

—¿Qué quieres que haga? —decía mi abuelo—. No puedo volver a casa con media barba sin afeitar.

Cuando le preguntaba al barbero dónde había estado, este contestaba: «Estaba enfrascado en una conversación tan interesante que me

113

olvidé por completo de ti. Y da gracias de que el hombre con el que estaba hablando tenía que irse, si no todavía estarías esperándome ahí sentado».

A veces ni siquiera cerraba la barbería por la noche. Se iba a su casa y olvidaba cerrarla. Otras veces había un cliente sentado en la silla esperándole a que volviera, y él se había quedado dormido en su casa. Alguien tenía que decirle al cliente: «Es mejor que te vayas; el barbero no aparecerá hasta mañana por la mañana. Se ha ido olvidándose de cerrar la barbería y de que tenía un cliente. Estará plácidamente dormido en su casa».

Y si el cliente se enfadaba... A veces, cuando se trataba de un cliente nuevo, se enfadaba. Y el barbero le decía: «Cálmese. Si no me quiere pagar, no me pague. Le he afeitado media barba y no le pido que me pague ni la mitad; váyase. No quiero discutir».

Pero nadie se puede ir con media barba sin afeitar, ¡o con el pelo cortado a medias! Tú le pedías que te afeitara la barba y él te empezaba a afeitar la cabeza, y cuando querías darte cuenta, ya había empezado. Entonces te preguntaba: «¿Qué quieres que haga? Ya he empezado. Dime qué quieres que haga, ¿que te lo deje así o que termine? Pero no te preocupes, no te cobraré. Tú no querías que te lo cortara, ha sido mi error y me hago responsable. No te cobraré».

¡Era un hombre peligroso! Pero mi abuelo solía decir: «Es peligroso pero encantador, y estoy tan acostumbrado a él que, si se muere antes que yo, no me imagino yendo a otro barbero. No me hago a la idea... ha sido mi barbero toda la vida. Estoy tan acostumbrado a él que prefiero dejar de afeitarme que cambiar de barbero».

Pero, por suerte, mi abuelo murió antes que el barbero adicto al opio.

Te identificas con cualquier cosa. La gente se identifica con las personas y eso les hace desgraciados. Se identifican con las cosas y, cuando no las tienen, son infelices.

114

La identificación es la causa de tu infelicidad. Y toda identificación es identificación con la mente.

Hazte a un lado y deja que pase la mente.

Pronto te darás cuenta de que no hay ningún problema, el ganso está fuera. No hace falta romper la botella ni matar al ganso.

A veces me pregunto si realmente quiero desentenderme de mis problemas, si realmente quiero aceptarlos en vez de luchar contra ellos. Es como si una parte de mí se identificase tanto con esa lucha, que le diera miedo renunciar a ella.

Es verdad, la gente se aferra a sus enfermedades, a sus quejas, a todo lo que les aflige. Dicen que les gustaría que se curaran todas esas heridas pero, en el fondo, siguen infringiéndose heridas porque tienen miedo de desaparecer si se curasen.

Fíjate en la gente; se aferran a su enfermedad. Hablan de ella como si fuese algo que mereciese la pena contar. La gente habla más de las enfermedades y de los estados de ánimo negativos que de ninguna otra cosa. Escúchalos, verás que disfrutan hablando de ello. Todas las noches viene a verme alguien y yo tengo que escuchar; durante muchos años he tenido que escucharles y mirarles a la cara. Son mártires. Disfrutan de su enfermedad, de su ira, de su odio, de sus problemas, de su codicia, de su ambición. Pero es una locura, dicen que quieren deshacerse de todas esas cosas pero si te fijas en su cara, verás que lo están disfrutando. Si realmente se quedaran sin todos esos problemas, ¿con qué se entretendrían?

Si desaparecieran todas sus enfermedades y estuvieran completamente sanos, no tendrían nada de que hablar.

La gente va al psiquiatra y luego se dedica a hablar de ello. He ido a tal o cual psiquiatra, he estado con tal o cual maestro. En realidad, disfrutan diciendo: «Nadie ha acertado conmigo, ninguno de ellos. Sigo igual, nadie ha sido capaz de cambiarme». ¡Como si demostrar que los psiquiatras han fallado fuese un triunfo!

Había un hombre hipocondríaco que constantemente estaba hablando de sus enfermedades. Nadie le creía; le habían hecho todo tipo de pruebas y nunca habían encontrado nada. Pero todos los días iba al médico para decirle que tenía un serio problema.

Poco a poco, el médico se fue dando cuenta de que ese hombre adoptaba todas las enfermedades de las que oía hablar, cualquier enfermedad que anunciaran por la televisión o por cualquier otro medio. Si leía algo en una revista sobre una enfermedad, al día siguiente aparecía en la consulta del médico completamente enfermo; tenía todos los síntomas. Así que el médico le dijo: «No me haga perder el tiempo, yo también leo esas revistas y veo los mismos programas de televisión y, al día siguiente, usted se presenta aquí con la enfermedad correspondiente».

«¿Qué se ha creído? —le dijo el hombre—. Usted no es el único médico de la ciudad.»

No volvió a ir a ese médico, pero su locura con las enfermedades no acabó ahí. Al final, como todo el mundo, acabó muriendo. Pero antes de morir, le pidió a su mujer que en su lápida inscribiera el siguiente epitafio: «¿Me creéis ahora?».

La gente se alegra de sus desgracias. A veces me pregunto qué sucedería si desapareciera su infelicidad. Estarían tan poco ocupados que se suicidarían. Y he podido comprobar que cuando les ayudas a salir de un problema, al día siguiente aparecen con otro. Les ayudas a salir de algo y automáticamente se meten en otra cosa; es como si se aferrasen desesperadamente a la infelicidad. Le sacan provecho, es una inversión que está dando su fruto.

¿Qué es lo que sacas de ello? Cuando el zapato te aprieta, cuando te molesta, te sientes más vivo. Cuando el zapato te va perfectamente, te relajas. En ese caso, no solo te olvidas del pie, sino que además desaparece el «yo». Con una conciencia dichosa, no puede existir el «yo», ¡Es imposible! El «yo» solo puede existir con una mente infeliz; es la combinación de todas tus desdichas. Si realmente estás dispuesto a dejar a un lado el «yo», todas tus desdichas se acabarán. De lo contrario, irás creando otras nuevas. Nadie puede ayudarte porque estás en un camino autodestructivo, contraproducente.

La próxima vez que vengas a mí con algún problema, antes pregúntate si quieres resolverlo porque, cuidado, puede que te dé la solución. ¿Realmente estás interesado en resolverlo o solo quieres hablar de ello? Disfrutas hablando de ello.

Mira en tu interior y pregúntate; te darás cuenta de que tu infelicidad existe porque tú la alimentas. De otro modo no existiría. Está ahí porque tú la respaldas, si no lo hicieras, no existiría.

¿Quién te obliga a alimentarla? Cuando estás triste, necesitas energía, porque sin energía no se puede estar triste. Para que se dé el fenómeno de la tristeza, tienes que alimentarlo. Por eso, después de estar triste, te sientes tan consumido, tan agotado. ¿Qué ha ocurrido? Mientras estabas deprimido no has hecho nada, simplemente estabas triste. ¿Por qué estás tan consumido y agotado? Puede que pensaras que ibas a salir de tu tristeza cargado de energía, pero no es así.

Recuerda: todas las emociones negativas necesitan energía, te consumen. Sin embargo, las emociones y las actitudes positivas son como dínamos de energía; producen más energía, no te agotan. Si estás contento, de repente, el mundo entero fluye hacia ti cargado de energía, el mundo entero ríe contigo. La gente tiene razón cuando dice: «Cuando te ríes, el mundo entero ríe contigo. Pero cuando lloras, lloras solo». Es cierto, absolutamente cierto. Cuando estás positivo, toda la existencia te da más y más, porque cuando tú estás contento, la existencia está contenta contigo. No eres una carga, eres una flor; no eres una piedra, eres un pájaro. Toda la existencia está feliz contigo.

Cuando eres como una piedra, inmóvil en tu tristeza, alimentándola, nadie está contigo. No pueden estarlo. Se crea una brecha entre tu vida y tú. Solo puedes contar con tu fuente de energía. Se disipará. Estás malgastando tu energía, tu propia necedad te está agotando.

Pero cuando estás triste y negativo hay una realidad: puedes sentir más tu ego. Cuando estás feliz, dichoso, extático, no lo sientes. Cuando estás feliz y extático, no hay un «yo». Estás unido a la existencia, no estás separado, sino unido. Cuando sientes tristeza, ira, codicia, cuando te mueves exclusivamente en el ámbito de tu interior y disfrutas con tus heridas, recreándote en ellas, jugando con ellas, intentando ser un mártir, se produce una brecha entre tú y la existencia. Te quedas solo, entonces sientes el «yo». Y cuando lo sientes, es como si toda la existencia se enemistara contigo. En realidad no se enemista, pero lo parece. Cuando sientes que todo el mundo es tu enemigo, te comportas como si realmente lo fuera.

Cuando aceptas la naturaleza y te disuelves en ella, te mueves con ella. La canción de la totalidad es tu canción, la danza de la totalidad es tu danza. Ya no estás separado de la naturaleza. No sientes «yo soy», simplemente sientes: «Lo que existe es la totalidad. Yo solo soy una ola que viene y va, llegada y salida, ser y no ser. Yo voy y vengo, pero la totalidad se queda. Y yo existo por la totalidad, la totalidad existe a través de mí».

A veces toma formas y otras veces es amorfo, pero ambas cosas son hermosas. A veces surge en un cuerpo, a veces desaparece del cuerpo. Tiene que ser así, porque la vida tiene un ritmo. A veces tienes que tener forma y a veces tienes que descansar de ella. A veces tienes que estar activo, moviéndote como una ola, y a veces tienes que ir al fondo y descansar inmóvil. La vida es ritmo.

La muerte no es el enemigo. Solo es un cambio de ritmo. Pronto volverás a nacer, volverás a estar vivo, más joven, más lozano. La muerte es una necesidad. Tú no mueres; solo es una forma de quitarte todo el polvo que se ha ido acumulando. Es la única manera de rejuvenecer. Jesús no es el único que ha resucitado; en la existencia, todo resucita.

En este momento, el almendro que hay junto a mi habitación, ha perdido todas sus hojas viejas y le han salido otras nuevas. ¡Así son las cosas! Si el árbol se aferrase a sus hojas viejas nunca se renovaría, se pudriría. ¿Qué necesidad hay de crear ningún conflicto? Lo viejo desaparece para que nazca lo nuevo. Hace sitio para que pueda venir lo nuevo. Porque lo nuevo siempre está viniendo y lo viejo siempre está yéndose.

Tú no mueres. La hoja vieja se cae para dar paso a la nueva. Mueres aquí y naces allí; desapareces aquí y apareces allí. De la forma a la ausencia de forma y de la ausencia de forma a la forma; del cuerpo al no cuerpo y del no cuerpo al cuerpo; movimiento y descanso; descanso y movimiento, ese es el ritmo. Si te fijas en el ritmo confías, nada te preocupa.

La ira, la tristeza y la depresión: ramas del mismo árbol

NORMALMENTE, LA IRA NO ES MALA, forma parte de la vida natural, es algo que viene y se va. Pero cuando la reprimes se convierte en un problema, se va acumulando. No viene y va, sino que se convierte en parte de tu ser. Entonces ya no es que a veces estés enfadado, sino que siempre estás enfurecido, esperando que alguien te provoque. Aunque solo sea un amago de provocación, te encolerizas y haces cosas que luego te harán decir: «No era mi intención».

Analiza esta expresión: «No era mi intención». ¿Cómo puedes hacer algo sin que fuera tu intención? Pero la expresión es correcta. La ira reprimida se convierte en una especie de locura temporal. Sucede algo que está más allá de tu control. Si hubieses podido controlarlo lo habrías hecho, pero de repente te desbordó. Te superaba, no podías hacer nada, te sentías impotente y salió. Una persona así no es que esté enfadada, sino que se mueve y vive en el enfado.

Fíjate en la gente, obsérvala en la calle y verás que hay dos tipos de personas. Fíjate en sus caras. La humanidad se divide en dos tipos de personas. Las tristes, que tienen un aspecto triste y van a rastras, y las enfadadas, que hierven de ira y están dispuestas a saltar con cualquier pretexto.

La ira es la tristeza activa, la tristeza es la ira inactiva. No son dos cosas distintas.

Observa tu comportamiento. ¿Cuándo estás triste? Solo estás triste en las situaciones en las que no puedes enfadarte. El jefe te regaña en la oficina y no puedes enfadarte porque podrías perder tu trabajo. No puedes enfadarte y tienes que seguir sonriendo. Entonces te entristeces. La energía ha pasado a ser inactiva.

El marido vuelve a casa del trabajo y busca cualquier pretexto, cualquier menudencia, para enfadarse con su mujer. La gente disfruta de la ira, les gusta porque al menos sienten que están haciendo algo. Con la tristeza sientes como si te hubiesen hecho algo. Estás en el lado pasivo, el lado del que recibe. Te han hecho algo y te sientes impotente, no puedes replicar, no puedes vengarte, no puedes reaccionar. Con la ira te sientes un poco mejor. Tras un ataque de ira, te relajas y eso hace que te sientas bien. ¡Estás vivo! ¡Por fin puedes hacer algo! Por supuesto, no se lo puedes hacer a tu jefe, pero sí a tu mujer.

Entonces la mujer espera a que lleguen los niños a casa; sería una insensatez enfadarse con su marido, podría divorciarse de ella. Es el jefe, la mujer depende de él y enfadarse con él sería arriesgado. Ella espera a que lleguen los niños. Y en cuanto vuelven del colegio los castiga por su bien. ¿Y qué harán los niños? Se irán a su cuarto, tirarán los libros, los romperán, castigarán a sus muñecas, o torturarán a sus perros o a sus gatos. Tendrán que hacer algo. Todo el mundo tiene que hacer algo; de lo contrario, te sientes triste.

Esas personas que ves por la calle, tan permanentemente tristes que sus caras han adoptado la expresión de tristeza, son tan impotentes que están en los últimos peldaños de la escalera y no tienen a nadie con quien enfadarse. En los peldaños más bajos están las personas tristes, y en los más altos se hallan los enfadados. Cuanto más arriba, más enfadada estará la gente. Cuanto más abajo, más triste.

En la India verás que los intocables, la clase más baja, tienen una expresión triste. Luego observa a los brahmanes; parecen enfadados. Los brahmanes siempre están enfadados, se enfurecen por cualquier tontería. Los intocables simplemente están tristes porque no tienen a nadie más abajo en quien descargar su ira.*

La ira y la tristeza son las dos caras de la misma energía reprimida.

La ira corriente no tiene nada de malo. De hecho, quienes son capaces de enfadarse y olvidarse de todo al día siguiente son buenas personas. Siempre son amables, vitales, cariñosos, compasivos. Pero los que reprimen y controlan sus emociones no son buenas personas. Siempre están intentando demostrarte que son más santos que tú, pero en sus ojos, en sus caras, en todos sus gestos, en su forma de caminar, de hablar, de relacionarse con los demás, se refleja la ira; siempre está ahí hirviendo. Pueden estallar en cualquier momento. Son criminales, asesinos, son los verdaderos malhechores.

La ira es humana, no tiene nada de malo. Simplemente hay una situación que te provoca, y tú estás tan vivo que respondes. Es como declarar que no te rindes, que no aceptas esa situación; es decir no a esa situación. Es una protesta, no hay nada de malo en ello.

Fíjate en un niño cuando se enfada contigo. ¡Observa su cara! Está tan enfadado y tan furioso que te mataría. Te dice: «Nunca más volveré a hablarte. ¡Se acabó!». Pero al momento siguiente se sienta en tus rodillas y está de buen humor. Se le ha olvidado. No va cargando con todo lo que te dijo cuando estaba enrabietado. No se ha convertido en un equipaje en su mente. Sí, cuando estaba enfadado y en plena discusión dijo algo, pero ahora ya no está enfadado y se le ha olvidado. No le compromete para siempre; ha sido un arrebato, una alteración momentánea. Pero no se queda estancado, es un fenómeno que fluye. Hubo una alteración, pero ya no está. No va a cargar con ella toda la vida. Si se lo recuerdas, se reirá. Te dirá: «¡Eso es absurdo! No me acuerdo. ¿De verdad? ¿En serio he dicho eso? ¡Imposible!». No ha sido más que un arrebato.

Hay que comprender que una persona que vive el momento a veces se enfada, a veces está contenta y a veces está triste. Pero puedes estar seguro de que no va a cargar con ello toda su vida. Una persona muy controlada, un persona que no permite que afloren las emociones, es peligrosa. Si la insultas, no se enfada, se reprime. Poco a poco, va acumulando tanta ira que acabará haciendo algo terrible.

No hay nada malo en un arrebato repentino de ira, es hermoso. Simplemente demuestra que estás vivo. Un arrebato repentino es señal de que no estás muerto, de que respondes a las situaciones y lo haces con autenticidad. Cuando veas que la situación te está pidiendo que te enfades, hazlo. Cuando veas que la situación te está pidiendo que estés contento, demuéstralo. Actúa en conformidad con la situación, no tengas prejuicios a favor o en contra. No tengas una ideología.

No estoy en contra de la ira, sino en contra de la ira acumulada. No estoy en contra del sexo, sino en contra de la sexualidad. Todo lo que se hace en el momento está bien, todo lo que sea una carga del pasado, es una enfermedad.

En el pasado se le llamaba «melancolía», en la actualidad se le llama «depresión», pero en los países desarrollados se ha convertido prácticamente en una epidemia. Tanto desde la química como desde la psicología, se dan explicaciones para la depresión pero, de cualquier forma, parece que cada vez afecta a mayor número de personas. ¿Qué es la depresión? ¿Es acaso la reacción a un mundo deprimente, una especie de hibernación durante «el invierno de nuestro descontento»?

El hombre siempre ha tenido esperanzas, un futuro, un paraíso en algún lugar lejano. Nunca ha vivido en el presente, su época dorada siempre estaba aún por venir. Esto le mantenía entusiasmado en la esperanza de que iban a ocurrir grandes cosas; todos sus anhelos serían satisfechos. Había una gran alegría en la anticipación de lo que iba a ocurrir.

En el presente, sufría; en el presente, era infeliz, pero en los sueños que se iban a hacer realidad mañana, se olvidaba de todo eso. El mañana siempre ha sido muy vivificante.

Pero hoy en día la situación ha cambiado. La vieja situación no era buena porque el mañana —la realización de sus sueños— nunca se cumplía. Moría con esperanza —incluso en su muerte seguía manteniendo esperanzas de una vida futura— aunque nunca experimentara felicidad o que la vida tuviera significado alguno.

Pero era tolerable. La cuestión era sobrevivir a ese día; pasaría y el día siguiente acabaría por llegar. Los profetas religiosos, los mesías y salvadores, prometían a la gente toda clase de placeres en el paraíso. Los líderes políticos, los ideólogos sociales, los utópicos, prometían lo mismo, pero no en el paraíso sino aquí, en la Tierra, en algún momento futuro, cuando la sociedad hubiera llevado a cabo una revolución, no hubiera pobreza ni gobiernos, y el hombre fuera absolutamente libre y tuviera todo lo que necesitaba.

Básicamente, ambos estaban satisfaciendo la misma necesidad psicológica. A los materialistas les atraían los ideólogos, los políticos y los sociólogos utópicos. A los menos materialistas les atraían los líderes religiosos. Pero el objeto de deseo era exactamente el mismo: satisfacer plenamente todo lo que puedas imaginar, soñar o desear. Pudiendo recurrir a esos sueños, las miserias del presente parecían muy pequeñas. En el mundo había entusiasmo, la gente no estaba deprimida.

La depresión es un fenómeno contemporáneo, y ha surgido porque ahora no existe el mañana. Todas las ideologías políticas han fracasado. No hay ninguna posibilidad de que haya igualdad, no hay ninguna posibilidad de que llegue un momento en el que no haya gobiernos, no hay ninguna posibilidad de que tus sueños se hagan realidad. Esto ha provocado una conmoción. Y, al mismo tiempo, el hombre es más maduro. Puede que vaya a la iglesia, a la mezquita, a la sinagoga o al templo, pero lo hace únicamente por convenciones sociales. No quiere quedarse solo en un estado de depresión; quiere estar con la multitud. Pero en el fondo sabe que el paraíso no existe; sabe que no va a venir ningún salvador.

Los hindúes esperan la vuelta de Krishna desde hace cinco mil años. Prometió volver no solo una vez, sino siempre que hubiera miseria y sufrimiento, siempre que prevaleciera el vicio sobre la virtud, siempre que las personas sencillas e inocentes fueran explotadas por los taimados e hipócritas. Él declaró: «Me haré realidad en todas las épocas venideras». Pero no ha dado señales de vida desde hace cinco mil años.

Jesús prometió que volvería, y cuando le preguntaron en qué momento, respondió: «Muy pronto». El «muy pronto» se puede estirar, pero dos mil años es demasiado.

La idea de que te librarán de todo el sufrimiento, el dolor y la ansiedad, ya no te atrae. La idea de que hay un Dios que nos cuida nos parece un chiste. Basta con echar un vistazo al mundo para darse cuenta de que no le importa a nadie.

En realidad, el hombre siempre ha vivido en la pobreza. En la pobreza hay cierta belleza, no destruye tu esperanza, no va contra tus sueños, siempre te da entusiasmo para el mañana. Te da la esperanza de que las cosas mejoren: «Este período oscuro está a punto de terminar; pronto habrá luz». Pero esa situación ha cambiado. Y recuerda que el problema de la depresión no es una epidemia de los países subdesarrollados —en los países pobres la gente sigue esperanzada—, sino de los países desarrollados, donde la gente tiene todo lo que siempre ha soñado. El paraíso ya no sirve, tampoco una sociedad sin clases. Ya no hay utopías.

Han conseguido su objetivo; ese es el motivo de su depresión. Ya no tienen esperanza. Mañana estará oscuro y pasado mañana todavía más oscuro.

Todo lo que soñaron era muy bonito, pero nunca pensaron en lo que implicaba. Ahora que lo sufren, también tienen las consecuencias. Un hombre pobre tiene buen apetito. Un hombre rico ya no tiene apetito, no tiene hambre. Es mejor ser pobre y tener apetito que ser rico y no tenerlo. ¿Qué vas a hacer con todo tu oro, tu plata y tus dólares? No puedes comértelos.

Tienes de todo, pero has perdido el apetito, el hambre y la esperanza que te empujaron a la lucha. Has tenido éxito pero, insisto, no hay mayor fracaso que el éxito. Has llegado donde querías llegar, pero no eras consciente de las consecuencias. Ahora tienes millones de dólares pero no puedes dormir.

Cuando Alejandro Magno fue a la India, se encontró con un monje desnudo en el desierto.

—¡Soy Alejandro Magno! —declaró.

El místico respondió:

—No es posible.

Alejandro replicó:

—¡Qué absurdo! Te lo estoy diciendo yo en persona y, como puedes ver, mis ejércitos están por todas partes.

El místico dijo:

—Puedo ver tu ejército, pero aquel que se llama a sí mismo «Magno» todavía no ha alcanzado su grandeza, porque la grandeza vuelve humildes a las personas. Y ello es debido a que la grandeza es un fracaso, un fracaso absoluto.

Alejandro Magno era discípulo de Aristóteles, que le había educado en la estricta lógica. No le interesaba la verborrea mística.

—No creo en todas esas cosas —dijo—. He conquistado el mundo entero.

El místico le preguntó:

—Si tuvieses sed y en este desierto no hubiese agua en kilómetros a la redonda, y yo te ofreciese un vaso de agua, ¿qué estarías dispuesto a darme a cambio?

—La mitad de mi reino —contestó Alejandro.

El místico dijo:

—Y si no te lo vendiera por la mitad de tu reino. Si te dijera: o me das todo tu reino o te quedas sin el vaso de agua. ¿Qué harías? Tienes sed, te estás muriendo y no hay posibilidades de encontrar agua en ningún sitio.

—Entonces, naturalmente —dijo Alejandro—, te daría todo mi reino.

El místico se rió y dijo:

—De modo que ese es el precio de todo tu reino, ¡un vaso de agua! ¿Y crees haber conquistado el mundo? A partir de hoy, deberías empezar a decir que has conquistado un vaso lleno de agua.

Cuando el hombre alcanza sus metas más deseadas se da cuenta de que está rodeado de muchas cosas. Por ejemplo, te pasas la vida intentando ganar dinero, pensando que el día que lo tengas podrás vivir relajado pero, mientras tanto, has vivido en tensión, la tensión se ha convertido en tu castigo, y al final de tu vida, cuando tengas más dinero del que necesitas, no podrás relajarte. Toda una vida ejercitando la tensión, la ansiedad y la preocupación no te permitirá relajarte. No eres un ganador, sino un perdedor. Pierdes el apetito, destruyes tu salud, destruyes tu sensibilidad, tu capacidad de sentir. Destruyes tu sentido estético porque no te queda tiempo para nada que no produzca dinero.

Vas como loco tras el dinero, ¿quién tiene tiempo para fijarse en las rosas o en los pájaros volando? ¿Quién tiene tiempo para fijarse en la belleza de los seres humanos? Pospones estas cosas para que un día, cuando lo tengas todo, puedas relajarte y disfrutar. Pero cuando lo tengas todo, te habrás convertido en una persona tan disciplinada que serás incapaz de ver las rosas, incapaz de ver la belleza, de disfrutar de la música, de entender la danza y la poesía, porque solo entenderás de dinero. El dinero no te satisfará.

Esa es la causa de la depresión. Por eso solo ocurre en los países desarrollados y, particularmente, entre las clases más ricas. En estos países también hay gente pobre, pero no sufre depresiones. A un rico no puedes ofrecerle más cosas para aliviar su depresión porque ya tiene de todo, tiene más de lo que puedes ofrecerle. Su condición es realmente lamentable. Nunca pensó en las consecuencias, en las implicaciones, en lo que perdería si dedicaba toda su vida a ganar dinero. Nunca pensó que perdería todo lo que puede hacerle feliz, y está deprimido precisamente por haberse apartado de todas esas cosas. No tenía tiempo, la competencia era dura, así que él también tenía que ser duro. Al final se encuentra con que su corazón está muerto y su vida no tiene ningún sentido. No ve ninguna posibilidad de cambio en el futuro, porque ¿qué más puede haber?

El disfrute es algo que hay que alimentar. Requiere cierta disciplina, cierto arte. Tomar contacto con las cosas importantes de la vida requiere cierto tiempo. Pero el hombre que persigue el dinero deja pasar todo lo que podría ser una puerta a lo divino y, cuando se da cuenta de lo que ha perdido, está al final del camino y ya no le queda nada excepto la muerte.

Ha sido infeliz toda su vida. La ha soportado y despreciado esperando que las cosas cambiaran. Pero ahora ya no puede seguir esperando que cambie, porque mañana solo le espera la muerte, nada más. Toda la infelicidad acumulada en su vida y todo el sufrimiento que ha dejado a un lado explotan en su ser.

El hombre más rico es, en cierto modo, el más pobre de la tierra. Ser rico y no ser pobre es un arte. Ser pobre y ser rico es la otra cara del arte. Hay pobres que te pueden parecer inmensamente ricos. No tienen nada pero son ricos. Su riqueza no radica en las cosas, sino en su ser, en sus experiencias multidimensionales. Y hay ricos que lo tienen todo pero son absolutamente pobres, hueros, vacíos. En su interior solo hay un cementerio.

No se trata de una depresión de la sociedad porque, de ser así, también afectaría a los pobres. Es una ley natural que la gente tendrá que aprender. Hasta ahora no había sido necesario porque no había tanta gente que hubiese llegado a tenerlo todo, mientras que en su interior solo había oscuridad total e ignorancia.

Lo primordial en la vida es encontrar sentido al momento presente. El aroma básico de tu ser debería ser el amor, el regocijo, la celebración. De ese modo, hagas lo que hagas, el dinero no podrá destruirlo. Sin embargo, te apartas de todo lo demás y te dedicas a perseguir el dinero, creyendo que con él lo puedes comprar todo. Después, un día, te das cuenta de que no puedes comprar nada y que le has dedicado toda tu vida al dinero.

Esa es la causa de la depresión.

La depresión será muy aguda, particularmente en Occidente. En Oriente ha habido ricos, pero también había otra dimensión. Cuando el camino hacia la riqueza llegó a su fin, no quedaron atrapados en él; fueron en otra dirección. Esa nueva dirección estaba en el ambiente, a su disposición desde hacía muchos siglos.

En Oriente, los pobres han aprendido a conformarse, por eso no se molestan en perseguir ambiciones. Y los ricos han entendido que un día habrás de renunciar a todo e ir en busca de la verdad, en busca del significado. En Occidente, al final del camino no hay nada. Puedes regresar, pero eso no aliviará tu depresión. Necesitas una nueva dirección.

Gautama Buda, Mahavira y muchos otros místicos de Oriente llegaron a la cima de la riqueza y se dieron cuenta de que suponía una carga. Había que encontrar algo más antes de que la muerte tomara el mando; tuvieron la valentía suficiente de renunciar a todo. Su renuncia no ha sido comprendida. Renunciaron a todo porque no querían preocuparse ni un solo instante más por el dinero o el poder; habían llegado a la cima y vieron que allí no había nada. Llegaron hasta el último escalón y se dieron cuenta de que era una escalera que no llevaba a ninguna parte. Cuando vas por la mitad o un poco más abajo, sigues manteniendo alguna esperanza porque todavía te quedan bastantes peldaños que subir. Pero cuando llegas al peldaño más alto, solo queda el suicidio o la locura; o la hipocresía y seguir sonriendo hasta que la muerte acabe contigo. Aunque en el fondo sabes que has desperdiciado tu vida.

En Oriente, la depresión nunca ha sido un gran problema. Los pobres aprendieron a disfrutar con lo poco que tenían y los ricos aprendieron que tener el mundo a sus pies no significaba nada; hay que buscar el significado y no el dinero. Y tenían precedentes; sabían que desde hacía miles de años había habido gente que había buscado la verdad y la había encontrado. No hay que desesperarse, no hay que deprimirse, solo tienes que entrar en una dimensión desconocida. Puede que nunca la hubieran explorado, pero en cuanto empezaron a explorar esta dimensión —que es un viaje hacia dentro, hacia el propio ser—, empezaron a recuperar todo lo que habían perdido.

Occidente necesita urgentemente un gran movimiento de meditación; de lo contrario, esta depresión acabará matando a la gente. Especialmente, a los que tienen talento, a los que han obtenido poder, dinero y todo lo que querían. Ellos tienen talento, pero están desesperados. Eso será peligroso, porque los que más talento tienen no se entusiasman por la vida. Los que no tienen talento tienen entusiasmo por la vida, pero no tienen suficiente capacidad para obtener poder, dinero, educación, respetabilidad. No tienen talento, así que sufren, se sienten incapacitados. Se están volviendo terroristas; hacen uso de una innecesaria violencia, intentan vengarse ya que no pueden hacer otra cosa excepto destruir. Y los ricos están dispuestos a colgarse del primer árbol que encuentren porque no hallan motivos para vivir. Sus corazones dejaron de latir hace mucho tiempo. Son cadáveres, muy elegantes y honorables, pero vacíos y banales.

En realidad, Occidente está en peor estado que Oriente, aunque algunos puedan pensar que, como Oriente es pobre, Occidente está en mejor situación que Oriente. Pero la pobreza no es un problema tan grave como el fracaso de la riqueza; en ese caso el hombre es realmente pobre. Un hombre pobre normal al menos tiene sueños, esperanzas. Sin embargo el rico no tiene nada.

Lo que se necesita es un gran movimiento meditativo que atañe a todo el mundo.

En Occidente, las personas deprimidas van al psicoanalista, al terapeuta y a todo tipo de charlatanes que a su vez están deprimidos, incluso más que sus pacientes. Es natural, porque se pasan todo el día oyendo hablar de la depresión, la desesperación y la futilidad. Y al ver a tantas personas de talento en ese estado, ellos mismos empiezan a flaquear. Ellos no pueden ayudar, necesitan ayuda.

Si vieran que hay personas que no están deprimidas —sino que, por el contrario, son inmensamente felices—, quizá podrían albergar alguna esperanza. Ahora pueden tenerlo todo sin necesidad de preocuparse. Pueden meditar.

Yo no enseño a renunciar a la riqueza. Deja que las cosas sean como son. Añade algo más a tu vida. Hasta ahora solo le has añadido cosas. Ahora puedes añadir algo más a tu ser, y eso provocará la música, el milagro, la magia. Creará una nueva emoción, una nueva juventud, una nueva lozanía.

No es irresoluble. El problema es grande, pero la solución es muy sencilla.

Yo no soy rico ni tengo todo lo que necesito. No obstante, sigo sintiéndome solo, confundido y deprimido. ¿Puedo hacer algo para evitar esta depresión?

Si estás deprimido, estás deprimido; no «hagas» nada. ¿Qué puedes hacer? Todo lo que intentes será producto de la depresión y creará más confusión. Puedes rezarle a Dios, pero cuando estás tan deprimido,

¡hasta Dios se deprimirá con tus oraciones! No le hagas eso al pobre Dios. Tu oración será una oración depresiva. En tu estado, todo lo que hagas provocará más depresión. Creará más confusión, más frustración, porque no lograrás tu objetivo. Y si no lo consigues te irás deprimiendo más y más.

Es mejor quedarse con la primera depresión que hacer un segundo círculo y luego un tercero. Quédate en el primero; lo original es bello. Lo segundo es falso y lo tercero, un lejano eco. No los crees. El primero es bello. Estás deprimido; es la forma en que se manifiesta la existencia en este momento. Estás deprimido, quédate así. Espera y observa. La depresión no puede durar mucho tiempo porque en este mundo no hay nada permanente. El mundo es fluir. El mundo no cambiará su ley básica para que tú sigas deprimido toda la vida. Nada es eterno, todo se mueve y cambia. La existencia es un río; no va a detenerse solo por ti, para que sigas deprimido para siempre. Sigue avanzando, ya ha avanzado. Si te fijas en tu depresión, te darás cuenta de que está cambiando a cada momento; cada momento es diferente. Observa, quédate así y no hagas nada. Así es como se produce la transformación, sin hacer nada.

Siente la depresión, saboréala a fondo, vívela, es tu destino; y de repente, sentirás que ha desaparecido, porque cuando se acepta la depresión se deja de estar deprimido. Una persona, una mente, capaz de aceptar incluso la depresión, ¡no puede seguir estando deprimida! La depresión necesita una mente que no acepte: «Esto no es bueno, aquello tampoco; esto no debería ser así, aquello tampoco». Que lo niegue todo, lo rechace, no lo acepte. Es el enfoque del «no»; una mente así rechaza incluso la felicidad. Una mente así, incluso en la felicidad, encontrará algo que rechazar. Empezarás a dudar de la felicidad. Sentirás que algo no va bien. Te sientes feliz; algo debe de ir mal: «¿Cómo es posible que me sienta feliz simplemente por meditar unos días?».

Una mente que no acepta, «no acepta» nada. Al aceptar tu soledad, tu depresión, tu confusión o tu tristeza, ya estás trascendiendo. La aceptación es trascender. Si le quitas los pilares, la depresión no se sustenta.

Intenta hacer lo siguiente:

Cualquiera que sea tu estado de ánimo, acéptalo y espera a que pase. No tienes que cambiar nada, limítate a sentir la belleza que surge cuando el estado de ánimo cambia por sí mismo. Es como el sol, que sale por la mañana y se pone por la noche. Volverá a salir y a ponerse una y otra vez. Tú no tienes que hacer nada. Si puedes sentir cómo cambian tus estados de ánimo por su cuenta, podrás mantenerte al margen. Podrás quedarte a kilómetros de distancia, como si la mente se dirigiese a otro sitio. El sol sale y se pone; la depresión llega y se va, pero tú no estás en ella. Viene y se va por su cuenta, los estados de ánimo van y vienen.

Cuando tu mente está confusa es mejor esperar y no hacer nada hasta que desaparezca la confusión. Seguro que desaparece, porque en este mundo no hay nada permanente. Solo necesitas tener mucha paciencia. No tengas prisa.

La historia que voy a contar a continuación es muy hermosa, suelo narrarla a menudo. Buda pasaba por un bosque. Hacía mucho calor y tenía sed —era mediodía—, por lo que le dijo a su discípulo Ananda: «Acabamos de cruzar un arroyo; vuelve atrás y tráeme un poco de agua».

Ananda obedeció. Pero había unas carretas cruzando el arroyo. Como era poco profundo, el agua estaba turbia. El fondo se había removido y ahora el agua no se podía beber. Ananda pensó: «Tendré que volver con las manos vacías». Regresó y le dijo a Buda: «El agua estaba muy sucia y no se podía beber. Avanzaré un poco. Sé que hay un río a algunos kilómetros de aquí, así que iré y te traeré el agua de allí».

Buda dijo: «¡No! Vuelve otra vez al arroyo». Ananda no tuvo más remedio que hacerlo porque se lo estaba pidiendo Buda, pero no lo hizo con mucha convicción. Sabía que no podía traer esa agua y que era una pérdida de tiempo, además, él también tenía sed. Pero si te lo dice Buda, tienes que hacerlo. Así que volvió de nuevo al arroyo, pero al llegar, el agua seguía sucia y tuvo que dar media vuelta. «¿Por qué insistes? —preguntó Ananda—. Esa agua no se puede beber.»

Buda le dijo: «Vuelve otra vez». Ananda obedeció porque se lo estaba pidiendo Buda.

La tercera vez que fue al arroyo, el agua estaba más clara que nunca. El lodo y las hojas se habían vuelto a asentar, y el agua estaba limpia. Entonces, Ananda no pudo contener la risa, llenó su cántaro de agua y volvió bailando. Se postró a los pies de Buda diciendo: «Tu forma de enseñar es milagrosa. Me has dado una gran lección: que la paciencia es necesaria y que nada permanece».

Esta es la enseñanza básica de Buda: nada permanece, todo es efímero, entonces ¿para qué preocuparse? Vuelve al mismo río. Ahora todo habrá cambiado. Nada es permanente. Sé paciente, vuelve una y otra vez. Bastará esperar un momento y las hojas habrán desaparecido, el agua se habrá asentado y volverá a estar cristalina.

La segunda que vez Buda le mandó volver, Ananda le preguntó: «¿Por qué insistes en decirme que vaya, acaso hay algo que yo pueda hacer para que el agua esté limpia?».

Buda le respondió: «No hagas nada, por favor, o la ensuciarás más aún. No te metas en el arroyo. Quédate a un lado y espera. Si te metes en el agua la removerás. El río fluye por sí solo, déjalo que fluya».

No hay nada permanente, la vida es un fluir. Heráclito dijo que no puedes entrar dos veces en el mismo río. Es imposible entrar dos veces en el mismo río porque el río ya ha fluido; todo ha cambiado. Y no solo fluye el río, tú también fluyes. Tú también has cambiado; también eres un río que fluye.

Observa la transitoriedad de todo. No tengas prisa, no hagas nada. ¡Espera! Espera sin hacer nada. Si puedes esperar, se dará una transformación. La espera en sí misma es una transformación.

Me he dado cuenta de que lo que me deprime es juzgarme por ser tan inconsciente, por no valorar la belleza de la vida, por tener envidia, por enfadarme y actuar muchas veces de una forma muy estúpida. Me da la sensación de que cuanto más consciente soy de mi comportamiento, ¡más me deprimo! ¿Podrías hablar acerca de la autocrítica, qué es y de dónde viene?

Es una forma de seguir igual, es un engaño de la mente; en lugar de ir hacia la comprensión, la energía se va hacia la crítica. Lo que produce el cambio es la comprensión, no la crítica. La mente es muy astuta, en cuanto empiezas a darte cuenta de algo, se pone a criticar. Así, toda la energía se vuelca en la crítica. La comprensión queda en segundo plano, tu energía se enfoca en la crítica pero la crítica no sirve para nada. Solo puede deprimirte o enfadarte, pero la depresión y el enfado no te harán cambiar. Seguirás siendo el mismo, te quedarás dando vueltas en el mismo círculo vicioso.

La comprensión es liberadora. Cuando te des cuenta de determinado comportamiento, no hace falta que lo critiques, no hace falta que te preocupes. Lo único que hay que hacer es analizarlo y comprenderlo. Si te digo algo y eso te afecta —y mi intención es que lo haga—, observa en qué y por qué te afecta; analízalo.

Obsérvalo desde todos los ángulos y todas las ópticas. Si lo criticas no puedes observarlo, no puedes abordarlo desde todos los ángulos. Has decidido de antemano que está mal, lo juzgas sin darle una oportunidad.

Observa el comportamiento, contémplalo, consúltalo con la almohada, y cuanto mayor sea tu capacidad de observarlo, más posibilidades tendrás de salir de él. La capacidad de comprender y de salir son dos expresiones para un mismo fenómeno.

Cuando comprendo algo, puedo salirme de ello, superarlo. Pero si no lo comprendo no puedo salir.

Esto es algo que la mente le hace a todo el mundo, no solo a ti. Inmediatamente saltas y dices: «Eso está mal, yo no debería ser así. No valgo para nada, eso está mal y aquello también», y así te vas culpabilizando. Ahora toda la energía se encamina hacia la culpabilidad.

Mi trabajo consiste en quitarte toda la culpabilidad que pueda. No te tomes nada de lo que ves como algo personal. No tiene nada que ver contigo; la mente funciona así. La mente de casi todo el mundo actúa así, por envidia, posesividad o ira, solo hay una diferencia de grado.

Así es el mecanismo de la mente, o bien quiere alabar o bien quiere condenar, pero nunca está en el medio. A través de las alabanzas te conviertes en alguien especial y el ego se siente satisfecho; a través de la crítica también te conviertes en alguien especial. ¡Fíjate qué truco! De todas formas te conviertes en alguien especial, tanto si eres un gran santo, como si eres el mayor pecador; las dos son formas de satisfacer al ego. Ambas están diciendo lo mismo: que eres especial.

La mente no quiere oír que es corriente; la envidia o la ira son problemas habituales en las relaciones y en el ser, todo el mundo los tiene, son tan corrientes como el cabello. Una persona puede tener más pelo que otra, una persona puede tener el pelo negro y otra, pelirrojo, pero eso no cambia nada. Siguen siendo corrientes, todos los problemas lo son. Todos los pecados y las virtudes son corrientes, pero el ego quiere sentirse especial. O bien dice que eres el mejor o bien dice que eres el peor.

Tú te dices a ti misma: «No deberías deprimirte. Tú no eres así, no va con tu imagen, es un lastre, ¡y tú eres una chica tan encantadora! ¿Por qué te deprimes?». En lugar de intentar comprenderlo, lo juzgas, lo criticas.

La depresión significa que dentro de ti hay ira en estado negativo. La depresión es un estado de ánimo negativo. Es una palabra muy reveladora, quiere decir que hay algo que está siendo presionado. Estás presionando algo en tu interior, y si presionas demasiado, la ira se convertirá en tristeza. La tristeza es la forma negativa de estar enfadado, la forma femenina de estar enfadado. Si dejas de presionarla se convertirá en ira. Debes de estar enfadada por algún motivo, a lo mejor es algo que arrastras desde tu infancia y no lo has expresado. De ahí la depresión. ¡Intenta comprenderlo!

El problema es que la depresión no se puede resolver, porque no es el verdadero problema. Es la ira; estás criticando la depresión, así que estas peleando con fantasmas.

Primero analiza por qué estás deprimida. Si lo analizas en profundidad, te encontrarás con la ira. Dentro de ti hay mucha ira, contra tu madre, contra tu padre, contra el mundo o contra ti, pero no tiene ningún sentido. En tu interior estás muy enfadada pero desde la infancia has intentado sonreír, no enfadarte, porque la ira no está bien. Es lo que te han enseñado y tú lo has creído. Por fuera puedes aparentar ser feliz, por fuera sigues sonriendo, pero todas esas sonrisas son falsas. En el fondo albergas mucha ira. No la puedes expresar porque la estás reprimiendo. Eso es la depresión; por eso estás deprimida.

Deja que salga, déjala fluir. Con la ira se irá la depresión. ¿No te has dado cuenta de que, a veces, después de enfadarte mucho, te sientes muy bien, muy viva?

Haz todos los días la meditación de la ira. Será suficiente con veinte minutos diarios. (Consultar descripción de la meditación al final del libro.) Después del tercer día disfrutarás tanto de este ejercicio que estarás deseando hacerlo. Te relajará enormemente, y verás que tu depresión empieza a desaparecer. Por primera vez, sonreirás de verdad. Porque con esa depresión no puedes sonreír, solo lo finges.

No se puede vivir sin sonreír, así que finges, pero la sonrisa falsa hace mucho daño. No te hace feliz; simplemente te recuerda lo infeliz que eres.

Es bueno que te hayas dado cuenta de ello. Todo lo que te hace daño te ayuda. La gente está tan enferma, que todo lo que la ayuda, le hace daño, toca alguna herida en algún lugar. Pero eso es bueno.

¿Acaso es realmente posible estar consciente cuando uno está iracundo? Es un sentimiento tan fuerte que siempre llega como si fueran miles de caballos al galope. ¡Estoy francamente harto! ¿Puedes ayudarme?

Tu problema es muy sencillo, pero lo estás exagerando. «Como miles de caballos al galope», ¡toda esa ira te habría consumido! ¿De dónde sacas los miles de caballos?

En cierta ocasión, el mulá Nasrudin tenía una entrevista de trabajo en un barco, ante tres oficiales. El primer oficial le preguntó:

—¿Qué harías tú en medio de un enorme ciclón, con olas gigantescas y si el barco estuviera a punto de hundirse?

—Muy sencillo —respondió el mulá—, haría lo técnicamente correcto; pararía los motores y echaría el ancla.

—Pero, en ese momento —le preguntó el segundo oficial—, llega otra ola gigante y el barco está a punto de hundirse. ¿Qué harías?

—Lo mismo —respondió el mulá—. Echaría otra ancla; todos los barcos tienen una segunda ancla.

—Pero si llega otra ola gigante... —añadió el tercer oficial.

—Me están haciendo perder el tiempo en balde —contestó el mulá—. Volvería a hacer lo mismo: echaría otra ancla para equilibrar el barco antes de que llegara la ola gigante.

—¿Y de dónde sacas todas esas anclas? —le preguntó el primer oficial.

—¡Vaya pregunta! —respondió el mulá—. ¿Y de dónde saca usted todas esas olas gigantes? ¡Pues del mismo sitio! Si usted puede imaginar olas gigantes, ¿por qué yo no voy a poder imaginar anclas? Usted siga sacando todas las olas gigantes que quiera, que yo seguiré echando anclas cada vez más pesadas.

La ira es una nimiedad. Si puedes pararte a observarla no verás por ningún lado «miles de caballos salvajes». Si encuentras un burro, ¡puedes darte por satisfecho! Obsérvala y, poco a poco, se irá. Entrará por un lado y saldrá por el otro. Solo tienes que tener un poco de paciencia y no montarte en ella.

La ira, la envidia, la codicia, la competitividad... todos nuestros problemas son muy pequeños, lo que pasa es que nuestro ego los amplifica y los agranda todo lo que puede. Es lo único que puede hacer el ego; también su ira ha de ser muy grande. Con toda su ira, su enorme desgracia, su enorme codicia y su enorme ambición, el ego se engrandece.

Pero tú no eres el ego, solo eres un observador. Apártate y deja que pasen los miles de caballos. «Veamos cuánto tardan en pasar.» No tienes por qué preocuparte. Del mismo modo que vienen —son salvajes—, se irán.

Pero nunca desaprovechamos la oportunidad de montarnos aunque sea en un burro, ¡saltamos encima de él automáticamente! No hace falta que haya mil caballos salvajes, basta con una nimiedad para enfadarte y encolerizarte enormemente. Luego te reirás de lo tonto que has sido.

Si pudieras observarlo sin implicarte, como si fuera algo que estuvieras viendo en una pantalla de cine o en televisión... Está pasando algo, obsérvalo. No tienes que hacer nada para impedirlo, reprimirlo, destruirlo, ni tienes que sacar una espada y matar a alguien, porque ¿de dónde vas a sacar la espada? Del mismo sitio que sale la ira. Es pura imaginación.

Observa y no hagas nada a favor ni en contra, y para tu sorpresa, lo que parecía muy grande se volverá muy pequeño. Pero la costumbre nos lleva a exagerar.

Un niño, que no tenía más de tres años, llega a casa corriendo y le dice a su madre: «¡Mamá, un león enorme me ha perseguido rugiendo durante kilómetros! Aunque he logrado escaparme, lo he tenido cerca muchas veces. Estuvo a punto de atacarme, pero entonces corrí más deprisa».

La madre se asoma a la puerta y ve a un perrito moviendo el rabo. Mira al niño y le dice: «¡Te he dicho millones de veces que no exageres!».

«Millones de veces.» Nuestras mentes siempre están exagerando. Tus problemas son pequeños; si puedes dejar de exagerar y observarlos, verás que no son más que un perrito en la puerta. No hace falta que sigas huyendo, tu vida no corre peligro.

La ira no te matará. Ya ha estado contigo muchas veces y has sobrevivido sin problemas. Es la misma ira de otras veces. La próxima vez que aparezca, simplemente haz algo que no has hecho nunca: en vez de involucrarte y luchar contra ella, obsérvala como si no te perteneciese, como si se tratase de la ira de otra persona. Te llevarás una gran sorpresa, verás como desaparece a los pocos segundos. Cuando desaparece la ira sin necesidad de luchar, te deja en un estado maravilloso, silencioso, amoroso.

Esa misma energía que, con la ira, podría haberse convertido en pelea, se ha quedado dentro de ti. La energía pura es gozo —estoy citando a William Blake—, «la energía es gozo». Energía sin nombre, sin adjetivos. Aunque tú nunca permites que la energía sea pura. Es ira, odio, amor, codicia o deseo, pero siempre está relacionada con algo; no le permites estar en su estado puro.

Cada vez que surge algo dentro de ti, es una gran oportunidad para experimentar la energía en su estado puro. Obsérvalo y el burro se marchará. Puede que levante un poco de polvo, pero ese polvo se volverá a asentar por sí solo; no tienes que hacer nada. Simplemente espera. No dejes de esperar y observar, y pronto te encontrarás rodeado de una energía pura que no ha sido usada para pelear, reprimir o estar enfadado. Y, sin duda, la energía es gozo. Cuando conozcas el secreto del gozo, disfrutarás de cada emoción.

Todas las emociones que surgen en ti representan una gran oportunidad. Obsérvalas y dale a tu ser un baño de gozo. Poco a poco, irán desapareciendo todas esas emociones, no volverán porque, si no las invitas, no vienen. Observar, estar alerta, atento, consciente, son distintas palabras para designar un mismo fenómeno: atestiguar. Esa es la palabra clave.

La profesora de lengua dice: «Hoy estudiaremos las definiciones. Cuando defines algo, explicas qué es. Vamos a ver, ¿cómo definirías la palabra "inconsciente"?»*

El alumno responde: «Es lo último que me quito por las noches».

¡Todos estamos en la misma situación! Nadie escucha con atención; nadie escucha lo que se está diciendo.

¡Qué mundo más extraño! Si te fijas, verás que ocurren milagros en todas partes. Pero te pasan desapercibidos porque la mayor parte del tiempo no estás atento. Casi siempre estás con los ojos abiertos, pero, aunque no ronques, eso no significa que estés despierto. Aparentemente estás despierto, pero en el fondo tienes tantos pensamientos, tanta confusión, tantos caballos salvajes... ¿Cómo vas a darte cuenta de algo? ¿Cómo vas a oír algo? Aunque tengas los ojos abiertos, no ven. Aunque tengas los oídos abiertos, no oyen.

Es curioso que la naturaleza haya hecho los ojos de una manera diferente a los oídos. Los ojos se pueden cerrar, pero los oídos no. Para abrir y cerrar los ojos tienes párpados, pero ¿y los oídos? La naturaleza no se ha molestado en proporcionarte tapones para los oídos, porque sabe que estás tan entretenido con tu mente que no los vas a necesitar. Tus oídos siempre están sordos; no oyes, o solo oyes lo que te interesa.

Después de la misa del domingo, el predicador se encaró con un hombre que había estado roncando muy fuerte durante el sermón. Lo abordó y le dijo: «¡No está bien roncar mientras estoy dando el sermón!».

«Lo lamento —respondió el hombre—. La próxima vez tendré más cuidado.»

«Será mejor —dijo el predicador—, porque había mucha gente dormida y les estabas molestando. Me da igual que escuches mi sermón o

* Juego de palabras entre *unaware*, «inconsciente» y *underwear*, «ropa interior», cuya fonética es muy parecida. *(N. de la T.)*

no, lo que me preocupa es que molestes al resto de mis feligreses. Tus ronquidos eran tan fuertes que podrías haberles despertado. Todos los domingos repito el mismo sermón, pero si los despiertas voy a tener que preparar un sermón cada semana y es un trabajo muy aburrido. Llevo toda la vida con el mismo sermón y nadie se ha quejado nunca, porque nadie lo escucha.»

Ve a cualquier iglesia, verás que la gente está profundamente dormida. Es un buen lugar para dormir, para descansar de las tribulaciones diarias, del mundo y sus tensiones. Pero en lo que respecta a la espiritualidad, la gente está dormida las veinticuatro horas del día. Mientras duermes ves la ira y la codicia; se magnifican tanto, se vuelven tan grandes, que caes fácilmente atrapado en su red.

El que tiene la habilidad de la observación, tiene una llave de oro. Da igual que se trate de ira, codicia, sensualidad, lujuria o engreimiento, no importa de qué enfermedad se trate, la misma medicina nos vale para todo. Observa, y te curarás. Al observar, poco a poco, la mente se va vaciando de contenido hasta que, al final, llega un día en que la mente desaparece. La mente no puede existir sin ira, miedo, amor ni odio; todas esas cosas son absolutamente necesarias para que la mente exista.

Al observar no solo te estás librando de la ira, también te estás librando de una parte de la mente. De repente, un día te despertarás y no habrá mente. Serás simplemente un observador, un observador en la colina. Ese es el momento más maravilloso. Tu verdadera vida empieza ahí.

Comprender la raíz de los celos

QUÉ TE PONE CELOSO? LA POSESIVIDAD. Los celos en sí mismos no son la raíz. Cuando amas a una mujer o a un hombre, quieres poseer a esa persona por miedo a que tal vez mañana se vaya con otra persona. El miedo al mañana destruye tu hoy; antes o después esa persona irá a buscar a otro compañero porque tú eres un pesado. Cuando el hombre empieza a buscar a otra mujer o la mujer empieza a estar con otro hombre, crees que tus celos te están dando la razón pero, en realidad, han sido tus celos los que han provocado esa situación.

Lo primero que tienes que recordar es que no tienes que preocuparte por el mañana. ¡El hoy es más que suficiente! Alguien te quiere. Haz que este día sea feliz, celébralo. Tu amor debe ser tan total hoy, que tu totalidad y tu amor sean suficientes para que la otra persona no piense en dejarte. Tus celos la alejarán; solo tu amor puede hacer que se quede. Los celos del otro harán que te alejes; su amor te mantendrá ahí.

No pienses en el mañana. En cuanto piensas en el mañana, vives el presente con desinterés. Vive hoy y olvídate del mañana; el mañana seguirá su propio curso. Recuerda que el mañana nace del hoy. Si la experiencia de hoy ha sido buena, una bendición, ¿para qué preocuparse?

Un día, el hombre o la mujer que has amado pueden encontrar a otra persona. Ser feliz es humano, aunque tu mujer sea feliz con otro. Da igual que sea feliz contigo o con otra persona; es feliz. Y si realmente la amas tanto, ¿cómo puedes estar en contra de su felicidad?

Un verdadero amor será feliz aunque a tu pareja le apetezca estar con otra persona. En esa situación —cuando tu mujer está con otra persona y, aun así, sigues siendo feliz, sigues estándole agradecido, eres capaz de decirle: «Tienes libertad absoluta; sé totalmente feliz, porque eso también me hará feliz a mí»— me da la impresión de que ella no se alejará demasiado tiempo de ti; volverá. ¿Quién podría dejar a un hombre así?

Tus celos lo destruyen todo, tu posesividad lo destruye todo. Tienes que entender adónde te lleva eso. Te estás consumiendo y cuanto más celoso, enfadado y odioso te pongas, más alejarás a la otra persona de ti. Es obvio que no te va a ayudar; estás destruyendo lo que quieres conservar. Es una tontería absoluta.

Intenta comprender que los seres humanos son como son. De vez en cuando, cualquiera puede llegar a aburrirse de estar con la misma persona todo el tiempo. Sé realista; no vivas en una ficción. De vez en cuando, todo el mundo se harta. Eso no quiere decir que la relación se haya acabado, simplemente significa que hay que hacer algún cambio. Es bueno para tu salud y para la salud de tu pareja. A los dos os vienen bien unas vacaciones. ¿Por qué no hacerlo conscientemente? «Estamos estancados, ¿qué tal si nos damos unas vacaciones de una semana? Yo te quiero y tú me quieres, eso es innegable, por lo tanto, no hay por qué tener miedo.»

Por lo que yo he podido observar, después de unas vacaciones, aunque solo sean de un día, os enamoraréis más y de forma más profunda, porque así os daréis cuenta de cuánto os queréis. Ni siquiera podéis ver la tristeza que surge naturalmente al vivir juntos.

No os poseáis el uno al otro. Mantened la libertad intacta para no interferir en el ámbito privado de la otra persona, y así respetar su dignidad. Cuando se experimenta esto —irse de vacaciones de vez en cuando por separado y después volver—, no hay necesidad de preocuparse. Para tu sorpresa, cuando tu mujer vuelva a estar contigo después de haber pasado una semana con otro hombre, o tú vuelvas después de haber pasado una semana con otra mujer, ambos habréis aprendido cosas nuevas. Podréis volver a tener una luna de miel. Estaréis frescos y lozanos, habréis aprendido nuevas habilidades. Y las experiencias nuevas siempre son buenas, te enriquecen.

Para que desaparezcan los celos solo hace falta comprensión humana e inteligencia.

Los celos son uno de los aspectos más destacados de la ignorancia psicológica sobre ti mismo, sobre los demás y, particularmente, sobre la relación. La gente cree que sabe qué es el amor, pero no lo sabe. Su comprensión del amor provoca celos. La gente cree que el «amor» es una especie de monopolio, de posesividad, sin entender un simple hecho de la vida: que en el momento que posees a un ser humano, lo has matado.

La vida no se puede poseer. No puedes tenerla en un puño. Para tenerla, tienes que estar con las manos abiertas.

Pero hace siglos que todo va por mal camino, y está tan profundamente arraigado que no podemos separar el amor de los celos. Es como si fuesen la misma energía.

Por ejemplo, si tu amante se va con otra mujer, tienes celos. Es doloroso, pero si no tuvieses celos, el problema sería mayor, pensarías que no le quieres, porque se supone que si le quisieras tendrías que sentir celos. Los celos y el amor se han enmarañado.

Pero, de hecho, son polos opuestos. Una mente que puede ser celosa no puede ser amorosa, y viceversa, una mente amorosa no puede ser celosa.

¿Qué es lo que ocasiona este desorden? Tienes que analizarlo como si no se tratase de tu problema, quedarte a un lado y observar todo el proceso.

El sentimiento de los celos es una consecuencia del matrimonio.

En el mundo de los animales no hay celos. De vez en cuando, hay una pelea por causa del amor, pero es mejor una pelea que estar celoso, es mucho más natural que quedarse atrapado en los celos, torturándote.

El matrimonio es una institución establecida, no es natural; por eso, la naturaleza no te ha provisto de una mente que pueda adaptarse al matrimonio. Aunque la sociedad crea necesario que haya algún tipo de contrato legal entre los amantes, ya que el amor en sí es un sueño. No puedes contar con él; en este momento está ahí y al momento siguiente ha desaparecido.

Quieres estar seguro de que va a estar ahí el momento siguiente y para siempre. Ahora mismo eres joven, pero pronto serás viejo y querrás que tu mujer o tu marido estén contigo en tu vejez, cuando estés enfermo. Pero para eso hay que hacer alguna concesión, y siempre que se hacen concesiones hay problemas.

La desconfianza surge del matrimonio. El hombre siempre ha dudado de si el hijo era suyo o no. El problema es que el padre no tenía forma de determinar si el hijo era suyo. Solo lo sabía la madre. Y como el padre no tenía forma de estar seguro, fue construyendo más y más murallas alrededor de la mujer —era lo único que podía hacer, su única alternativa—, para desconectarla del resto de la humanidad. La mujer no recibía educación, porque la educación da alas a la gente, le da pensamientos, les capacita para rebelarse; de modo que las mujeres no recibían educación. Las mujeres tampoco recibían educación religiosa, porque la religión engendra personas religiosas. La sociedad ha sido machista desde hace muchos siglos y el hombre no puede tolerar que una mujer sea más elevada o más santa que él.

El hombre empezó a cortar de raíz cualquier posibilidad de desarrollo de la mujer. Solo era una fábrica de niños. En el mundo no hay ninguna cultura que la considere igual que el hombre. La mujer ha sido reprimida en todo el mundo. Cuanto más reprimida ha sido, más se ha agriado su energía. Y como ella no tiene libertad y el hombre sí la tiene, todas sus emociones, sentimientos y pensamientos reprimidos, toda su individualidad se ha convertido en un fenómeno de celos. Vive con miedo constante a que su marido la abandone, se vaya con otra mujer, se interese por otra mujer. Él puede abandonarla y ella no tiene educación ni independencia económica para mantenerse por sí misma. Ha sido educada de tal forma que no puede salir al mundo; siempre le han dicho que es débil.

Las escrituras hindúes dicen que el padre debe proteger a la niña durante la infancia, en la juventud debe protegerla su marido, y en la vejez debe hacerlo su hijo. Hay que protegerla desde que nace hasta que muere. No puede rebelarse contra la sociedad machista; lo único que puede hacer es encontrar faltas que, sin duda, están ahí. Casi nunca se equivoca; suele tener razón.

Siempre que un hombre se enamora de otra mujer, cambia su actitud respecto a su esposa. Vuelven a ser extraños, se destruyen los lazos de unión. Primero la castran y la esclavizan, y luego la abandonan. Toda su vida es un sufrimiento, y los celos surgen como consecuencia de ese sufrimiento.

Los celos son la ira de los débiles, de los que no pueden hacer nada pero por dentro están que hierven, de los que querrían quemar el mundo entero pero solo pueden llorar, gritar o patalear. Esta continuará siendo la situación hasta que el matrimonio acabe convirtiéndose en una pieza de museo.

En la actualidad, el matrimonio ya no es necesario. Es posible que en el pasado fuera útil, o tal vez no, pero lo que está claro es que era una excusa para esclavizar a las mujeres. Las cosas se podían haber hecho de otra manera; no obstante, volver al pasado no tiene ningún sentido. De cualquier manera, lo único bueno del pasado es que ¡ya no existe!

Tanto en el presente como en el futuro, el matrimonio es algo absolutamente irrelevante, no es consecuente con la evolución humana, y se contradice con todos nuestros apreciados valores de libertad, amor y felicidad.

Para mantener completamente cautiva a la mujer, el hombre escribió textos religiosos que la atemorizaban con el infierno y la dejaban aspirar al cielo siempre que obedeciera las reglas. Esas reglas solo existen para las mujeres, no para los hombres. Ahora está muy claro que dejar que la mujer siga viviendo en esa situación nociva de los celos, es perjudicial para su salud psicológica. Y la salud psicológica de la mujer influencia la salud psicológica del resto de la humanidad. La mujer debe convertirse en un individuo independiente.

La disolución del matrimonio será un gran evento festivo en la Tierra. Si amas a tu mujer o a tu marido, podéis vivir juntos toda la vida; nadie te lo impide. Eliminar el matrimonio es devolverte tu individualidad. Entonces nadie te posee. No tienes que hacer el amor con un hombre porque sea tu marido y tenga el derecho de exigírtelo. Desde mi punto de vista, que una mujer haga el amor con un hombre porque tiene que hacerlo, es prostituirse, y ¡no por unas horas, sino para toda la vida!

Si fuera por unas horas estaría mejor porque podrías alternar. La prostitución del matrimonio, para toda la vida, es peligrosa porque no tienes la oportunidad de alternar. Además, deberías tener más oportunidades, sobre todo cuando te casas por primera vez, puesto que eres un aficionado. Unos cuantos matrimonios te ayudarían a ser más maduro; tal vez encuentres a tu pareja ideal. Y por «pareja ideal» no quiero decir que esa persona esté «hecha para ti».

Ninguna mujer está hecha para un hombre determinado, y ningún hombre está hecho para una mujer determinada. Al decir pareja ideal me refiero a que después de haber tenido varias relaciones, sabrás qué cosas provocan situaciones desdichadas y qué cosas ayudan a forjar una vida amorosa, pacífica y feliz. En lo que al amor se refiere, vivir con diferentes personas es absolutamente imprescindible para llevar una vida armoniosa.

Primero tendrías que pasar por varias relaciones en la escuela, en la universidad, licenciarte en varias relaciones. Y no hace falta que tengas prisa por decidirte, no es necesario, el mundo es muy grande y cada individuo tiene una cualidad y una belleza únicas.

Al pasar por varias relaciones te vas dando cuenta de qué tipo de mujer o de hombre puede ser tu amigo, no un amo o un esclavo. Y la amistad no requiere de matrimonio porque es mucho más elevada.

Cuando tienes celos es porque los has heredado. Y tendrás que empezar a cambiar muchas cosas, no porque yo te lo diga, sino porque tú mismo te darás cuenta de que tiene que haber un cambio drástico.

Por ejemplo, está muy extendida la idea de que si el marido o la mujer se van de vez en cuando con otra persona, el matrimonio se destruirá. Eso es absolutamente falso. Al contrario, si todos los matrimonios tuviesen el fin de semana libre, se cimentaría más la relación, porque tu matrimonio no estaría limitando tu libertad, y tu pareja comprendería que hay que variar. Es una necesidad humana.

Los clérigos, los moralistas y los puritanos son los que determinan un ideal. Inventan bellos ideales y luego te obligan a seguirlos. Quieren que seas idealista. Hemos vivido durante diez mil años bajo la oscura y depresiva sombra del idealismo. Yo soy realista. No tengo ningún ideal. Para mí, comprender la realidad y adaptarse a ella es el único camino inteligente para cualquier hombre o mujer.

En mi opinión, si el matrimonio no fuera tan riguroso, tan rígido, si fuese más flexible, como una amistad... De ese modo si la mujer ha conocido a un hombre que le atrae y con el que quiera pasar el fin de semana, podría decirle a su marido: «Si quieres puedo presentártelo para que lo conozcas, a ti también te gustará». Y si el marido se comportase como un auténtico ser humano y no como un hipócrita, le diría: «Tu alegría y tu felicidad son las mías. Disfruta, porque sé que cada vez que vuelvas de disfrutar un nuevo amor, te sentirás renovada. Un nuevo amor te rejuvenecerá. Vete esta semana, es posible que la próxima yo tenga un plan».

Eso es la amistad. Al volver a casa puede hablar sobre el tipo de hombre que ha conocido, qué tal le ha ido, si ha sido como esperaba... Y él le puede hablar sobre la mujer que ha conocido. Tu casa es tu refugio. De vez en cuando, puedes volar hacia el cielo libre y salvaje y, cuando vuelvas, tu compañero te estará esperando, no para discutir, sino para compartir tus aventuras.

Solo se necesita un poco de comprensión. No tiene nada que ver con la moralidad, sino con un comportamiento más inteligente.

Sabes perfectamente que por muy bellos que sean una mujer o un hombre, al cabo de un tiempo, empiezan a exasperarte. La misma geografía, la misma topografía, el mismo paisaje... La mente humana no está preparada para la monotonía ni la monogamia. Buscar la variedad es algo absolutamente natural. Además, no va contra tu amor. De hecho, cuantas más mujeres conozcas, más apreciarás a la tuya, tu comprensión será mayor. Será una experiencia enriquecedora. Conociendo a unos cuantos hombres, te resultará más fácil entender a tu propio marido. El concepto de los celos desaparecerá; los dos seréis libres, no os ocultaréis nada.

Con los amigos se puede compartir todo, especialmente los momentos hermosos, de amor, de poesía, de música. Compartiéndolos tu vida será cada vez más rica. Estando en sintonía el uno con el otro podéis vivir toda vuestra vida juntos, aunque no estéis casados.

Mientras el matrimonio sea el pilar básico de la sociedad, los celos seguirán existiendo.

Dale libertad absoluta al hombre, de todo corazón. Dile que no necesita ocultar nada: «Si me ocultas algo me estarás insultando. Significa que no confías en mí. Estamos juntos para ser felices, para ser más dichosos. Haremos todo lo que sea necesario por el otro, pero no vamos a ser su carcelero».

Dar y disfrutar de libertad es una fuente de alegría. Podrías ser muy feliz, sin embargo, conviertes toda tu energía en sufrimiento, celos, peleas, en un constante esfuerzo por subyugar al otro.

Es muy sencillo: si te comprendes a ti mismo podrás comprender a tu pareja. ¿Acaso en tus sueños no aparecen otras personas? De hecho, no es frecuente que tu marido o tu mujer aparezcan en tus sueños. En los sueños de los casados nunca aparecen sus parejas, ¡ya tienen bastante con verlos cuando están despiertos! ¿Es que ni siquiera vas a poder ser libre por la noche, en tus sueños...?

En tus sueños estás con las mujeres o los maridos de tus vecinos. Deberías darte cuenta de que hemos creado una sociedad desequilibrada que no está de acuerdo con la naturaleza del ser humano. El deseo de diversidad es una cualidad esencial de cualquier persona inteligente. Cuanto más inteligente seas, más variedad querrás, entre inteligencia y variedad existe una clara relación. Las vacas están satisfechas con un tipo de hierba; durante toda su vida no prueban otro tipo de hierba. No tienen la capacidad mental de cambiar, conocer nuevas cosas, descubrir nuevos territorios, aventurarse a nuevos espacios.

Los poetas, los pintores, los bailarines, los músicos y los actores, son personas más amorosas, pero su amor no se enfoca en el individuo. Son más amorosos, pero con todos los seres con los que entran en contacto. Son inteligentes, representan nuestra parte creativa. Los idiotas no quieren cambiar nada. Tienen miedo a cambiar porque el cambio significa que tienen que volver a aprender algo. Lo que los idiotas quieren es aprender algo que les sirva para toda la vida, ya sea con una máquina, una mujer o un marido. Cuando conoces a una mujer te acostumbras a sus reproches. Si de improviso deja de regañarte, esa noche no podrás dormir, ¿qué habrá ocurrido? ¿Habré hecho algo malo?

Uno de mis amigos se quejaba de su mujer constantemente:

—Siempre está triste, con la cara larga, y no me apetece estar en casa. Intento pasar la mayor parte del tiempo en los bares, pero finalmente tengo que volver a casa y me la encuentro ahí.

—Haz este experimento —le propuse—. Me imagino que, como

ella siempre está tan seria y quejumbrosa, tú no entras en casa sonriendo.

—¿Cómo podría? En cuanto la veo hay algo que me paraliza, ¿sonreír? —dijo él.

—Solo haz un experimento. Hoy llévale un bonito ramo de rosas y el mejor helado de la ciudad. ¡Y entra en casa sonriendo, cantando una canción! —le dije.

—Está bien —contestó—, pero no creo que eso vaya a cambiar nada.

—Yo iré detrás de ti para comprobar si cambia algo o no —le dije.

El pobre tipo lo intentó. De camino hacia su casa, le entró la risa muchas veces.

—¿De qué te ríes? —le pregunté.

—¡Me río de lo que estoy haciendo! ¡Yo esperaba que me aconsejases que me divorciara, y aquí estoy como si estuviera a punto de salir de luna de miel! —me respondió.

—Imagínate que fuese tu luna de miel... haz un esfuerzo —le pedí.

Cuando abrió la puerta, su mujer estaba esperándole. Él sonrió y después se rió de sí mismo por estar sonriendo..., y su mujer se quedó petrificada. Le entregó las flores y el helado. Yo entré detrás de él.

La mujer no podía creer lo que estaba viendo. Cuando el hombre fue al cuarto de baño, ella me preguntó:

—¿Qué ocurre? Jamás me ha regalado nada, nunca me ha sonreído ni me ha invitado a salir, nunca ha hecho que me sintiera querida, respetada. ¿Ha ocurrido un milagro?

—No pasa nada —le respondí—. Los dos habéis estado actuando de forma incorrecta. Ahora, cuando salga del cuarto de baño, dale un buen abrazo.

—¿Un abrazo? —se sorprendió.

—¡Sí, dáselo! Le has dado muchas cosas, ahora dale un buen abrazo. Es tu marido, habéis decidido vivir juntos. Si queréis vivir juntos hacedlo con alegría; en caso contrario, deciros adiós con alegría. No hace falta... la vida es muy corta. ¿Por qué malgastar inútilmente la vida de dos personas? —le pregunté.

En ese mismo momento el hombre salió del cuarto de baño. La mujer dudó un instante, pero yo la empujé, así que abrazó a su marido. Su sorpresa fue tal que ¡se cayó al suelo! Lo último que podía imaginar era que ella le diera un abrazo.

Yo le ayudé a levantarse y le pregunté:

—¿Qué te ha ocurrido?

—Es que nunca me habría imaginado que esta mujer fuera capaz de abrazar y besar, ¡pero sí que puede! Y cuando me sonrió, estaba preciosa —me dijo.

Dos personas que viven juntas y están enamoradas deberían dar mucha importancia a que su relación crezca constantemente y dé flores y alegrías nuevas cada estación. Basta con estar sentados en silencio el uno junto al otro. Pero eso solo es posible si dejamos a un lado la anticuada idea del matrimonio. Sobrepasar la amistad no es natural, y cuando el matrimonio es certificado por la ley, la propia certificación lo mata. No se puede someter al amor a las normas de la ley.

El amor es la ley suprema. Solo tienes que descubrir su belleza, su tesoro. No se trata de repetir como un loro los grandes valores que convierten al ser humano en la expresión más elevada de la conciencia en este planeta, sino de ponerlos en práctica en tu relación.

Pero yo he podido observar lo siguiente: si uno de los miembros de la pareja empieza a hacer lo correcto, tarde o temprano, el otro le seguirá. Porque los dos están sedientos de amor, pero no saben cómo conseguirlo.

En la universidad no te enseñan que el amor es un arte y que nadie nace sabiendo cómo es la vida; tienes que aprenderlo desde el principio. Es una suerte que tengamos que descubrir por nosotros mismos cada tesoro que oculta la vida. Y el amor es uno de los mayores tesoros de la existencia.

Pero, en vez de convertirse en compañeros de viaje en la búsqueda del amor, las parejas pierden el tiempo discutiendo, teniendo celos.

Toma conciencia y empieza a cambiar tú, no esperes a que lo haga el otro. Verás como el otro te seguirá. No cuesta nada sonreír, no cuesta nada amar, no cuesta nada compartir tu felicidad con la persona que amas.

Me da la sensación de que los celos no solo surgen en las relaciones románticas, sino en todo tipo de interacción entre las personas. Quizá la palabra correcta sea «envidia», pero de cualquier manera significa que estoy resentido con alguien porque tiene algo que yo quisiera tener y no puedo. ¿Puedes decirnos algo sobre este tipo de celos?

Nos han enseñado a comparar, se nos ha condicionado a compararlo todo. Siempre hay alguien que tiene una casa mejor, una figura mejor, más dinero o una personalidad más carismática. Compara, sigue comparándote con todos los que pasan a tu lado, y acabarás con una enorme envidia. Esa es la consecuencia de estar condicionado por la comparación.

Por otra parte, si dejas de comparar desaparecerá la envidia. Simplemente sabes que tú eres tú y nadie más, y tampoco hace falta que seas nadie más. Menos mal que no te comparas con los árboles, si no, empezarían a darte mucha envidia... ¿Por qué no eres verde? ¿Por qué ha sido tan dura la existencia contigo negándote la posibilidad de dar flores? Menos mal que no te comparas con los pájaros, los ríos, las montañas; si lo hicieras, sufrirías. Solo te comparas con los seres humanos porque te han condicionado para ello. Si te comparases con los pavos reales o los loros, tu envidia iría en aumento hasta que, al final, te pesaría tanto que no te dejaría vivir.

La comparación es una actitud muy necia; cada persona es única e incomparable. Cuando llegas a esta conclusión, la envidia desaparece.

Cada ser es único e incomparable; no hay nadie igual que tú, nadie ha sido como tú ni lo será. Y además, no necesitas ser como nadie. La existencia solo produce originales; no es amiga de las copias.

Un grupo de gallinas picoteaba por el patio cuando, de repente, pasó volando un balón desde el otro lado de la valla y aterrizó justo en medio de ellas. El gallo se acercó bamboleándose, examinó el balón y dijo: «No es que quiera quejarme, chicas, pero fijaos en el trabajo que desechan los de al lado».

Las cosas importantes siempre le ocurren al vecino. El césped es más verde, las rosas son más rosas, y todo el mundo es más feliz que tú. Siempre estás comparando. Y es algo que le ocurre a todo el mundo, todos comparan. Es posible que ellos piensen que tu césped es más verde —desde lejos siempre se ve más verde—, y que tu mujer es más guapa. Tú estás harto de ella, no entiendes cómo has podido dejarte atrapar por esa mujer, no sabes cómo quitártela de encima y, sin embargo, ¡tu vecino puede envidiarte por lo guapa que es tu mujer! Tú también puedes envidiarle a él por el mismo motivo, y seguramente, él opina lo mismo de su mujer.

Todo el mundo tiene envidia de todo el mundo. Por culpa de la envidia vivimos en un infierno y nos volvemos mezquinos.

Un anciano granjero observaba consternado la devastación que había provocado la inundación.

—¡Marcelino! El agua se ha llevado todos tus cerdos.

—¿Y los de Pedro? —preguntó el granjero.

—También han desaparecido.

—¿Y los de Benito?

—También.

—¡Ah, bueno! —gruño el granjero alegrándose—. Entonces, no es tan grave como creía.

Cuando los demás sufren, te sientes mejor. Cuando los demás pierden algo, te sientes bien; sin embargo, te molesta que los demás estén contentos y tengan éxito. Pero, en primer lugar, ¿cómo ha entrado en tu cabeza la idea del otro? Te lo repetiré una vez más: ha sido porque no has dejado que fluyera tu propia energía.

No has dejado que aumente tu dicha, no has dejado que florezca tu ser y, por eso, sientes un vacío dentro de ti. Te fijas en lo exterior de todo el mundo porque es lo único que se puede ver. Conoces tu interior y el exterior de los demás, y eso te provoca envidia. Ellos conocen tu exterior y su interior, y también les provoca envidia.

Solo tú conoces tu interior. Sabes que allí no eres nada, no vales nada. Exteriormente, los demás aparentan ser muy felices. Es posible que sus sonrisas sean falsas pero ¿cómo puedes saberlo? A lo mejor sus corazones están sonriendo. Tú sabes que tu sonrisa es falsa porque tu corazón no está sonriendo en absoluto, tal vez esté llorando desconsolado.

Tú, y solo tú, conoces tu interioridad; nadie más. De todos los demás solo conoces el exterior, pero, al igual que tú, lo han adornado. El exterior es lo que se exhibe, y es muy engañoso.

Esta es una antigua historia sufí:

> Había un hombre que se sentía agobiado por su sufrimiento. Todos los días, le preguntaba a Dios: «¿Por qué me ocurre esto a mí? Todo el mundo parece feliz, ¿por qué me habrá tocado a mí sufrir tanto?». Un día, en plena desesperación, le suplicó a Dios: «Estoy dispuesto a aceptar el sufrimiento de cualquier otra persona, pero quédate con el mío. Ya no lo aguanto más».
>
> Esa noche tuvo un sueño maravilloso, precioso, y muy revelador. En su sueño, Dios aparecía en el cielo diciéndole a todo el mundo: «Traed todo vuestro sufrimiento al templo». Todo el mundo estaba hastiado de su sufrimiento; en alguna ocasión, todos habían suplicado: «Estoy dispuesto a aceptar el sufrimiento de otra persona, pero quítame el mío; es demasiado, no puedo soportarlo más».

Cada uno metió todo su sufrimiento en una bolsa y, muy felices, se dirigieron hacia el templo. ¡Por fin había llegado el día que habían estado esperando, Dios había escuchado su oración! Nuestro hombre también corrió hacia el templo.

Dios les dijo: «Poned vuestras bolsas junto a la pared». Pusieron todas las bolsas junto a la pared y entonces, prosiguió: «Ahora podéis elegir. Que cada uno coja la bolsa que quiera».

¡El hombre que siempre le estaba rezando a Dios salió corriendo inmediatamente a por su propia bolsa antes de que se la quitaran! Y lo más sorprendente es que todo el mundo había hecho lo mismo y estaban felices de poder recuperar su bolsa.

¿Por qué? Porque, por primera vez, todos vieron las desgracias y el sufrimiento de los demás. ¡Se dieron cuenta de que las bolsas de los demás era tan grandes o más que las suyas propias!

Además, todo el mundo se había acostumbrado a su propio sufrimiento. Escoger ahora el de otra persona... ¿Quién sabe qué clase de sufrimientos habrá en esa bolsa? ¿Para qué tomarse la molestia? Tus sufrimientos, al menos, te son familiares, estás acostumbrado a ellos. Y son tolerables; los has tolerado tantos años que ¿por qué ibas a escoger algo que no conoces?

Todo el mundo se fue a casa contento. Nada había cambiado, se llevaban de nuevo el mismo sufrimiento, pero estaban felices de poder llevarse su propia bolsa.

Por la mañana, el hombre le rezó a Dios y le dijo: «Gracias por el sueño; nunca te lo volveré a pedir. Todo lo que me has dado es bueno para mí, debe de serlo, por eso me lo has dado».

La envidia hace que seas mezquino con los demás y que siempre estés sufriendo. La envidia es la responsable de que empieces a ser falso y a fingir. Empiezas a presumir de cosas que no tienes, que no puedes tener o que no son naturales. Cada vez te vuelves más artificial. Imitas a los demás, compites, ¿qué puedes hacer? Si alguien tiene algo que tú ni tienes, ni puedes tener, lo único que puedes hacer es conseguir un sucedáneo barato.

> Una pareja había pasado un verano estupendo en Europa. Fueron a todas partes e hicieron de todo. París, Roma... a todos los lugares que uno pueda imaginar. Pero, al volver a casa, pasaron mucha vergüenza en la aduana. Como ya se sabe, los aduaneros examinan todos los objetos personales. Abrieron la maleta y sacaron tres pelucas, ropa interior de seda, perfume, tinte para el cabello... Fue bochornoso. ¡Y eso que solo era la maleta del hombre!

Si miras en tu bolsa encontrarás tantas cosas artificiales, engañosas, falsas... y ¿para qué? ¿Por qué no puedes ser natural y espontáneo? Es por culpa de la envidia.

Las personas envidiosas viven en un infierno. Deja de comparar y desaparecerán por completo la envidia, la mezquindad y la falsedad.

Pero solo podrás dejar de comparar cuando empieces a desarrollar tus tesoros interiores; solo entonces. Crece, vuélvete un individuo cada vez más auténtico. Ámate y respétate tal como te ha hecho la existencia; entonces, inmediatamente se abrirán para ti las puertas del cielo. Siempre han estado abiertas, lo que pasa es que tú nunca has mirado hacia allí.

Desconfío mucho de mi mujer, aunque sé que es inocente. ¿Qué puedo hacer para dejar de desconfiar?

Debe de haber algo en ti de lo que realmente desconfías. Hasta que no confíes en ti mismo, no podrás confiar ni en tu mujer ni en nadie. Cuando desconfías de ti mismo proyectas tu desconfianza sobre la gente que hay a tu alrededor. El ladrón cree que todos son de su misma condición. Es natural, porque se conoce a sí mismo y es la única forma que tenemos de conocer a los demás.

Lo que piensas de los demás generalmente es una declaración de lo que piensas de ti mismo. Tú sabes que si tu mujer no te estuviese observando constantemente, la engañarías. Empezarías a coquetear con alguna otra mujer, ¡lo sabes! De ahí el miedo: «Quién sabe si cuando estoy en la oficina, mi mujer estará coqueteando con algún vecino». Tú sabes perfectamente lo que te está ocurriendo con tu secretaria, y eso es lo que provoca el problema.

Por eso dices: «Aunque mi mujer es inocente, sigo desconfiando». Seguirás desconfiando mientras algo no cambie en ti. No se trata de tu mujer; en realidad, todas las cuestiones que surgen tienen que ver contigo.

Un comerciante salió para un viaje de un fin de semana, pero no regresaba a casa. Cada pocas semanas le mandaba un telegrama a su mujer diciendo: «No puedo volver, sigo de compras». Siempre el mismo telegrama: «No puedo volver, sigo de compras». Las cosas continuaron así durante tres o cuatro meses, hasta que finalmente su mujer le mandó un telegrama diciendo: «Será mejor que vuelvas, ¡estoy vendiendo lo que tú compras!».

Así son las cosas en la vida.

Una pareja, bajo los efectos de la resaca, hablaba de la fiesta salvaje que habían tenido la noche anterior.

«Cariño —dijo el marido—, me da mucho apuro preguntártelo, pero ¿fue contigo con quien hice el amor ayer sobre la estantería?»

Reflexionando, su mujer le miró y le dijo: «¿Hacia qué hora?».

Básicamente, lo que pasa es que desconfías de ti mismo. Sospechas de ti. A lo mejor estás reprimiéndote demasiado, y siempre que alguien se reprime, empieza a hacer proyecciones sobre los demás. Alguien que tiene instinto asesino teme a menudo que los demás quieran asesinarle; se pone paranoico. Una persona muy violenta siempre tiene miedo: «Los demás son tan violentos que tengo que estar en guardia».

La gente no confía en sí misma, por eso no pueden confiar en nadie, ni en su mujer, ni en su amigo, ni en su padre, ni en su madre, ni en sus hijos. La gente vive en una desconfianza crónica. Y eso se debe principalmente a que no han podido aceptar su realidad.

Si puedes aceptar que a veces te atraen otras mujeres, no pasa nada. Entonces, tu mujer también se puede sentir atraída por otro hombre. Pero si lo rechazas en tu propio ser, si lo condenas, también condenarás a los demás.

Para mí un santo es aquel que es capaz de perdonar a todo el mundo, porque se conoce a sí mismo. Pero tus santos son incapaces de perdonar. Tus santos inventan infiernos cada vez más perfectos. ¿Por qué? Porque todavía no han sido capaces de aceptarse a sí mismos.

Cuentan que un joven abogado, bastante atractivo, se vanagloriaba de que ninguna mujer podía resistirse a sus encantos. Un día, empezó a trabajar una secretaria muy atractiva y todos los hombres intentaron seducirla durante semanas, sin éxito.

El joven abogado se jactaba de que si apostaban el dinero suficiente, él lo conseguiría. Cuando le preguntaron cómo iba a demostrarlo, él dijo que poniendo una grabadora debajo de su cama.

Cuando todos habían apostado, la invitó a cenar y, al final de la noche, no solo había conseguido entrar en su apartamento, sino que estaba metido en la cama con ella; entonces, puso en marcha la grabadora.

Al cabo de un rato, dando fe de su reputación, su secretaria, estremeciéndose de excitación, exclamó en voz alta: «¡Sigue besándolo, cariño, sigue besándolo!».

En ese momento, haciendo gala de su condición de abogado, se inclinó bajo la cama y declaró en la grabadora: «Quiero que en la grabación conste que la mujer se ha referido a su pecho izquierdo».

La mente de un abogado siempre desconfía y se imagina lo peor. Debía de estar preocupado: «¡Sigue besándolo, cariño, sigue besándolo!». Sigue besando, ¿el qué? La grabación no lo especificaba y eso podía levantar sospechas.

Pero así es la mente de todo el mundo, astuta, calculadora, desconfiada. La mente siempre vive en una especie de desconfianza, de duda. La mente se mueve en el entorno de la duda.

La cuestión no es cómo confiar en tu mujer, sino cómo confiar. La mente vive en el entorno de la duda, se nutre de la duda. Mientras no sepas desconectar de la mente cuando no la necesites, y bajar al corazón, no podrás confiar.

El entorno del corazón es la confianza. La mente no puede confiar; es incapaz de hacerlo, y todos nos hemos quedado atascados en la cabeza. Por eso, aunque digamos que confiamos, no es cierto. Insistimos en decir que confiamos, pero la propia insistencia demuestra que no es verdad. Queremos confiar, fingimos que confiamos y queremos que los demás crean que confiamos, pero, en realidad, no lo hacemos. En lo referente a la confianza, la cabeza es impotente. La cabeza es el mecanismo de la duda, es una interrogación constante.

Tienes que aprender a bajar al corazón; la sociedad lo ha evitado. La sociedad no te enseña el camino del corazón, solo te enseña el camino de la mente. Te enseña matemáticas, lógica, ciencia..., pero lo único que hace todo eso es cultivar la duda.

La ciencia se desarrolla a través de la duda; la duda es una bendición para la ciencia. Pero, a medida que la ciencia ha ido desarrollándose, el hombre ha ido encogiéndose. La naturaleza humana ha desaparecido; el amor es casi un mito. El amor ha dejado de ser una realidad sobre la Tierra. ¿Cómo va a serlo? El corazón ha dejado de latir.

Incluso cuando amas, en realidad solo crees que amas; es algo que viene a través de la cabeza. Y la facultad de amar no reside en la cabeza.

Empieza a meditar. Empieza a desconectarte del constante parloteo de la mente. Poco a poco, se irá quedando callada. Ponte a hacer cosas para las que no se requiera la mente, por ejemplo, bailar. Baila, hazlo desenfrenadamente, para bailar no necesitas la mente. Puedes perderte en la danza. Cuando te pierdes en la danza, el corazón vuelve a funcionar.

Sumérgete en la música. Poco a poco, descubrirás el mundo del corazón, que es totalmente distinto. En el corazón siempre hay confianza. Así como la mente no sabe confiar, el corazón no sabe dudar.

Del miedo al amor

Fíjate en las preguntas tan absurdas que hace la gente: ¿Cómo amar, cómo bailar, cómo meditar? ¿Cómo vivir? Son absurdas... Lo que muestran es pobreza, la pobreza interna del ser humano. A fuerza de ir posponiéndolo todo, poco a poco, lo ha olvidado.

Todos los niños saben amar, bailar y vivir. Los niños llegan completos, con todo lo que necesitan. Solo tienen que empezar a vivir.

¿Te has dado cuenta? Si un niño ve que estás llorando se acercará a ti. No te dirá nada, no puede convencerte para que dejes de llorar, pero pondrá su mano en la tuya. ¿Te has fijado en su forma de tocar? Nadie te tocará como lo hace un niño, un niño puede tocar, sabe tocar. Cuando crece, la gente se vuelve fría, dura. Tocan, pero de sus manos no fluye nada. Cuando te toca un niño... la ternura de su tacto, su suavidad, el mensaje. El niño pone en ello todo su ser.

Todo el mundo nace con lo que necesita para vivir. Cuantas más cosas vives, más preparado estás para vivir. Esa es la recompensa. Cuantas menos cosas vives, menos preparado estás. Ese es el castigo.

La totalidad que tienes que buscar está en tu interior. Debes observar tu vida en cada momento y deshacerte de todo lo momentáneo e incompleto. Sé que puede resultar muy emocionante pero, al final, es superficial. ¡Deshazte de ello! Observa con atención los momentos que tal vez no parezcan tan emocionantes. Lo eterno no puede ser muy emocionante, porque todo lo que es para siempre tiene que ser silencioso, pacífico. Por supuesto, es gozoso, pero no emocionante. Profundamente gozoso, pero no es ruidoso. Tiene más que ver con el silencio que con el ruido. Para poder distinguirlo, tendrás que desarrollar tu capacidad de observación.

El miedo no es malo, forma parte de tu inteligencia. El miedo solo nos muestra que la muerte existe, y que nosotros, los seres humanos, solo estamos aquí un momento. Ese temblor nos dice que no vamos a estar aquí permanentemente; solo unos días más y habrás desaparecido.

De hecho, debido a ese miedo, los seres humanos se han dedicado a descubrir afanosamente qué significa ser religioso; si no existiera el miedo, no habría ninguna razón. Los animales no son religiosos porque no tienen miedo, no pueden ser religiosos porque no tienen conciencia de la muerte. Los seres humanos sí la tienen. La muerte está presente en todo momento, siempre está a tu alrededor, puedes desaparecer en cualquier momento. Eso te hace temblar. ¡No te avergüences, tiembla! Pero, entonces, el ego dice: «El miedo no va contigo, no es propio de ti, es de cobardes, y tú eres valiente».

Admite el miedo, no tiene nada que ver con la cobardía. Solo hay una cosa que tienes que entender: cuando tengas miedo y estés temblando, obsérvalo, disfrútalo. Al observarlo, lo trascenderás. Verás que el cuerpo tiembla, verás que la mente tiembla, pero sentirás que dentro de ti hay un punto, un centro profundo al que no le afecta. La tormenta pasa, pero en algún lugar, en lo más profundo de ti, hay un centro que permanece inalterado, el ojo del huracán.

Acéptalo, no luches contra ello. Observa lo que sucede. Sigue observando. A medida que tu capacidad de observar se vaya haciendo más penetrante e intensa, el cuerpo empezará a temblar, la mente empezará a temblar, pero en lo más profundo de tu ser habrá una conciencia que solo es un testigo, que solo observa. Y permanece inalterada, como una flor de loto en el agua. Solo cuando consigas eso, dejarás de tener miedo.

Pero esa ausencia de miedo no es valentía, esa ausencia de miedo no es valor. Esa ausencia de miedo es el reconocimiento de que en ti hay dos partes: una parte que morirá y otra que es eterna. La parte que muere siempre tendrá miedo, y la parte que no muere, al ser inmortal, no tiene sentido que tenga miedo. Entonces hay una armonía profunda. Puedes usar el miedo para meditar. Usa todo lo que tengas para meditar, y así podrás trascender.

La emoción más fuerte que tengo es el odio a la muerte. ¡Me gustaría acabar con ella de una vez por todas!

Odiar la muerte es odiar la vida. La muerte y la vida no están separadas, no pueden estarlo, van juntas, no hay forma de separarlas. Esa separación solo es una abstracción de la mente; es absolutamente falsa. La vida implica muerte, la muerte implica vida. Son polos opuestos pero complementarios.

La muerte es el apogeo de la vida. Si odias la muerte, ¿cómo vas a amar la vida? Pero hay un gran malentendido: los que creen amar la vida siempre odian la muerte, y al odiar la muerte, son incapaces de vivir. La capacidad de vivir, de vivir al máximo, solo se adquiere cuando estás dispuesto a morir al máximo. Guardan una proporción directa. Si vives a medias, morirás a medias. Si vives intensamente, totalmente, peligrosamente, también morirás en un orgasmo profundo. La muerte es el crescendo, la vida llega a su apogeo con la muerte. El orgasmo del amor que tú conoces no es comparable al orgasmo que te proporciona la muerte. Todas las alegrías de la vida, comparadas con la felicidad que te proporciona la muerte, son insignificantes.

¿Qué es exactamente la muerte? La muerte es la desaparición de una falsa entidad en ti, el ego. La muerte también ocurre en el amor a escala más pequeña, de forma parcial, de ahí la belleza del amor. Por un instante, mueres, por un instante, desapareces. Durante un instante, no estás ahí, te posee el todo. Desapareces como parte, te armonizas con la totalidad. Ya no eres una ola en el océano, te has convertido en el propio océano.

Por eso, las experiencias orgásmicas son oceánicas. Y en el sueño profundo ocurre lo mismo, el ego desaparece, la mente deja de funcionar, vuelves a tu alegría original. Pero nada de esto se puede comparar con la muerte. Estas son cosas parciales. El sueño es una pequeña muerte; cada mañana vuelves a despertar de nuevo. Sin embargo, si has dormido profundamente, estás alegre durante todo el día, en el fondo de tu corazón sigue habiendo cierta tranquilidad. El día que duermes bien vives de otra manera. Si no has podido dormir bien estarás perturbado todo el día. Estarás irritado, de mal humor, sin motivo alguno. Cualquier nimiedad se convertirá en una molestia. Estarás enfadado, no con una persona en particular, pero estarás enfadado. Tu energía no está en casa, se ha extraviado. Te sientes desplazado.

La muerte es un gran sueño. Toda la agitación de tu vida —setenta, ochenta o noventa años de agitación—, todas las desgracias, emociones, confusiones y ansiedades de la vida simplemente desaparecen, dejan de ser relevantes. Regresas a la unidad original de la existencia. Te vuelves parte de la tierra. Tu cuerpo desaparece en la tierra, tu respiración desaparece en el aire, tu fuego vuelve al sol, tu agua, a los océanos, y tu cielo interno se encuentra con el cielo externo. Eso es la muerte. ¿Cómo es posible odiar la muerte?

Debe de haber algún malentendido. Quizá tienes la idea de que la muerte es tu enemigo. La muerte no es tu enemigo, sino tu mejor amigo. Hay que darle una buena acogida a la muerte, hay que esperarla con un corazón amoroso. Si piensas que la muerte es tu enemigo, morirás

—todo el mundo tiene que morir, tu idea no va a hacer que eso cambie—, pero lo harás con angustia porque estarás resistiéndote, luchando. Con la resistencia y la lucha destruirás toda la alegría que solo la muerte puede proporcionarte. La muerte, que podía haber sido un gran éxtasis, no será más que una angustia.

Cuando algo es muy angustioso, caemos en la inconsciencia. La tolerancia tiene un límite, solo se puede aguantar hasta cierto punto. Por eso, el noventa y nueve por ciento de la gente muere en un estado inconsciente. Están luchando, luchan hasta el final. Y cuando ya no pueden seguir luchando —porque han agotado toda su energía—, caen en una especie de desfallecimiento. Su muerte es inconsciente.

Morir inconsciente es una desgracia enorme porque, entonces, no recordarás lo que ha sucedido. No recordarás que la muerte es la puerta hacia lo divino. Pasarás por esa puerta, pero en una camilla, inconsciente. Habrás vuelto a perder una gran oportunidad.

Por eso nos olvidamos de nuestras vidas pasadas. Si mueres conscientemente no las olvidarás porque no habrá ningún intervalo, sino una continuidad. Recordarás tu vida pasada, y es muy importante recordarla. Si recuerdas tu vida pasada no volverás a cometer los mismos errores. De lo contrario, seguirás dando vueltas en un círculo vicioso, siempre el mismo ciclo, la misma rueda dando vueltas y vueltas. Volverás a tener las mismas ambiciones y volverás a cometer los mismos errores, porque creerás que es la primera vez que lo haces. Lo has hecho millones de veces pero cada vez que mueres se crea un intervalo porque estabas inconsciente y pierdes la continuidad con tu pasado; la vida vuelve a empezar desde cero.

Por eso no puedes evolucionar y convertirte en un buda. La evolución requiere el conocimiento del pasado para no volver a cometer los mismos errores. Poco a poco, los errores van desapareciendo. Poco a poco, acabas por darte cuenta de que es círculo vicioso e irás adquiriendo la capacidad de salir de él.

Si mueres inconsciente, volverás a nacer inconsciente, porque la muerte y el nacimiento están a ambos lados de la misma puerta. En un lado pone «Muerte» y en el otro «Nacimiento». Es la entrada y la salida, es una sola puerta.

Por eso no recuerdas el momento de tu nacimiento, no recuerdas los nueve meses en el útero, no recuerdas haber pasar por el parto, no recuerdas las dificultades que tuviste que superar, no recuerdas el trauma del nacimiento. Pero el trauma del nacimiento te sigue afectando y te afectará toda tu vida.

Hay que entender ese trauma pero, para entenderlo, antes hay que recordarlo. ¿Cómo vas a recordarlo? Tienes tanto miedo a la muerte y al nacimiento que el propio miedo te impide acercarte a ello.

Dices: «La emoción más fuerte que tengo es el odio a la muerte». Odiar la muerte es odiar la vida. Ama la vida y, a la vez, surgirá un amor natural por la muerte, porque la vida conlleva la muerte. La muerte no está en contra de la vida, es el florecimiento de todo lo que la vida contiene en forma de semilla. La muerte no surge de la nada, crece dentro de ti; es tu florecimiento, tu florecer.

¿Alguna vez has visto morir a un hombre verdadero? No es muy corriente, pero si lo has visto, te habrá sorprendido ver que la muerte vuelve hermosa a esa persona. Nunca fue tan hermosa, ni en su infancia, porque entonces era ignorante; ni en su juventud, porque estaba enfebrecida por la pasión. Pero cuando llega la muerte, todo se relaja. Ha desaparecido la insensatez de la infancia y la locura de la juventud, así como las calamidades, enfermedades y limitaciones de la vejez. Te liberas del cuerpo. Surge una gran alegría desde tu ser más profundo que se extiende por todas partes.

En los ojos de un verdadero hombre que está muriendo se puede ver una llama que no es de este mundo. En su rostro se puede ver el esplendor del más allá. Puedes sentir el silencio, el silencio sin lucha, el silencio sin resistencias del hombre que, poco a poco, esta yendo hacia la muerte con una gran gratitud y aceptación por todo lo que la vida le ha dado, por toda la generosidad de la existencia. Está lleno de agradecimiento.

En su presencia sentirás un espacio completamente distinto. Él morirá como todos deberíamos morir. Se liberará tanta libertad que aquellos que estén cerca de él se sentirán embriagados por ella, les transportará.

En Oriente, siempre se ha considerado un acontecimiento; cada vez que muere un maestro, miles e incluso millones de personas se reúnen para presenciar ese gran fenómeno. El simple hecho de estar en las proximidades, cerca, viendo cómo se libera la última fragancia, la última canción que cantará este hombre, y la luz que se produce cuando se separan el cuerpo y el alma, es deslumbrante, una gran iluminación.

Actualmente, los científicos saben perfectamente que cuando divides un átomo, como resultado de esa división, de ese fraccionamiento, se libera una gran cantidad de energía. Cuando se separan el cuerpo y el alma se libera mucha más energía aún. Han estado unidos millones de vidas, y ahora, de repente, ha llegado el momento de dividirse. En esa división se libera una gran cantidad de energía. Esa liberación de energía se puede convertir en una gran ola que todos aquellos que quieran pueden aprovechar. Tendrán enormes experiencias extáticas.

No odies la muerte. Aunque no es algo que le ocurre únicamente a quien hace la pregunta, sino a casi todo el mundo, porque la filosofía que nos han enseñado es muy falsa. Nos han dicho que la muerte va contra la vida, pero eso no es verdad. Nos han dicho que cuando llega la muerte, destruye la vida. Eso es un absoluto disparate. La muerte llega para completar la vida.

Si tu vida ha sido bella, con la muerte alcanzarás su máxima belleza. Si tu vida ha sido una vida de amor, la muerte te dará la mayor experiencia de amor. Si tu vida ha sido una vida meditativa, la muerte te llevará a la conciencia absoluta. La muerte realza, así que si has llevado una vida equivocada, por supuesto, la muerte también lo realzará. La muerte es una gran lente de aumento. Si has vivido enfadado, cuando llegue la muerte, lo único que verás dentro de ti será el infierno, el fuego. Si has vivido odiando, la muerte amplificará el odio. ¿Qué puede hacer la muerte? La muerte se limita a amplificar, a reflejar, pero el responsable eres tú. La muerte no es más que un fenómeno reflectante.

No odies la muerte, si lo haces, te perderás la muerte y la vida también.

Dices: «La emoción más fuerte que tengo es el odio a la muerte». Estás derrochando tu emoción más intensa inútilmente.

Ama la vida. No seas negativo; la negación no te lleva a ninguna parte. No odies la oscuridad, ama la luz. Dedica toda tu energía a amar y te sorprenderás, te quedarás anonadado. Si amas la luz, un día te darás cuenta de que la oscuridad no es más que una fase de la luz, la fase de descanso de la luz.

No odies el mundo, como tus mal llamados santos te han estado diciendo siempre. Ama la vida, ama este mundo, porque cuando tu amor llegue a su máxima intensidad, descubrirás la divinidad aquí y ahora. Está oculta. Se esconde en los árboles, en las montañas, en los ríos, en la gente, en tu mujer, en tu marido, en tus hijos. Si odias la vida, si odias el mundo y huyes de él, te estarás alejando de la divinidad.

Afirma la vida, deja que tu energía se enfoque en lo positivo. Lo negativo no es una forma de vida; nadie puede vivir en lo negativo. En lo negativo, la gente solo se suicida. Todos los negativos son suicidas. Solo la afirmación, la afirmación total, te puede llevar a la realidad.

Dices: «La emoción más fuerte que tengo es el odio a la muerte. ¡Me gustaría acabar con ella de una vez por todas!».

No puedes hacerlo. Nadie puede hacerlo; es imposible, no está dentro de la naturaleza de las cosas. El día que naciste, la muerte adquirió una realidad absoluta. Ahora no es posible evitarla. La muerte solo podrá disolverse cuando se disuelva el nacimiento. ¡Ya te has muerto! El mismo día que naces, mueres, porque la muerte se determina justo en el nacimiento. Si realmente no quieres volver a morir, tendrás que hacer algo para no volver a nacer.

Este es el punto de vista oriental: cómo hacer para no volver a nacer. Hay formas de conseguirlo. Si desaparece el deseo no volverás otra vez. El deseo es lo que te lleva a un cuerpo; el deseo es el pegamento que te mantiene adherido al cuerpo. Cuando desaparece este el deseo crea otro, y así sucesivamente. Disuelve el deseo y no tendrás que nacer otra vez. Si desaparece el nacimiento, desaparecerá espontáneamente la muerte. Entonces solo habrá vida eterna, sin nacimiento ni muerte.

Esta es la mejor medicina, la medicina de no nacer y no morir. Ese es el punto de vista, la perspectiva, el enfoque oriental. Pero recuerda: no puedes luchar contra la muerte. Lo único que puedes hacer es disolver el nacimiento y así disolver la muerte. Lo que ocurre normalmente es que amamos el nacimiento, la vida, y por eso odiamos la muerte. Pues bien, eso es imposible, te volverás loco.

Dices: «¡Quiero matarla!». Si realmente quieres matar a la muerte, acéptala. Acéptala totalmente, y en esa aceptación desaparecerá. Porque, en realidad, tú nunca mueres, solo muere el ego. Si aceptas totalmente la muerte, tú mismo te habrás librado del ego. Ella no tendrá que hacer nada; tú habrás hecho todo el trabajo. ¿Qué se llevará la muerte? Se llevará tu dinero, se llevará a tu mujer, a tu marido, a tus amistades, se llevará tu mundo. Si no te aferras a esas cosas, ¿qué otra cosa se puede llevar la muerte? Se llevará tu ego, tu autoidentificación. Se llevará el concepto de que existes como un ser separado.

Puedes disolver el ego. De eso trata la meditación. Es una decisión consciente, voluntaria, de disolver el ego, de no aferrarse a él. Si no te aferras al ego, ¿qué queda? Tú ya te has muerto. Y solo los que han muerto pueden conquistar la muerte y conseguir una vida de abundancia.

Cada vez, que me siento muy atraído por alguien y creo que puedo es-
tar enamorándome, aflora el miedo. Me sucede incluso cuando la otra
persona también se siente claramente atraída por mí, por lo que no
creo que se trate de miedo al rechazo. Es más bien un extraño terror
existencial. ¿Puedes ayudarme a comprenderlo?

El amor siempre nos pone nerviosos, y hay motivos para ello. El amor proviene del inconsciente, mientras que todas tus capacidades, tus habilidades y tus conocimientos, residen en el consciente. Y como el amor viene del inconsciente, no sabes cómo arreglártelas, qué hacer con él; es demasiado.

El inconsciente es nueve veces más grande que el consciente, por lo tanto, todo lo que viene del inconsciente resulta siempre abrumador. Por eso a la gente le dan miedo las emociones, los sentimientos. Los reprimen por miedo a que provoquen un caos... y, de hecho, lo hacen, ¡pero el caos también tiene su belleza!

El orden es necesario pero también el caos. Cuando se necesite orden, úsalo, usa la mente consciente; cuando se necesite caos, usa el inconsciente y permite que haya caos. Una persona completa, total, es aquella que es capaz de usar ambas cosas sin permitir que el consciente interfiera en el inconsciente, o que el inconsciente interfiera en el consciente. Hay cosas que solo se pueden hacer conscientemente como, por ejemplo, la aritmética. Pero con el amor o la poesía no ocurre lo mismo, vienen del inconsciente. Por eso tienes que dejar a un lado el consciente.

El consciente intenta aferrarse a todo porque tiene miedo. Actúa como si llegara algo enorme, una gran ola; no sabe si podrá sobrevivir. Lo intenta evitar, intenta alejarse; quiere escapar, esconderse en algún sitio. Pero eso no es lo correcto. Por eso la gente está aburrida y apagada. Las fuentes de la vida están en el inconsciente. El consciente es útil, pero no es alegría de vivir, no es celebración. El consciente está bien para pensar en la subsistencia, pero no en la vida. La vida viene del inconsciente, de lo desconocido, y lo desconocido siempre da miedo.

Permítelo. Ese es mi papel aquí, ayudarte a permitir el inconsciente. Cuando empieces a disfrutarlo desaparecerá todo tu nerviosismo. No hace falta que lo controles, no es necesario estar en guardia las veinticuatro horas del día.

En cierta ocasión, el emperador chino fue a visitar a un gran maestro zen. Cuando llegó, el maestro zen y sus discípulos estaban revolcándose de risa por el suelo; debía de haberles contado un chiste o algo por el estilo. El emperador estaba avergonzado. No podía creer que se comportaran de forma tan poco cortés. No pudo evitar decir: «¡Eso es de muy mala educación! No me lo esperaba de alguien como tú; deberías tener un poco más de compostura. ¿Qué es eso de revolcarse por el suelo, riéndote como un loco?».

El maestro miró al emperador. Llevaba un arco; en aquellos días los emperadores eran guerreros, llevaban arcos y flechas. El maestro le preguntó: «Dime una cosa: ¿siempre llevas el arco tensado o también lo dejas reposar?».

El emperador respondió: «Si mantuviéramos el arco siempre tensado, perdería elasticidad y no serviría para nada. Hay que dejarlo destensado para que cuando vayamos a usarlo tenga elasticidad». Y el maestro dijo: «Eso es lo que estoy haciendo yo».

Hay momentos en los que la gente debería estar tan relajada, tan descontroladamente relajada, que no tuviesen que atender a formalidades. Esa relajación es amor. No es necesario estar pendiente las veinticuatro horas del día. Mientras trabajas, ten la mente consciente, mantente alerta, sé calculador, inteligente, habilidoso, eficiente. Pero eso es solo la parte utilitaria de la vida. Cuando salgas de la oficina, relájate y deja que el inconsciente te desborde y te posea; vuélvete loco.

De lo contrario, se convierte en un círculo vicioso: estás nervioso y reprimes la energía, esa energía reprimida provoca más inquietud en tu interior, y hace que te pongas más nervioso aún. Al estar más nervioso te reprimes más, es un pez que se muerde la cola. Cuanto más te reprimas, más nervioso estarás, y cuanto más nervioso estés, más te reprimirás. Tienes que romper ese círculo vicioso. Debes dar un salto para salir de él.

¿Puedes hablar acerca de la relación entre la culpabilidad y el miedo? A veces me cuesta trabajo diferenciarlos.

El miedo es algo natural; la culpabilidad es un invento de los sacerdotes. La culpabilidad la ha creado el hombre. El miedo es algo intrínseco, y además es esencial. Sin miedo no te sería posible sobrevivir. El miedo es natural. Por miedo, no metes la mano en el fuego. Por miedo, caminas por la derecha o la izquierda, según la regulación del país en el que estés. Por miedo, evitas cualquier veneno. Por miedo, cuando oyes el claxon de un camión, te apartas.

Si los niños no tuviesen miedo, no tendrían posibilidades de sobrevivir. El miedo es una medida de protección para la vida. Pero debido a esta tendencia natural a protegernos —y no hay nada malo en ello—, tienes derecho a protegerte. Tienes una vida preciosa que salvaguardar y el miedo te ayuda a hacerlo. El miedo es inteligencia. Solo los idiotas, los imbéciles, no tienen miedo; por eso hay que protegerlos, si no, se quemarían, saltarían de un edificio o se meterían en el mar sin saber nadar. Podrían hacer cualquier cosa.

El miedo es inteligencia; cuando ves que una serpiente se cruza en tu camino, te apartas. No es por cobardía, simplemente es inteligencia. Pero en este fenómeno natural hay dos posibilidades. El miedo puede dejar de ser normal y hacerse patológico. Entonces, incluso las cosas que no hay por qué temer, te dan miedo; aunque también puedas justificar esos miedos anormales.

Por ejemplo, a alguien puede darle miedo entrar en una casa. No puedes demostrarle racionalmente que su miedo no está justificado. Él te puede decir: «¿Cómo puedo estar seguro de que la casa no se vaya a derrumbar?». Hay casas que se derrumban, también le puede pasar a esta. Hay gente que ha muerto aplastada por una casa que se ha derrumbado. Nadie puede dar plena garantía de que esta casa no se va a derrumbar; podría haber un terremoto, podría pasar cualquier cosa. A otra persona puede darle miedo viajar porque, a veces, hay accidentes de trenes. A otra le puede dar miedo viajar en coche porque también hay accidentes de coche. Y a otra volar en un avión. Este tipo de miedos no son miedos inteligentes. En ese caso, lo que más deberías temer es tu cama, porque casi el noventa y siete por ciento de la gente muere en su cama, por lo tanto, ¡es el lugar más peligroso! Lo lógico sería que te mantuvieras lo más lejos posible de la cama, que no te acercaras a ella. Pero entonces te harías la vida imposible.

El miedo puede convertirse en algo anómalo; en ese caso, será patológico. Los sacerdotes, los políticos y todo tipo de opresores han utilizado el miedo porque les ofrece esta posibilidad. Lo convierten en algo patológico, y así, es muy fácil explotarte. Los sacerdotes te inculcan el miedo al infierno. Fíjate en las escrituras, ¡con qué alegría describen todas las torturas, cómo disfrutan haciéndolo! Seguro que Adolf Hitler conocía esas escrituras y que su descripción del infierno le dio muchas ideas. Él no era tan creativo como para inventar los campos de concentración y hacer todas esas atrocidades. Debió de inspirarse en los escritos religiosos que ya existían; los sacerdotes ya se habían ocupado de hacer el trabajo. Lo único que hizo fue poner en práctica lo que ellos habían estado predicando. ¡Él era un hombre muy religioso! Los sacerdotes se limitaban a hablar del infierno que te espera después de la muerte. Pero Hitler debió de pensar: «¿Por qué esperar tanto? Yo crearé un infierno aquí y ahora para que podáis experimentarlo».

Los sacerdotes se dieron cuenta enseguida de que el instinto de miedo en el hombre se podía explotar. Pueden llegar a inculcarle tanto miedo que caiga a sus pies suplicando: «¡Salvadme! Solo vosotros podéis hacerlo». Y siempre que le obedezcas, siempre que sigas los rituales que ha establecido, el sacerdote accederá a salvarte. Por miedo, la gente ha estado creyendo todo tipo de estupideces y supersticiones.

Los políticos también se dieron cuenta de las ventajas de atemorizar a la gente. Si los atemorizas, puedes dominarlos. Las naciones han sido creadas como respuesta al miedo. Los indios temen a los paquistaníes y los paquistaníes temen a los indios. Y lo mismo ocurre en el resto del mundo. ¡Es tan estúpido! Tenemos miedo el uno del otro y ese miedo es lo que hace que el político se vuelva importante. El político dice que te salvará aquí, en este mundo, y el sacerdote dice que te salvará en el otro mundo. Conspiran juntos.

El miedo crea la culpa, pero no lo hace solo. El miedo crea la culpa a través de los sacerdotes y los políticos; ellos provocan una patología, un temblor en ti. Y como el ser humano es tan frágil y delicado, naturalmente, se asusta. De esa manera, podrás obligarle a hacer todo lo que quieras. Lo hará aunque sepa perfectamente que es estúpido, aunque, en el fondo, le parezca un disparate, porque ¿quién sabe...? Por miedo, el hombre puede llegar a hacer cualquier cosa con tal de salvarse. Pero, como la patología que te han provocado no es natural, tú te rebelas. Ocasionalmente, cuando haces algo natural, algo contrario a ese miedo antinatural, surge el sentimiento de culpa.

La culpabilidad es tener en la mente una idea antinatural de cómo debería ser la vida, de qué habría que hacer. Un día te descubres respetando tu naturaleza, haciendo las cosas que son naturales, y yendo en contra de tu ideología. Al ver que estás yendo en contra de ella, surge la culpabilidad y te sientes avergonzado, inferior, indigno.

No se puede transformar a las personas transmitiéndoles ideas antinaturales. Por ello, los sacerdotes, aunque han podido explotar a la gente, no han sido capaces de transformarlas. Tampoco es que les interese transformarte; su única intención es mantenerte esclavizado. Te crean una conciencia. Tu conciencia no es realmente tuya, ha sido creada por las religiones. Te dicen: «Eso es malo». En lo más profundo de tu ser, tú sabes que no hay nada malo en ello pero, desde tu más tierna infancia, ellos te han estado diciendo que está mal, te han estado hipnotizando. La hipnosis te va penetrando, va calando hondo en ti, acaba casi convirtiéndose en parte de tu ser. Te contiene.

Te han dicho que el sexo es malo, pero se trata de un fenómeno muy natural que te atrae. No hay nada malo en sentirse atraído por una mujer o por un hombre. Es algo natural. Pero tu conciencia te dice: «Eso está mal». Así que te contienes. Una mitad de ti se acerca hacia el otro, y la otra se echa para atrás. No puedes tomar una decisión; siempre estás dividido, partido. Si decides estar con un hombre o con una mujer, te torturará tu conciencia: «Has cometido un pecado». Si no lo haces, te torturará tu naturaleza: «¡Me estás matando de hambre!». Estás en una encrucijada. Hagas lo que hagas, vas a sufrir; y cuanto más sufras, más tendrás que ir al sacerdote para que te aconseje. Cuanto más sufres, más buscas la salvación.

Bertrand Russell está absolutamente en lo cierto cuando declara que si el hombre fuese completamente libre de su seudoconciencia y moralidad, y le ayudasen a convertirse en un ser integrado, natural, inteligente, comprensivo, que viviera su vida según su propio entendimiento y no según el consejo de los demás, las mal llamadas religiones desaparecerían del mundo.

Yo estoy completamente de acuerdo con él. Estoy seguro de que las supuestas religiones desaparecerán del mundo. Si la gente no está sufriendo, no tendrá necesidad de buscar la salvación. Pero Bertrand Russell a continuación dice que la propia religión desaparecerá de la tierra. En eso no estoy de acuerdo con él. Las supuestas religiones desaparecerán y, precisamente por eso, la auténtica religión tendrá la oportunidad de existir por primera vez en el mundo. No habrá ni católicos, ni hindúes ni musulmanes... solo así podrá extenderse por el mundo un nuevo tipo de religiosidad. La gente vivirá de acuerdo con su propia conciencia. La culpabilidad y el arrepentimiento dejarán de existir, porque eso nunca ha transformado a la gente, solo es un cambio de traje, de forma, pero la gente permanece igual. Con la culpabilidad, el miedo, el cielo o el infierno, no cambia nada sustancial. Todas esas ideas han fracasado rotundamente. Hemos estado viviendo en un mundo totalmente erróneo; hemos creado una situación errónea. La gente solo cambia superficialmente; el hindú se convierte en católico, el católico se convierte en hindú, pero no cambia nada. Todo sigue igual.

Un sábado por la noche, una prostituta rehabilitada está postulando a favor del Ejército de Salvación en una esquina y, para recalcar su discurso, toca un enorme tambor de hojalata.

«¡Yo antes era una pecadora!», grita *(¡bom!)*. «¡Yo antes era una mala mujer! *(¡bom!)*. ¡Bebía! *(¡bom!)*. ¡Me gustaban las apuestas! *(¡bom!)*. ¡Me prostituía! *(¡bom, bom!)*. ¡Salía los sábados por la noche y armaba un gran revuelo! *(¡bom, bom, bom!)*. ¿Y qué que hago ahora los sábados por la noche? ¡Me los paso en esta esquina tocando el jodido tambor!»

III
OBSERVACIÓN — LA LLAVE DE LA TRANSFORMACIÓN

Es más fácil no identificarse con los pensamientos que no iden-tificarse con los sentimientos, porque los pensamientos son más superficiales. No identificarse con los sentimientos es un poco más difícil porque están profundamente arraigados en tu biolo-gía, en tu química, en tus hormonas. Los pensamientos solo son nubes flotantes. No están arraigados en tu química, tu biología, tu fisiología o tus hormonas; no son más que nubes flotantes sin raíz alguna. Pero los sentimientos tienen raíces, por eso es difí-cil desarraigarlos.

Cuando se trata de observar la teoría de la relatividad, es muy fácil ser un observador, pero cuando se trata de ser testigo de tu ira, tu amor, tu egoísmo o tu ambición, es más difícil. Ello se debe a que esas cosas están profundamente arraigadas en el cuerpo. Pero el acto de presenciar es como una espada muy afilada que corta los pensamientos, los sentimientos, las emo-ciones, de un solo tajo. A medida que vayas profundizando en la meditación, llegarás a saberlo por experiencia propia. El cuer-po se deja muy atrás, las emociones, los pensamientos... solo presenciar permanece. Esa es tu auténtica naturaleza.

Crea una pequeña distancia

SI PUEDES MEDITAR, CREAR UNA PEQUEÑA DISTANCIA entre tu mente y tu ser, ver, sentir y experimentar que tú no eres tu mente, se produce dentro de ti una enorme revolución. Si tú no eres tu mente, entonces, tampoco puedes ser tu envidia, tu tristeza, tu ira.

Simplemente están ahí, sin conexión contigo; no les das ninguna energía. En realidad, son parásitos que te han estado chupando la sangre porque estabas identificado con la mente. Meditación significa no identificarse con la mente.

Es un método sencillo, no se trata de algo complicado, lo puede lograr cualquiera. Lo único que hay que hacer es sentarse en silencio, a cualquier hora, en cualquier momento, y observar. Cierra los ojos y observa lo que está pasando. Simplemente, sé un observador. No juzgues lo que está bien y lo que está mal, si debería o no debería ser…

Sin juicios, eres simplemente un observador.

Para alcanzar la observación pura se necesita un poco de tiempo. Pero en cuanto te hayas convertido en un observador puro, para tu sorpresa, la mente habrá desaparecido.

Existe una relación directa, si solo eres observador en un uno por ciento, el noventa y nueve por ciento restante será mente. Si eres un noventa por ciento observador, solo quedará un diez por ciento de mente.

Cuando seas observador al ciento por ciento, no habrá mente —ni tristeza, ni ira, ni celos— solo habrá claridad, silencio, bendición.

Hay que empezar observando el cuerpo al caminar, al sentarse, al acostarse, al comer. Hay que empezar por lo más sólido, porque es más fácil; luego se puede continuar con experiencias más sutiles. Hay que empezar por observar los pensamientos, y cuando uno se ha hecho experto en la observación de los pensamientos, puede empezar a observar los sentimientos. Cuando sientes que ya puedes observar tus sentimientos, puedes empezar a observar tus estados se ánimo, que son, todavía más sutiles y más ambiguos que tus sentimientos.

El milagro de la observación es que, a medida que vas observando el cuerpo, tu observador se va fortaleciendo; a medida que vas observando los pensamientos, tu observador se va fortaleciendo; a medida que vas observando tus sentimientos, el observador se va fortaleciendo aún más. Cuando estás observando tus estados de ánimo, el observador es tan fuerte que puede permanecer él mismo, observándose a sí mismo, como una vela en la oscuridad que no solo ilumina a su alrededor sino que también se ilumina a sí misma.

Encontrar al observador en su pureza es el mayor logro en espiritualidad, porque el observador en ti es tu propia alma; el observador en ti es tu inmortalidad. Pero no pienses ni por un solo momento que ya lo tienes, porque justo entonces, lo pierdes.

La observación es un proceso interminable; cada vez te vas volviendo más y más profundo, pero nunca llegas al extremo en el que puedes decir: «Ya lo tengo». De hecho, según vas profundizando, te vas dando cuenta de que has entrado en un proceso interminable; un proceso que no tiene principio ni final.

Pero las personas solo observan a los demás; nunca se preocupan de observarse a sí mismas. Todo el mundo observa lo que hacen los demás, cómo visten los demás, el aspecto que tienen; esa es la más superficial de las observaciones. Observar es algo que hace todo el mundo; no estás introduciendo algo nuevo en tu vida. Solo hay que profundizar en ello, apartarlo de los demás y dirigirlo hacia tus propios sentimientos, pensamientos, estados de ánimo internos y, finalmente, hacia el propio observador.

En un tren, un cura va sentado justo enfrente de un judío.

—Perdóneme, señor, ¿sería tan amable de decirme por qué lleva el cuello de la camisa al revés? —le pregunta el judío.

—Porque soy padre —contesta el cura.

—Yo también soy padre y no lo llevo así —le dice el judío.

—Ya —replica el cura—, pero yo soy padre de miles.

—Entonces, lo que debería llevar al revés son los pantalones —le dice el judío.

La gente es muy observadora de los demás. Es fácil reírse de sus actos ridículos, pero ¿te has reído de ti mismo alguna vez? ¿Te has pillado alguna vez haciendo el ridículo? No, a ti mismo no te observas en absoluto; toda tu observación está dirigida hacia los demás, y eso no sirve para nada.

Utiliza esa energía de observación para transformar tu ser. Puede proporcionarte más felicidad y bendición de lo que podrías soñar. Es un proceso simple, pero una vez que empiezas a utilizarlo en ti mismo, se convierte en una meditación.

Uno puede convertir cualquier cosa en meditación. Cualquier cosa que te lleve hacia ti mismo es meditación. Y es muy importante encontrar tu propia meditación, porque el descubrimiento en sí te proporcionará una gran dicha. Además, como se trata de tu propio descubrimiento, y no de algún ritual que te han impuesto, te encantará profundizar en él. Y cuanto más profundices en él, más feliz te sentirás, más tranquilo, más silencioso, más centrado, más digno, más sereno.

Todos sabemos observar, así que no se trata de aprenderlo. Se trata tan solo de cambiar el objeto de observación y acercarlo. Observa tu cuerpo, y te sorprenderás. Yo puedo mover mi mano sin observación, o puedo hacerlo con observación. Tú no notarás la diferencia, pero yo sí la siento. Cuando la muevo con observación, en el movimiento hay cierta gracia y belleza, cierta paz y silencio. Puedes caminar observando cada paso; será un buen ejercicio, y además, te proporcionará el beneficio de una sencilla pero gran meditación.

El templo de Bodhgaya, donde Buda se iluminó, se construyó a la memoria de dos cosas. En primer lugar, al árbol bodhi bajo el que Buda se solía sentar. Justo al lado del árbol hay unas pequeñas losas para pasear lentamente. Él, normalmente, meditaba sentado, pero cuando sentía que llevaba demasiado tiempo sentado, que el cuerpo necesitaba un poco de ejercicio, caminaba sobre esas losas. Esa era su meditación de caminar.

Cuando estuve en Bodhgaya, dirigiendo un campamento de meditación, me pasé por el templo. Allí había lamas budistas del Tíbet, de Japón, de China. Todos ellos presentaban sus respetos al árbol, pero no vi a nadie presentando sus respetos a esas piedras sobre las que Buda había caminado kilómetros y kilómetros. Les dije: «Eso no está bien. No deberíais olvidaros de estas piedras. Los pies de Buda las han pisado millones de veces». Pero sé por qué no les prestaban ninguna atención, porque habían olvidado por completo que Buda insistió en que uno debería observar cada acto de su cuerpo: caminando, sentado, acostado. No deberías pasar ni un solo momento siendo inconsciente.

La observación aguzará tu conciencia. Es la esencia de la religiosidad, todo lo demás no son más que palabras. Si adquieres observación, no necesitas nada más.

Mi función es hacer que el camino sea lo más sencillo posible. Todas las religiones han hecho justo lo opuesto: se han dedicado a hacer las cosas muy complicadas, tanto que la gente nunca las ha intentado. Por ejemplo, en las escrituras budistas hay treinta y tres mil reglas que los monjes budistas han de seguir; ¡incluso recordarlas es imposible! Solo el número treinta y tres mil es suficiente para desanimarte: «¡Estoy apañado! Esto me llevará toda la vida».

Solo tienes que encontrar una regla que se ajuste a ti, con la que te sientas en armonía; eso será suficiente.

A menudo me encuentro en un estado de ánimo muy sombrío y desdichado, pero de vez en cuando, me veo caminando con una cara muy, muy larga y con pensamientos tales como: «Soy un fracaso», y luego, de repente, me siento desbordado por una risa, que algunas veces estalla en carcajadas y en un sentimiento de absoluta felicidad. ¡Es tan fuerte que ya ni siquiera puedo agarrarme a mi dramatismo! ¿Tiene esto algo que ver con lo que tú llamas el observador?

No hay duda de que en ti está surgiendo una relación entre el observador y la risa, porque el observador no solo ve las estupideces de los demás, también ve las de uno mismo.

El observador ha podido ver tu estado de ánimo sombrío. Antes de que entrara el observador, te identificabas con ese estado; te habías olvidado de que solo se trataba de un estado de ánimo.

Simplemente, observa a la gente. Todo el mundo interpreta un papel con la expresión de su cara, repite algún diálogo interno, preparando la excusa que le dará a su mujer por llegar tarde. Aunque sepa perfectamente que no ha podido engañarla ni una sola vez desde que se conocen, aun así, sigue repitiendo la misma estupidez.

Si entra el observador, si de repente te acuerdas de presenciar, empezarás a reírte de ti mismo por ser tan tonto. Todos los días tropiezas con la misma piedra y cada día decides que nunca volverás a tropezar con ella. Pero cuando te acercas a la piedra, la atracción, la fascinación de tropezar con ella es tan grande que olvidas todas tus decisiones. Te consuelas a ti mismo pensando: «Solo una vez más. A partir de mañana mantendré la promesa que me he hecho». Pero eso ha ocurrido muchas veces. Y seguirás haciéndolo toda la vida, a no ser que permitas que el observador vea los ridículos actos que estás haciendo.

No hay duda de que hay una gran relación. Cuando observas, empiezas a reírte de la cara tan seria que pones sin ninguna necesidad. De hecho, nadie te está mirando; ¡puedes relajarte! Y aunque te estuvieran mirando, una cara seria no es muy agradable. Es mejor llevar una cara alegre, risueña, radiante. Si debes ser un actor, ¡al menos escoge un buen papel!

Todo el mundo ha elegido representar unos papeles horribles; sus caras son aburridas y tristes, parecen cadáveres. No obstante, quieren que todos los amen, los respeten. Ni siquiera los perros les ladran, hasta ellos les ignoran; ni siquiera les miran, solo piensan: «Que se vaya con su desdicha a otra parte». Los perros tienen su propia ideología básica; ladran a la gente con uniforme, a los policías, a los carteros, están absolutamente en contra de los uniformes. Sin duda, son seres muy rebeldes. Todo el ejército, toda la brigada, está desfilando, y llevan el mismo uniforme; los perros no pueden resistir la tentación de protestar. Pero cuando pasas tú con tu cara larga, ni siquiera los perros protestan. Si pudieras verte a ti mismo, te reirías: «¿Por qué vas con esa cara?». Y para tu sorpresa, si realmente estás observando, te darás cuenta de que el perro también se está riendo de ti.

Puede que todavía no te hayas dado cuenta de un hecho fundamental: cuando te estás riendo es más fácil observar, porque reírse no es un acto serio, y además, es natural. La próxima vez que te rías de corazón, intenta verlo. La risa produce en ti una atmósfera de silencio. Si tu risa es realmente sincera, la mente se para: «Dejemos que este tonto acabe de reírse». En esos momentos puedes atraer al observador muy fácilmente.

Solo para apoyar tu risa… y recuerda observar mientras te ríes:

La clase de párvulos se había reunido en torno a la maestra para jugar a «adivina qué animal es». La primera imagen que sacó la maestra era la de un gato.

—Vale, chicos y chicas —dijo jovialmente—, ¿puede alguien decirme qué animal es este?

—¡Yo lo sé! ¡Yo lo sé! Es un gato —gritó uno de los niños.

—Muy bien, Eddy. Ahora, ¿quién sabe como se llama este animal?

—Es un perro —dijo el mismo niño otra vez.

—Has vuelto a acertar. ¿Y este otro? —preguntó la profesora enseñando la imagen de un ciervo.*

En la clase se hizo el silencio. Después de uno o dos minutos la profesora dijo:

—Os daré una pista, niños. Es algo que vuestras madres suelen decir a vuestros padres.

—¡Yo lo sé! ¡Yo lo sé! —gritó Eddy—, ¡es un bastardo cornudo!

Un navegante había encallado en una isla desierta y, para sobrevivir, se hizo amigo de los nativos, tan amigo, que un día el jefe le ofreció a su hija para una noche de diversión. Esa noche, mientras hacían el amor, la hija del jefe gritaba: «¡Oga, boga! ¡Oga, boga!». El arrogante marinero pensó que así era como los nativos expresaban su aprecio cuando algo les parecía fantástico.

Unos días después, el jefe invitó al marinero a jugar a golf. Con su primer golpe, el jefe hizo hoyo. Impaciente por utilizar su nuevo vocabulario, el marinero gritó entusiastamente: «¡Oga, boga! ¡Oga, boga!».

El jefe se le quedó mirando con cara de perplejidad y le preguntó: «¿Cómo que "agujero equivocado"?».

* En inglés las palabras «ciervo» y «querido» son fonéticamente muy parecidas. (N. de la T.)

Cuando hablas acerca del amor y la pasión, de la intensidad y la autenticidad, siento en mi interior un resplandor de reconocimiento; algunas veces, en mis momentos álgidos, siento como si hubiera divisado la verdad. Pero cuando hablas del desapego, del distanciamiento, de observar, siento en mi interior un miedo helador, mortal. Es una paradoja que no puedo entender. ¿Cómo puedo enamorarme y mantenerme distante? ¿Cómo puedo perderme en una vista maravillosa y mantenerme separado?

Reconozco que lo que dices acerca de oscilar impotente entre el cielo y el infierno, el éxtasis y la desesperación, se ajusta perfectamente a mi vida. Soy consciente de que esa impotencia es desalentadora y dolorosa. Pero si la alternativa es un frío y desapegado distanciamiento, prefiero quedarme con mi cielo y mi infierno, mi dicha y mi pena, y olvidarme por completo de observar.

Lo más importante que hay que entender de la vida es que es una paradoja; la vida existe por la paradoja. La vida no es lógica, es paradójica. Está en la vida y la muerte, en la noche y el día, en el odio y el amor, en el hombre y la mujer; la paradoja está en todo, en la electricidad positiva y la electricidad negativa, en el yin y el yang, en Shiva y Shakti. Donde sea que mires, dentro o fuera, encontrarás paradoja por todas partes.

Si la vida fuera lógica, no existiría la paradoja. Pero la vida no es lógica, ¡no puede serlo! Imagina un mundo donde solo existiera el amor y no el odio; el amor no sería posible, desaparecería con el odio. Imagina un mundo donde no existiera la luz, solo la oscuridad, o, al contrario, que existiera la luz y no la oscuridad… sería imposible; donde solo existiera el nacimiento y no la muerte. Sería muy lógico, pero también muy aburrido.

La vida es dialéctica, no lógica. Es un movimiento entre polaridades. Esas polaridades, aunque lo parezcan, en realidad no son opuestas, son más bien complementarias. El odio y el amor no son dos cosas, en realidad es una sola cosa, amorodio. El nacimientomuerte es una sola cosa, el dianoche es una sola cosa, el hombremujer es una sola cosa. Es como las montañas y los valles de los Himalayas. Las montañas no pueden existir sin los valles, y los valles no pueden existir sin las montañas; existen juntos. Y en todos los planos, en todos los lugares, nos encontraremos con esta paradoja.

Dices: «Si la alternativa es un frío y desapegado distanciamiento, prefiero quedarme con mi cielo y mi infierno, mi dicha y mi pena». Yo no estoy diciendo que tengas que elegir una vida fría y desapegada. Estoy diciendo que el amor apasionado y el frío distanciamiento es una paradoja, la misma que existe entre el nacimiento y la muerte, el amor y el odio. Solo una persona que se involucra apasionadamente sabe lo que es el frío distanciamiento. Puede que eso te sorprenda, porque, hasta ahora, siempre te han dicho lo contrario.

Te han dicho que Buda es frío, desapegado y distante. Que la persona mundana es apasionada y la persona santa, desapasionada; que el hombre mundano vive una vida fogosa y el monje que entra en un monasterio vive una vida fría. Hasta ahora ha sido así, pero ambos están desequilibrados. El hombre mundano solo conoce una parte de la polaridad; de ahí su desdicha. Solo conoce el calor; no conoce la balsámica frescura de ser un Buda. Y el monje solo conoce la frialdad, no conoce la euforia, el éxtasis, la emoción, la inmensa celebración de vivir en una ardiente pasión.

Por un lado está Zorba el Griego, que sabe qué es la pasión ardiente, y por otro, nuestra idea de Buda —observa que digo nuestra *idea* de Buda— que solo conoce el frío silencio. Esa división la hemos creado nosotros, y esa división es la causa de que el hombre mundano no sea rico, porque solo es una mitad. El hombre religioso tampoco está completo, y al no estarlo es imposible que pueda ser santo, solo conoce el otro extremo de la polaridad. Ambos son desdichados.

Ve al mercado y al monasterio, y observa. En el monasterio encontrarás una inmensa desdicha, monotonía, falta de vitalidad. En los ojos de los monjes, solo verás estupidez. Porque cuando solo vives en un polo, pierdes agudeza, pierdes variedad, pierdes riqueza.

Bajo mi punto de vista, no hay necesidad de elegir. Deja de elegir y verás el juego de las polaridades. Ambos extremos del espectro son tuyos, y ambos tienen que ser vividos. Sí, tienes que volverte profunda, intensa, auténticamente apasionado, pero también tienes que volverte frío, silencioso, tranquilo. Tienes que amar y también tienes que meditar. La meditación y el amor no deberían estar separados, deberían estar juntos, como los valles y las montañas. La montaña tiene su belleza, sus cumbres soleadas y su nieve virgen; por las mañanas, son completamente doradas y, en las noches de luna llena, completamente plateadas; y la pureza de su aire, su cercanía a las estrellas... parece como si pudieras susurrarles al oído. Pero el valle también tiene su belleza, su oscuridad y su textura aterciopelada, su oscuridad y su inmensidad, su oscuridad y su misterio, la sombra de los árboles, el murmullo de las corrientes de agua. Ambas cosas son hermosas.

Yo no enseño a elegir, sino a aceptar ambas cosas, y estas se ayudarán entre sí a ir aguzándose cada vez más. Por un lado, Zorba el Griego y por el otro, Gautama Buda, lo que yo enseño es Zorba el Buda. Por eso están en mi contra los Zorbas, porque no pueden concebir al Buda. Los materialistas están en mi contra, me preguntan por qué introduzco la religiosidad. Y los mal llamados religiosos están en mi contra argumentando que cómo puedo poner amor en la vida de una persona religiosa, que cómo me atrevo a hablar acerca del cuerpo y sus gozos. Ambos están enfadados conmigo, porque declaro que el camino va del sexo a la superconciencia. A uno le gustaría que me quedase en el sexo, y al otro le gustaría que no hablara del sexo y que solo hablara de superconciencia. Pero yo acepto todo el espectro de vida, la acepto en su totalidad.

Solo se la acepta cuando se hace con totalidad; cuando rechazas algo, es como si estuvieras intentando ser más sabio que la propia vida, que la propia existencia. La existencia no ha rechazado nada. Vuestros mahatmas están intentando ser más sabios que la propia vida.

La vida existe en polos opuestos, y es una forma maravillosa. Si amas, para tu sorpresa, del amor pronto surgirá un gran deseo de estar solo. Todos los amantes lo sienten. Si no lo has sentido es porque no has amado, porque tu amor ha sido tibio; no ha sido realmente apasionado. Si lo hubiera sido, habría surgido un gran deseo de estar solo, de tener tu propio espacio, de ir hacia dentro, de caer, de desaparecer hacia dentro, porque el amor, cuando es tan apasionado, te cansa, te agota, te vacía. Y vaciarse es maravilloso, pero luego empiezas a sentir que necesitas nutrirte.

¿Y dónde obtendrás ese alimento? Simplemente, yendo hacia dentro, escapándote hacia tu interior, cerrando los ojos al mundo y olvidándote por completo de los demás. En esos momentos de interioridad tu energía se recarga, vuelves a sentirte lleno de nuevo. Luego, estás demasiado lleno, y de ese exceso, surge el desbordamiento; entonces tienes que encontrar a alguien que esté dispuesto a compartir tu energía, a compartir tu canción, a bailar contigo. De esa soledad, surge un gran deseo de estar con alguien. Ese es el ritmo.

Yo no te estoy diciendo que te vuelvas frío, no te estoy diciendo que elijas una vida distante y desapegada. Lo que te estoy diciendo es que son dos aspectos. Si quieres vivir la vida en toda su multidimensionalidad —como materia, espíritu, cuerpo, alma, amor, meditación, como exploración exterior e interior—, si quieres vivir la vida en su totalidad, tanto la inhalación como la exhalación, es fundamental no elegir. Si eliges, morirás.

Por eso, tanto en el mercado como en los monasterios, encontrarás gente muerta. Algunos han elegido solo exhalar, otros han elegido solo inhalar. En la respiración ambas cosas son necesarias; la respiración se convierte en un círculo perfecto cuando exhalas profundamente e inhalas profundamente; la exhalación profunda provoca la inhalación profunda y, a su vez, la inhalación profunda provoca la exhalación profunda.

Y recuerda: si tu exhalación no es profunda, tu inhalación tampoco podrá serlo. Si tu inhalación es pobre, tu exhalación también será pobre. La una mantiene a la otra en equilibrio. Cuanto más profundamente salgas, más profundamente entrarás, y viceversa. Esa es la unidad que yo enseño.

No tienes por qué preocuparte. Pero te preocupas porque algunas veces enseño amor y eso te parece bien. Pero déjame decirte, déjame que sea franco contigo. Tú todavía no has conocido el amor. Si hubieras conocido el amor, también habrías entendido el otro polo. Habrías entendido, por experiencia propia, que el amor provoca una gran necesidad de estar solo, y que la soledad provoca una gran necesidad de estar en compañía. Esta es una de las verdades que todo el mundo tiene que aprender. Los amantes no lo saben, así que, cuando quieren estar solos, se sienten culpables. Cuando una de las dos personas quiere estar sola, la otra se siente rechazada. Es un gran malentendido. Si el marido dice: «Déjame solo esta noche», la esposa se siente rechazada, se enfada. Siente que ya no la necesita. Pero no se trata de eso, está malinterpretándolo. Y si un día la esposa dice: «Déjame sola», el marido se siente muy dolido; su ego se siente dolido.

Cuando le dices a tu amante o a tu amado: «Quiero estar solo unos días, me gustaría pasar unas semanas solo en el campo», no puede entenderlo, porque nadie le ha explicado el hecho fundamental de que el amor provoca el deseo de estar solo. Si no vas a la soledad, tu amor será insulso. Poco a poco, se irá convirtiendo en algo falso, irá perdiendo toda autenticidad.

Acepta la vida en su totalidad. Tanto la pasión fogosa como la refrescante compasión son buenas. Deja que ambas sean tus dos alas; no te cortes un ala, porque entonces nunca podrás emprender el vuelo eterno, el vuelo del solitario al solitario.

Plotino lo definió como: el vuelo del alma individual al alma universal. Necesitarás ambas alas.

Yo enseño amor, meditación y una enorme síntesis de ambas cosas. Y no se trata de que tú tengas que forjar la síntesis. Es algo natural; lo único que tienes que hacer es no interrumpirla. Observa tus propias experiencias y te darás cuenta de que lo que estoy diciendo es cierto, porque lo que estoy diciendo no son ideologías, son hechos.

Un héroe ruso muy condecorado regresó de su misión en el frente, donde había realizado un valeroso servicio. Había estado en las montañas durante interminables meses, bajo el frío mortal del invierno. Este era su primer permiso después de todo un año.

Un periodista fue a entrevistarle. Guiñándole un ojo, el reportero le preguntó: «Dígame, capitán Iván Petrovich, ¿qué fue la segunda cosa que hizo después de haber estado separado de su mujer durante todo un año?».

Iván contestó sin dudarlo: «La segunda cosa que hice fue quitarme los esquís».

Después de tanto tiempo en las montañas, ¿cómo vas a entretenerte en quitarte los esquís?

Un barco estaba llegando a puerto después de seis meses de navegación. Muchas mujeres habían ido al muelle a recibir a sus maridos. Una de ellas saludaba con la mano y le gritaba a su marido, que estaba asomado a la barandilla del barco: «¡P. C.! ¡P. C.!».

Él, a su vez, gritaba: «¡P. F.! ¡P. F.!».

Un curioso le preguntó a la mujer: «¿Qué significa eso de P. C. y P. F.?».

Ella le contestó: «Yo le estoy diciendo que primero comemos».

Represión o transformación: la libertad de ser humano

E L HOMBRE ES EL ÚNICO SER QUE PUEDE REPRIMIR o transformar sus energías. Ningún otro ser puede hacer esas dos cosas. La represión y la transformación son dos aspectos de un mismo fenómeno: la posibilidad que tiene el hombre de hacer algo respecto a sí mismo.

Los árboles, los animales, los pájaros, existen, pero no pueden hacer nada respecto a su existencia, forman parte de ella. No pueden salirse de ella, ellos no pueden ser «hacedores». Están tan fundidos en su energía que no pueden separarse de ella.

El hombre puede hacer algo respecto a sí mismo. Puede observarse desde una distancia, puede observar sus propias energías como si estuvieran separadas de él. Y entonces puede reprimirlas o transformarlas.

Represión es simplemente intentar ocultar ciertas energías que están ahí, no permitirles tener su propio ser, no permitirles manifestarse. Transformación significa cambiar las energías, transportarlas a una nueva dimensión.

Eso te asusta porque sientes que perderás el control, y una vez que has perdido el control, no puedes hacer nada. Yo enseño un control nuevo: el control del ser que presencia. No el control de la mente manipuladora, sino el de un yo que presencia. Es la forma de control más elevada, y es tan natural que nunca sientes que estás controlando. Es un tipo de control que aparece de forma espontánea con el presenciar.

Si vas por el camino de la represión puedes convertirte en lo que llaman un ser humano: falso, superficial y hueco por dentro, una marioneta sin ninguna autenticidad, sin ninguna realidad. Si, en vez de la represión, eliges la indulgencia, no tendrás conciencia, no te darás cuenta, no conocerás la posibilidad de crecimiento, tu potencial humano, te volverás como un animal; los animales son hermosos, más hermosos que el llamado hombre civilizado, pero, al fin y al cabo, son animales.

Si transformas la energía te vuelves divino. Y recuerda: en mi concepto de divinidad, ambas cosas están incluidas; también el animal salvaje con toda su belleza. Ese animal salvaje no es rechazado ni negado, sigue ahí, fortalecido, porque está más alerta. Así que ahora tienes todo el salvajismo y la belleza del animal y todo lo que la civilización te ha estado intentado imponer, pero, de forma espontánea, no impuesta. Cuando la energía se ha transformado, confluyen en ti naturaleza y divinidad; la naturaleza con su belleza y la divinidad con su gracia total.

Eso es lo que significa ser sabio. El sabio es un encuentro entre la naturaleza y lo divino, entre el cuerpo y el alma, entre lo inferior y lo superior, entre la tierra y el cielo.

Dices que no debemos reprimir ni ser indulgentes con emociones como la ira, sino que debemos mantenernos pasivamente alerta y meditativos. Obviamente, evitar la represión o la indulgencia requerirá algún tipo de esfuerzo. ¿No es eso otra forma de represión?

¡No! Requiere esfuerzo, pero no es «una forma de represión». No todos los esfuerzos son represión.

Hay tres tipos de esfuerzos. Uno está relacionado con la expresión, expresar la ira es un tipo de esfuerzo. Hay un segundo tipo de esfuerzo relacionado con la represión: reprimir la ira es otro tipo de esfuerzo. Cuando expresas lo que estás haciendo, estás obligando a tu energía a dirigirse hacia la persona o el objeto. Estás proyectando tu energía hacia fuera, y la diana es el otro. La energía va hacia el otro; eso requiere un esfuerzo por tu parte. Cuando reprimes, estás atrayendo la energía hacia su fuente original, tu propio corazón. Le estás obligando a regresar; eso también requiere un esfuerzo, pero en una dirección diferente. Cuando expresas, la energía se aleja de ti; cuando reprimes, regresa hacia ti.

La tercera opción es la alerta, la alerta pasiva; también requiere esfuerzo pero en una dimensión distinta. La energía se mueve hacia arriba. Al principio requiere esfuerzo. Si te digo mantente pasivamente alerta, incluso la pasividad requerirá esfuerzo al principio. Pero con el tiempo, según te vayas familiarizando con ella, dejará de ser un esfuerzo. Y cuando deja de serlo, se vuelve incluso más pasiva; y cuanto más pasiva, más magnética. La energía es atraída hacia arriba.

Pero, al principio, todo requiere esfuerzo, así que no te enredes con las palabras; solo te causará problemas. Los místicos siempre han hablado del no esfuerzo; ellos dicen que no hagas ningún esfuerzo. Pero, al principio, incluso eso requerirá esfuerzo. Cuando decimos «no hagas esfuerzos», lo único que queremos decir es que no fuerces el esfuerzo. Deja que venga a través de la conciencia. Si lo fuerzas, te pondrás tenso, y si te pones tenso, la energía de la ira no puede subir hacia arriba y ser transformada. La tensión es horizontal; solo una mente sin tensiones puede estar por encima, flotando como una nube.

Fíjate cómo flotan las nubes, sin hacer ningún esfuerzo; deja que tu presencia vaya entrando así, flotando como las nubes. Al principio requerirá esfuerzo, pero recuerda, acabará siendo innecesario. Estarás admitiendo y reforzando tu alerta cada vez más.

Es difícil, porque el lenguaje origina ciertas dificultades. Si te digo que te relajes, ¿qué harás tú? Harás algún tipo de esfuerzo. Pero entonces te digo que no hagas ningún esfuerzo, porque al esforzarte se producirá tensión y no podrás relajarte. Yo simplemente te digo que te relajes; entonces te sientes perdido y acabarás preguntándome: «¿Qué quieres decir? Si no tengo que hacer ningún esfuerzo, ¿qué se supone que tengo que hacer?».

No se supone que tengas que hacer nada, pero al principio, ese no hacer parecerá un hacer. Así que, te diré: «¡Está bien! Haz un pequeño esfuerzo, pero recuerda que acabará quedándose atrás. Utilízalo como motor de arranque al principio. Tú no puedes entender el no hacer, solo puedes entender el hacer. Así que, para empezar, utiliza el lenguaje del hacer y la acción, pero solo debes utilizar el esfuerzo como motor de arranque. Y recuerda, cuanto antes lo dejes, mejor».

He oído que el mulá Nasrudin, en los últimos años de su vejez, acabó siendo víctima del insomnio, no podía dormir. Lo intentó todo —baños calientes, píldoras, tranquilizantes, jarabes— pero nada le hacía efecto. Y como el mulá no podía dormir, no dejaba dormir a nadie en la casa, así que toda la familia lo estaba pasando mal. Las noches acababan convirtiéndose en una pesadilla para todos.

Buscaron desesperadamente cualquier método, cualquier medicina que ayudara a dormir al mulá, porque toda la familia se estaba volviendo loca. Finalmente le trajeron a un hipnotizador. Uno de los hijos, se acercó al viejo mulá muy contento y le dijo: «Tus preocupaciones se han acabado, papá. Se trata de un hombre milagroso. Puede inducirte el sueño en cuestión de minutos. Conoce la magia del sueño, así que no te preocupes. No te quepa la menor duda de que conseguirá que duermas».

El hipnotizador le mostró un reloj de cadena a Nasrudin y le dijo: «Con un poquito de fe, se obrará el milagro. Debe tener un poco de confianza en mí. Confíe en mí, y caerá en un profundo sueño, dormirá como un bebé. Siga este reloj con la mirada».

Empezó a balancear el reloj de izquierda a derecha. Nasrudin lo seguía con la mirada y el hipnotizador le iba diciendo: «Izquierda-derecha, izquierda-derecha. Sus ojos están muy cansados, muy cansados, muy cansados. Se va quedando dormido, dormido, dormido».

Todos estaban felices. El mulá había cerrado los ojos, había dejado caer la cabeza, parecía un pequeño bebé profundamente dormido. Su respiración seguía una cadencia rítmica. Entonces el hipnotizador cobró sus honorarios y dijo a la familia que ya no tenían de qué preocuparse, que ya no les molestaría más, y se marchó. En cuanto hubo salido, el mulá abrió un ojo y dijo: «¡Vaya chiflado! ¿Por fin se ha ido?».

Haciendo un esfuerzo para relajarse, se relajó «como un bebé». Cerró los ojos y empezó a respirar rítmicamente, pero todo era fruto de su esfuerzo. Estaba ayudando al hipnotizador. Pensaba que estaba ayudando al hipnotizador. Pero fue un esfuerzo por su parte, así que no ocurrió nada. No podía ocurrir nada, estaba despierto. Lo único que tenía que hacer era quedarse pasivo; si se hubiera limitado a escuchar lo que le estaban diciendo, a mirar lo que le estaban enseñando, se habría quedado dormido. No requería ningún esfuerzo por su parte, lo único que requería era una aceptación pasiva. Pero incluso para llevar a tu mente a una aceptación pasiva, al principio tendrás que hacer un esfuerzo.

Así que no dejes que el esfuerzo te asuste. Empieza con esfuerzo, pero recuerda que el esfuerzo acabará quedándose atrás. Solo cuando lo hayas transcendido serás pasivo, y esa atención pasiva trae el milagro.

Con la atención pasiva, la mente deja de estar presente. Por primera vez, el centro interior del ser es revelado, y es por el siguiente motivo: el esfuerzo es necesario para todo lo que se haga en el mundo. Si quieres hacer algo en el mundo exterior, tienes que hacer un esfuerzo, pero para hacer algo en el mundo interior, no se necesita ningún esfuerzo, solo se necesita relajación. Así como en el mundo exterior se requiere el arte de hacer, en el mundo interior se requiere el arte de no hacer.

Esta atención pasiva es la clave. No te dejes engañar por el lenguaje. Empieza con esfuerzo, pero no olvides que es algo que tendrás que dejar atrás; ve dejándolo. Incluso dejarlo será un esfuerzo, pero llegará un momento en el que todo habrá desaparecido. Entonces tú estás ahí, ahí, estás ahí sin hacer nada, simplemente siendo. Ese «siendo» es la iluminación y, en ese estado, conoces, posees y eres todo aquello que merece la pena conocerse, poseer y ser.

También has dicho que hay que dejar a un lado los contenidos de la mente negativa y no darles energía. A mí me resulta difícil mantenerme en el filo de la navaja de la ignorancia sin caer en la represión o, lo que es igual, volver a meterlos en el inconsciente. ¿Puedes decirme, por favor, cuál es la diferencia entre esas dos cosas?

Tú ya lo sabes, en tu pregunta va implícita la diferenciación. Sabes perfectamente cuándo estás dejando a un lado y cuándo estás reprimiendo. Dejar a un lado simplemente significa no prestar ninguna atención. Hay algo; deja que esté ahí. No te importa que se quede o que se marche, ni una cosa ni la otra. No haces ningún juicio. Simplemente aceptas que está ahí; si debe estar ahí o no, no es asunto tuyo.

En la represión tú estás tomando parte activa. Estás luchando contra esa energía, la estás desterrando al inconsciente. Estás intentando evitar verla. Quieres estar seguro de que ya no está ahí.

Por ejemplo, sientes ira: simplemente siéntate en silencio y observa que hay ira. Deja que se quede. ¿Cuánto tiempo se puede quedar? ¿Crees que es algo inmortal, eterno? Se marchará igual que ha venido. Tú simplemente espera. No hagas nada al respecto, ni a favor ni en contra. Hacer algo a favor, sería expresarla, y si la expresas te puedes meter en un lío porque, quizá, la otra persona no sea un meditador —lo más probable es que no lo sea— y entonces, esa persona también reaccionará, y con más rabia aún. Te habrás metido en un círculo vicioso. Estás enfadado, enfadas al otro, y cada vez os vais enfadando más el uno al otro. Tarde o temprano, vuestra ira se convertirá en una sólida roca de odio y violencia, y mientras sigas en ese círculo vicioso irás perdiendo conciencia. Puedes hacer algo de lo que luego es posible que te arrepientas. Puedes cometer un asesinato, puedes matar, o al menos puedes intentarlo. Y cuando el episodio haya acabado puede que pienses: «¡Nunca imaginé que podría llegar a matar a alguien!». Pero esa energía la has creado tú, y la energía puede hacer cualquier cosa, es neutra. Puede crear o destruir, puede iluminar tu casa o incendiarla.

Dejar a un lado significa que no estás haciendo nada al respecto. La ira está ahí, simplemente toma nota de ello, como cuando ves un árbol. ¿Acaso cuando ves un árbol tienes que hacer algo al respecto? Cuando ves una nube pasando por el firmamento, ¿tienes que hacer algo al respecto? La ira es como una nube pasando por el firmamento de tu mente. Así que obsérvala y deja que pase.

No se trata de estar en el filo de la navaja. No hagas una montaña de un grano de arena. Esto es como un grano de arena. Es algo muy sencillo; lo único que tienes que hacer es aceptar que está ahí. No intentes apartar la ira, no intentes actuar sobre ella, ni tienes por qué avergonzarte de estar enfadado. El mero hecho de avergonzarte es una forma de empezar a actuar; ¿es que no puedes dejar de ser un hacedor?

La tristeza está ahí, la ira está ahí. Simplemente observa. Y prepárate para una sorpresa; si consigues observar y tu observación es pura, no está contaminada —si realmente no estás haciendo nada, excepto mirar—, poco a poco, la ira pasará. La tristeza desaparecerá y, en ti, quedará una conciencia clarísima. Estarás más limpio que antes, porque antes todavía existía la posibilidad de la ira. Ahora esa posibilidad se ha realizado y se ha ido con la ira. Estás mucho más limpio. Antes no estabas tan en silencio, tan en paz, como lo estás ahora. La tristeza se llevaría parte de la energía, te habría impedido sentir una profunda sensación de felicidad, habría nublado tu conciencia. La ira, la tristeza, y todas las demás emociones negativas se están comiendo tu energía. Están ahí porque tú las has reprimido y no las dejas salir. Las has encerrado en el sótano; no pueden escapar. Aunque quisieran, tú no se lo permitirías. Así que te estarán perturbando toda la vida. Por la noche, se convertirán en pesadillas, en sueños horribles, y por el día, afectarán a tus actos.

Además, siempre existe la posibilidad de que alguna emoción se haga demasiado grande para poder controlarla. Has estado reprimiendo y reprimiendo, y la nube se ha ido haciendo cada vez más grande. Llega un momento en el que ya no la puedes controlar. Entonces ocurre algo, algo que el mundo verá como una acción tuya, aunque los que saben podrán ver que, en realidad, no eres tú quien lo está haciendo, sino que estás actuando bajo el influjo de una gran fuerza. Te estás comportando como un robot, no puedes evitarlo.

Estás asesinando, estás violando, estás haciendo algo horrendo pero, en realidad, no lo estás haciendo tú. Tú has acumulado todo ese material, y ahora ha adquirido tanto poder que puede obligarte a hacer cosas incluso a tu pesar, en contra de ti. Mientras las haces, te das cuenta de que no están bien. Algo te dice: «No debería estar haciendo esto. ¿Por qué lo estoy haciendo?». Pero, aun así, lo haces.

En todos los tribunales del mundo, ha habido muchos asesinos que han declarado, totalmente convencidos, que ellos no habían asesinado. Sin embargo, los jueces y la ley no pueden creerlo. Yo sí puedo creerlo, pero los jueces y la ley son primitivos; no han llegado a la madurez. Todavía no tienen una base psicológica. Solo sirven para que la sociedad se vengue; bajo una fachada de hermosas palabras, le hacen a la persona juzgada lo mismo que ella ha hecho. Si ha asesinado, la sociedad quiere asesinarle. Él estaba solo, pero la sociedad cuenta con la ley, los juzgados, la policía, la cárcel. Y llevarán a cabo todo un ritual para justificarse: «No lo ejecutamos por venganza, solo lo hacemos para prevenir el crimen». Pero eso no es verdad.

Si quieren evitar el crimen, su ley debería basarse más en la psicología, en el psicoanálisis, en la meditación. Entonces se darían cuenta de que ningún individuo ha hecho jamás nada malo, lo que está mal es la sociedad. La sociedad está mal porque enseña a las personas a reprimir, y cuando lo hacen, llega un momento en el que han reprimido tanto, que acaba por desbordarse; entonces no pueden hacer nada. Son víctimas. Todos los que son considerados criminales, en realidad, son víctimas. Los verdaderos criminales son los jueces, los políticos, los sacerdotes. Pero como las cosas han sido así durante siglos, hemos acabado aceptándolas.

No hagas nada, simplemente deja a un lado. No es difícil, es un fenómeno muy sencillo. Por ejemplo, la silla de tu habitación. ¿No puedes dejarla donde está? ¿Tienes que hacer algo al respeto? No hay por qué hacer nada. Solo tienes que echar una mirada al contenido de tu mente desde cierta distancia, la distancia suficiente para poder ver: «Esto es ira, esto es tristeza, esto es angustia, esto es ansiedad, esto es preocupación», lo que quiera que sea. Deja que estén ahí. «A mí no me concierne. No voy a hacer nada a favor o en contra.» Y empezarán a desaparecer.

Si puedes aprender algo tan sencillo como dejar que esas cosas desaparezcan, tendrás tal claridad de mente, tu visión será tan penetrante, tu percepción llegará tan lejos, que no solo cambiará tu individualidad sino que además permitirá que salga a la superficie el contenido reprimido en el inconsciente. Al ver que has aprendido a no reprimir, las cosas empezarán a salir. Ellas quieren salir al mundo. ¡Nadie quiere vivir en un sótano oscuro! Al ver que tú las permites salir, que no tienen que esperar a que te quedes dormido por la noche, empezarán a surgir. Verás como van subiendo del sótano de tu ser, saliendo de tu conciencia. Poco a poco, tu inconsciente se irá quedando vacío.

Y ese es el milagro, la magia: cuando el inconsciente está vacío, el muro entre el consciente y el inconsciente se derrumba. Todo se convierte en conciencia. Antes, solo una décima parte de tu mente era consciente. Ahora, las diez partes están juntas; son conscientes. Eres diez veces más consciente. Y ese proceso se puede extender más aún;

puede liberar el inconsciente colectivo y hasta el inconsciente cósmico. La llave es la misma. Y si puedes limpiar todas las partes inconscientes de tu conciencia, será tan maravillosa que entrar en el superconsciente será tan fácil como para un pájaro remontar el vuelo.

Todo el cielo está a tu disposición. Lo que pasa es que llevabas una carga demasiado pesada, tan pesada que no podías volar. Ahora no hay peso. Eres tan ligero que la gravedad ya no ejerce ninguna fuerza sobre tu mente; ahora puedes volar hasta el superconsciente, hasta el consciente colectivo, hasta el consciente cósmico.

La divinidad está a tu alcance. Solo tienes que liberar los demonios que has estado reteniendo a la fuerza en el inconsciente. Libéralos y la divinidad estará a tu alcance. Ambas cosas pueden ocurrir a la vez. Cuando limpias la parte inferior, el mundo superior se abre a ti. Recuerda, vuelvo a repetirlo: se trata de un proceso sencillo.

¿Cuál es la relación entre la maestría sobre el yo y el control?

Son contrarios. En la maestría sobre el yo no hay ningún yo; carece por completo de yo. La maestría existe, pero no hay ningún yo que conquistar; no hay nada que conquistar ni nada que pueda ser conquistado, lo único que hay es pura conciencia. En esa pureza, eres parte del todo; en esa pureza, eres la divinidad misma. Pero no hay un yo.

Cuando decimos «maestría del yo» estamos utilizando una expresión errónea. Pero no se puede hacer nada, porque a esas alturas todo el lenguaje es erróneo; en esos momentos de plenitud ninguna palabra es adecuada. En el control sí hay yo; en el control hay más yo que nunca. La persona sin control no tiene tanto yo, tanto ego; ¿cómo iba a tenerlo? Conoce sus debilidades.

Por eso, aunque pueda parecerte extraño, te darás cuenta de que los llamados santos son más egoístas que los pecadores. Los pecadores son más humanos, más humildes; los santos, debido a su control, son casi inhumanos. Ellos piensan que son suprahumanos porque pueden controlar sus instintos, hacer largos ayunos, privarse del sexo durante muchos años o incluso toda la vida. Pueden mantenerse despiertos durante varios días, sin dormir ni un solo momento, pueden ejercer un gran control sobre el cuerpo y la mente, y eso, como es natural, les proporciona un gran ego. Alimenta su idea de que son seres especiales, alimenta su enfermedad.

El pecador es más humilde. Tiene que serlo; sabe que no puede controlar nada. Cuando aparece la ira, se pone iracundo. Cuando aparece el amor, se pone amoroso. Cuando aparece la tristeza, se pone triste. No tiene control sobre sus emociones. Cuando está hambriento, está dispuesto a hacer cualquier cosa por conseguir comida; si tiene que robar, roba. Hará lo que sea.

Una famosa historia sufí:

El mulá Nasrudin y otros dos santos salieron de peregrinaje a La Meca. Estaban en la última etapa de su viaje y su dinero también se estaba acabando. Estaban cruzando un pueblo, y con el último dinero que les quedaba, decidieron comprar un dulce llamado *halva*, pero no era suficiente para los tres, ya que tenían mucha hambre. ¿Qué podían hacer? No querían repartirlo porque sabían que no sería suficiente para quitar el hambre a ninguno de los tres. Así que, para salvar su vida, empezaron a discutir quién de los tres era más importante.

El primer santo dijo: «Yo he hecho muchos ayunos, he rezado durante muchos años; ninguno de los presentes es más religioso y santo que yo. Dios querrá que me salve, así que el *halva* ha de ser para mí».

El segundo santo dijo: «Ya sé que eres un hombre muy austero, pero yo soy un gran erudito. He estudiado todas las escrituras, he dedicado toda mi vida al servicio del conocimiento. El mundo no necesita gente que pueda ayunar. ¿De qué le sirve al mundo el ayuno? Además, ¡puedes ayunar en el paraíso! El mundo necesita conocimiento. Hay tanta ignorancia que no se puede permitir perderme. El *halva* tiene que ser para mí».

El mulá Nasrudin dijo: «Yo no soy un asceta, no puedo presumir de autocontrol. Tampoco soy una persona muy ilustrada, por lo tanto tampoco puedo presumir de culto. Soy un pecador corriente, pero de todos es sabido que Dios siempre se apiada de los pecadores. El *halva* ha de ser para mí».

Como no pudieron ponerse de acuerdo, finalmente decidieron que los tres deberían irse a dormir sin comer el *halva*: «Dejemos que sea Dios quien decida; veamos a quién le manda el mejor sueño. Por la mañana, según el sueño de cada uno, decidiremos».

A la mañana siguiente, el santo dijo: «Ahora estoy seguro de que nadie puede superar mi sueño, es imposible. El *halva* será para mí. En mi sueño le besaba los pies a Dios. Eso es lo máximo a lo que uno puede aspirar. ¿Qué experiencia más sublime puede existir?».

El erudito, el hombre ilustrado, se rió y dijo: «Eso no es nada, ¡a mí, Dios me ha abrazado y me ha besado! Tú le habrás besado los pies, pero ¡a mí me ha abrazado y me ha besado! ¿Dónde está el *halva*? Ha de ser para mí».

Miraron a Nasrudin y le preguntaron: «Y tú, ¿qué has soñado?».

Nasrudin contestó: «Yo soy un pobre pecador, mi sueño ha sido muy corriente; tan corriente que ni siquiera merece la pena contarlo. Pero ya que insistís y eso es lo que habíamos acordado, os lo contaré. En mi sueño apareció Dios y me dijo: "¡Insensato! ¿Qué estás haciendo? ¡Cómete el *halva*!". No podía desobedecer una orden suya, así que ya no queda *halva*. Me lo he comido».

El autocontrol te da el ego más sutil. En el autocontrol hay más «yo» que en cualquier otra cosa. La maestría de uno mismo es un fenómeno completamente distinto; en él no hay ningún yo. El control se cultiva, se practica, se logra con mucho esfuerzo, se consigue tras largos años de lucha. La maestría, por el contrario, no es algo que se cultive, que se practique. La maestría es, simplemente, entendimiento. No es, en absoluto, control.

Por ejemplo, si controlas la ira, si la reprimes, si te sientas sobre ella, nadie se dará cuenta de que lo has hecho y todo el mundo te elogiará porque, en una situación en la que cualquiera se habría enfadado, tú te has mantenido frío, tranquilo y calmado. Pero sabes que toda esa calma y frialdad solo era superficial y que por dentro estabas hirviendo. Dentro había un fuego, pero lo reprimiste en el inconsciente, lo empujaste al fondo de tu inconsciente y te sentaste encima como si de un volcán se tratase, y todavía estás sentado sobre él.

Un hombre que controla es un hombre que reprime. Siempre está reprimiendo y, al hacerlo, va acumulando todo lo malo. Su vida se convierte en una chatarrería. Tarde o temprano, y seguramente más temprano que tarde, el volcán acabará explotando; porque tu capacidad de acumulación tiene un límite. Reprimes la ira, reprimes el sexo, reprimes toda clase de deseos, de anhelos; ¿cuánto tiempo podrás seguir reprimiendo? Tu capacidad tiene un límite; si lo sobrepasas, explotarás.

A los llamados santos, hombres con autocontrol, se les puede provocar muy fácilmente. Solo tienes que escarbar un poco, y te sorprenderás: el animal surge inmediatamente. Su santidad solo es superficial; dentro de ellos hay tantos demonios que van tirando como pueden. Su vida es desdichada, porque es una lucha constante. Son gente neurótica, gente al borde de la locura, siempre al límite. Cualquier insignificancia puede ser la gota que colme el vaso. Según mi visión de la vida, no son religiosos.

El que es verdaderamente religioso, no controla nada, no reprime nada. Si eres verdaderamente religioso, intentas entender, no controlar. Te vuelves más meditativo, observas tu ira, tu sexo, tu avaricia, tu envidia, tu posesividad. Observas todas esas cosas venenosas que te rodean; simplemente observas, intentas entender qué es la ira, y en ese mismo entendimiento la transciendes. Te conviertes en un testigo y, en ese presenciar, la ira se funde como la nieve bajo el sol.

El entendimiento trae consigo cierta calidez; es un amanecer dentro de ti que hace que el hielo que te rodea se empiece a derretir. Es como una llama en tu interior que hace desaparecer la oscuridad.

El hombre de entendimiento, de meditación, no es un hombre de control sino todo lo contrario. Es un observador. Y para observar, tienes que mantenerte absolutamente al margen de juicios. El hombre de control, juzga, está constantemente condenando: «Esto está mal». Está constantemente valorando: «Esto es bueno, esto es malo, esto te llevará al infierno, esto te llevará al cielo». Está constantemente juzgando, condenando, valorando, eligiendo. El hombre de control vive en la elección, y el hombre de entendimiento vive en la no elección.

Lo que trae consigo la verdadera transformación es la conciencia sin elección. Porque, como no se reprime nada, no surge ningún ego, no surge ningún yo. Y dado que el entendimiento es un fenómeno subjetivo, interior, nadie se da cuenta. Nadie puede verlo, excepto tú. El ego viene del exterior, de los demás, de lo que dicen acerca de ti. Lo que crea el ego es la opinión de los demás acerca de ti. Ellos dicen que eres inteligente, que eres un santo, que eres muy piadoso y, como es natural, ¡eso hace que te sientas maravillosamente bien! El ego procede de fuera, te lo crean los demás. Pero claro, delante de ti dicen una cosa y, a tus espaldas, justo lo contrario.

Sigmund Freud solía decir que si todas las personas del mundo decidiéramos decir la verdad y nada más que la verdad, aunque solo fuera durante veinticuatro horas, todas las amistades desaparecerían. Todas las relaciones amorosas se disolverían, todos los matrimonios se desharían. Si toda la humanidad decidiera actuar con sinceridad, aunque solo fuera durante veinticuatro horas… Cuando un invitado llamase a tu puerta no le dirías: «Bienvenido, pasa, te estaba esperando. ¡Cuánto tiempo hacía que no nos veíamos! Te he echado mucho de menos, ¿dónde has estado? Mi corazón late de júbilo al verte». Le dirías lo que verdaderamente sientes: «¡Ya está aquí otra vez este hijo de puta! ¿Es que no voy a poder librarme nunca de este bastardo?». Eso es lo sientes en el fondo, lo que estás controlando. Y que le dirás a otro a espaldas de esa persona.

Obsérvate a ti mismo, fíjate en lo que le dices a una persona a la cara y lo que dices a sus espaldas. Lo que dices a sus espaldas es mucho más sincero y más cercano a tus sentimientos que lo que le dices a la cara. Pero el ego depende de lo que te dicen los demás, y es muy frágil; tan frágil que cada ego lleva el cartel de: «Manejar con cuidado».

Un polaco, un negro y un mexicano que estaban sin trabajo vivían juntos. Una noche, el polaco llegó a casa y anunció que había conseguido un trabajo.

—Eh, amigos, despertadme mañana a las seis —les dijo—. ¡Tengo que estar en el trabajo a las seis y media!

Mientras el polaco dormía, el negro le dijo al mexicano:

—Le han dado el trabajo porque es blanco. A nosotros no nos lo dan porque yo soy negro y tú moreno.

Así que por la noche le pintaron todo el cuerpo con betún, se pusieron de acuerdo en despertarle tarde, así tendría que salir a toda prisa para no llegar tarde al trabajo.

La mañana siguiente, cuando el polaco llegó al trabajo, el encargado le preguntó:

—¿Quién es usted?

—Usted me contrató ayer —le contestó—. ¡Me dijo que estuviera aquí a las seis y media!

—Yo contraté a un hombre blanco; ¡usted es negro!

—¡No lo soy!

—¡Sí lo es! ¡Vaya a mirarse al espejo!

El polaco se apresuró a mirarse al espejo, y al verse exclamó:

—¡Dios mío! ¡Han despertado al hombre equivocado!

Tu ego depende de los espejos. Y cada relación actúa como un espejo, cada persona con la que te encuentras actúa como un espejo, y ese ego sigue controlándote.

En primer lugar, ¿por qué controla? Lo hace porque la sociedad aprecia el control, porque, si controlas, la sociedad te dará más ego aún. Cuando asumes las ideas de la sociedad, su moralidad, su puritanismo, su concepto de santidad, la sociedad te ensalza cada vez más. Cada vez te respeta un mayor número de personas, tu ego se va elevando más y más, vuela muy alto.

Pero recuerda: el ego nunca será portador de ninguna transformación. El ego es el fenómeno más inconsciente que puede ocurrir en ti, te irá haciendo cada vez más inconsciente. La persona que vive a través del ego está embriagada por él; no está en sus cabales.

Era una boda preciosa. En el banquete, el vino corría como el agua. Todo iba bien hasta que el novio se dio cuenta de que no veía a su hermosa esposa por ninguna parte. Buscando entre los invitados se dio cuenta de que su mejor amigo también había desaparecido.

Empezó a buscarla. Cuando entró a mirar en la suite nupcial, vio a su mujer y a su amigo haciendo el amor. Cerró la puerta con suavidad y, procurando no hacer ruido, bajó al salón en el que estaban los invitados.

—¡Rápido, rápido! ¡Venid todos a ver! —dijo a gritos—. ¡Mi mejor amigo está tan borracho que cree ser yo!

El ego te mantiene en un estado de embriaguez. No sabes quién eres porque crees lo que los demás piensan de ti. Tampoco sabes quiénes son los demás porque crees lo que los demás dicen de ellos. Este es el mundo falso, ilusorio, en el que vivimos.

Despierta, hazte más consciente. Haciéndote consciente te convertirás en maestro de tu propio ser. La maestría no sabe nada del yo, y el yo no sabe nada de la maestría. Eso es algo que tiene que quedarte meridianamente claro.

Yo no enseño autocontrol, autodisciplina. Enseño autoconciencia, autotransformación. Me gustaría que fueras tan extenso como el firmamento; porque eso es lo que realmente eres.

Pensamiento, sentimiento, acción.
Comprender tu «tipo»

LOS PENSAMIENTOS SON UNA PREOCUPACIÓN. Quienes están demasiado en sus pensamientos viven en una especie de mundo privado. Tienen su propio mundo de sueños, proyecciones y deseos. Van con prisas de un lado a otro, no se fijan en los árboles, la vegetación, las flores, los pájaros, la gente, los niños; no ven nada.

Esto me recuerda una historia muy antigua, pero muy significativa: Miguel Ángel estaba trabajando en su famosa obra de la capilla Sixtina. Trabajó durante siete años sobre un andamio muy alto, y se pasaba todo el día tumbado boca arriba pintando el techo. Al cabo del tiempo observó que por las tardes, cuando no había nadie más en la capilla, una anciana ciega solía ir a rezar. Alguien la llevaba y la dejaba allí; ella se quedaba sentada rezando durante horas.

Un día, una tarde muy calurosa, a Miguel Ángel no le apetecía trabajar, se sentó en el andamio y miró hacia abajo. Allí solo estaba la anciana, no había nadie más en la capilla. Miguel Ángel vio que mientras rezaba sus oraciones, caían lágrimas de sus ojos… y se le ocurrió gastarle una broma.

Con voz profunda, dijo: «Soy Jesucristo. ¿Qué quieres? Pídemelo, y te lo concederé». Él pensaba que la mujer le pediría lo que quería. Pero la mujer levantó la cara con sus inexpresivos ojos, y contestó: «¡Cállate! ¡No estoy hablando contigo, estoy hablando con tu madre!».

211

Así es la preocupación. ¿A quién le importa Jesucristo? Cuando estás perdido en determinado pensamiento o en determinado proceso de pensamiento, te cierras. Solo dejas abierto un túnel. Tú te mueves en ese túnel, pero ese túnel de tus pensamientos no tiene nada que ver con la realidad. Es tu pensamiento, no es más que una onda en tu mente, una vibración. Por eso se dice que si estás demasiado en tus pensamientos no puedes llegar a conocer la verdad.

Todos los tipos de meditaciones presuponen una cosa: la ausencia de pensamientos. Y al igual que en la mente hay pensamientos, en el corazón hay emociones. Si quieres que surja el conocimiento, los pensamientos tienen que desaparecer, y si quieres que surja el amor en tu corazón, tu sentimentalismo y tus emociones tienen que desaparecer.

La gente está dispuesta a aceptar que los pensamientos tengan que desaparecer para que la inteligencia sea pura, pero nunca han tenido en cuenta la segunda cuestión: solo cuando tus emociones y tus seudo-sentimientos han desaparecido, tu corazón es puro. Hay mucha gente que piensa que el sentimentalismo es sentimiento, pero no es lo mismo. Ni los pensamientos son inteligencia ni el sentimentalismo es amor. Y solo hay dos caminos.

Los místicos hablan de dos caminos: el camino del conocimiento, de la inteligencia, y el camino de los sentimientos, del amor. Pero ambos requieren una cosa fundamental. Si estás buscando a través de la inteligencia, tienes que dejar de pensar para que la inteligencia pueda funcionar sin impedimentos. Y si estás trabajando en el camino del amor, tienes que abandonar la emotividad, el sentimentalismo, para que tu amor pueda funcionar sin impedimentos. Ya sea a través del corazón, del espejo de tu corazón, o a través del espejo de tu inteligencia, verás la verdad. Ambos son igualmente correctos; puedes elegir el que quieras o el que vaya más acorde contigo.

El camino del corazón es el camino femenino, y el camino de la inteligencia, de la meditación, del conocimiento, es el camino masculino. Pero hay algo que tienes que tener en cuenta: puede que seas biológicamente masculino pero psicológicamente no. Puede que seas biológicamente femenina, pero psicológicamente no. Tienes que buscar en ti mismo para descubrir cómo eres psicológicamente. La fisiología no es decisiva, la psicología sí lo es. Muchas mujeres llegarán a través del conocimiento, y muchos hombres llegarán a través del amor.

Así que, aunque físicamente tu cuerpo sea masculino, no asumas que tu camino es el camino del conocimiento. El hombre es ambas cosas, hombre y mujer, y la mujer también es ambas cosas, mujer y hombre. En cierto sentido, estos dos puntos no difieren mucho. La única diferencia está en el énfasis. Si en cierto sentido eres masculino, en otro, para compensar, serás femenino. Si en cierto sentido eres una mujer, en otro, para compensar, serás un hombre; porque la unidad total tiene que estar en perfecto equilibrio. Todos tus aspectos femeninos y masculinos —biológicos, fisiológicos, psicológicos— tienen que llegar a una síntesis; es de la única manera que puedes existir. Todos ellos tienen que estar en perfecto equilibrio.

Así que mira en tu yo. Descubre quién eres. ¿Qué es lo que te da entusiasmo, conocimiento o amor? ¿Qué es lo que te hace ser extático, sabio o amoroso? ¿Qué es lo que pone poesía en tu ser?

Por supuesto, Albert Einstein no puede ir a través del camino del amor, la inteligencia es su dicha. Y a la existencia solo puedes ofrecerle tu dicha, nada más. Esa es la ofrenda, la única ofrenda; no puedes ofrecerle las flores de los árboles, solo puedes ofrecerle tu florecimiento. Einstein floreció como una inteligencia absolutamente maravillosa; esa es la flor que él puede ofrecer a la existencia. Esa es su flor, la que ha florecido en su propio árbol. Un Chaitanya o un Jesús pertenecen a un tipo de persona diferente. Su corazón se ha abierto, ellos han florecido en amor. Pueden ofrecer su flor. Solo puedes ofrecer tu florecimiento y, para florecer, tendrás que apartar los impedimentos.

La verdadera inteligencia está completamente libre de la preocupación causada por los pensamientos. Por eso dicen todos los grandes científicos que siempre que han descubierto algo, no ha sido mientras estaban pensando, sino cuando habían dejado de pensar, cuando hicieron un intervalo, una pausa. En ese intervalo, de repente, les vino la visión, el destello intuitivo.

Cuando el pensamiento se detiene, tu pensar es puro. Parece paradójico. Cuando el pensamiento se para —permíteme que lo repita— tu pensar es puro, tu capacidad de reflejar la realidad es pura. Cuando desaparecen las emociones, el sentimentalismo, tu energía de amor es pura.

Es algo que todo buscador tiene que descubrir. Aunque algunas veces resulte muy confuso a la hora de decidir. Hay algunos casos excepcionales en los que la persona es un cuarenta y nueve por ciento femenina y un cincuenta y uno por ciento masculina, o viceversa, y les resulta muy difícil decidir cómo son. Por la mañana, la proporción puede ser un cuarenta y nueve por ciento hombre y un cincuenta y uno por ciento mujer; y por la tarde puede que esa proporción cambie. Eres un flujo. Por la mañana puedes decidir que tu camino es el camino del amor y por la tarde, el del conocimiento.

Algunas veces ocurre que en apariencia eres una cosa y potencialmente eres otra. Puede que un hombre parezca muy viril y que, en el fondo, su corazón sea muy tierno. Es posible que construya a su alrededor esa armadura de fuerza, de agresividad, precisamente porque su corazón es tierno, por miedo a su propia ternura. Miedo a que esa suavidad lo haga vulnerable, a que todo el mundo lo explote, lo engañe, si abre su corazón, a que no haya un lugar para él en un mundo tan competitivo. Por miedo a esa ternura, se cierra, levanta una Gran Muralla china en torno a su corazón. Se vuelve proporcionalmente agresivo a la ternura y vulnerabilidad que siente. Si piensa en términos de superficialidad, se considerará a sí mismo un hombre muy duro, un guerrero, un hombre muy calculador. Puede que su propia armadura lleve a confundir su camino, puede que se engañe con su propio ardid. Lo ha urdido para los demás; pero has de saber que cuando cavas un foso para los demás, tú mismo acabas cayendo en él.

También puede ocurrir que alguien parezca extremadamente femenino —tierno, grácil, elegante— pero en el fondo sea un hombre muy peligroso, un Adolf Hitler, un Benito Mussolini o un Gengis Jan. Esa es otra posibilidad, también se da. Cuando una persona acaba teniendo tanto miedo de su propia agresividad y violencia, crea cierta ternura a su alrededor, de otro modo, nadie se relacionaría con él. Por miedo a que nadie se relacione con él, se vuelve muy educado, aprende modales, siempre saluda a la gente, sonríe continuamente para que nadie vea la violencia que lleva consigo como un veneno, como una daga. Cuando llevas una daga, tienes que ocultarla, porque si no, ¿quién iba a relacionarse contigo? No puedes llevarla al descubierto, tienes que esconderla en alguna parte. Y una vez que la has escondido, con el tiempo, incluso tú acabarás olvidándote de ella.

Una de las funciones de un maestro es ayudarte a encontrar tu propio potencial, en lo más profundo de tu ser, porque eso es lo decisivo; no tu armadura, no tu carácter, no tu apariencia en la superficie. A buscarte como el ser que la existencia ha creado, no como el que la sociedad o tú mismo has creado. Solo desde ese punto, algo puede empezar a crecer.

Si intentas trabajar en ti mismo con tu armadura puesta, nunca lograrás nada, porque la armadura no puede crecer, es una cosa inanimada. Solo tu ser puede crecer. Las estructuras no crecen, no están vivas. Solo la vida que hay en ti puede crecer; la vida es un regalo de la naturaleza.

La meditación puede ocurrir de dos formas. La primera es que todo movimiento desaparezca; te sientas como un Buda, completamente quieto, como una estatua. Cuando todo movimiento desaparece, el que se mueve también desaparece, porque no puede existir sin el movimiento. Entonces hay meditación.

Y la segunda es por medio de la danza. Sigues danzando y danzando hasta que llega un momento de tal éxtasis, de tal extremo movimiento de energía, que el rocoso ego no puede sobrevivir. Ese movimiento se convierte en un tornado. La roca desaparece y solo queda la danza. Hay movimiento pero el que se mueve, desaparece. De nuevo, ha ocurrido la meditación.

La danza encaja perfectamente con los que siguen el camino del amor. Para los que siguen el camino del conocimiento será más provechoso estar sentados sin moverse, como un Buda.

¿Puedes hablar un poco más acerca de los diferentes tipos? Mucha gente parece fluctuar entre el tipo emocional y el tipo intelectual. ¿Cómo se puede llegar a una decisión definitiva respecto a cuál es su tipo?

Es difícil. La psicología reconoce tres tipos básicos de funcionamiento. El intelectual o cognitivo, el emocional o emotivo, y el activo. En el «intelectual» se integran aquellos cuya auténtica necesidad es saber, aquellos que podrían apostar su vida por el saber. Aquellos que, si trabajan con veneno, lo tomarían solo por conocer sus efectos. Nosotros no podemos concebirlo, nos parece estúpido, ¡morirán! ¿Qué sentido tiene saber algo si vas a morir? ¿Qué vas a hacer con ese conocimiento? Pero los del tipo intelectual ponen el conocimiento por encima de la vida. Para ellos, saber es vida y no saber es muerte. Su devoción es saber y no saber es, sencillamente, ser un inútil.

La búsqueda de un Sócrates, de un Buda, de un Nietzsche, es descubrir qué significa ser, qué somos; para ellos es básico. Sócrates dice que una vida incomprendida no es digna de ser vivida. Si no sabes qué es la vida, no tiene sentido. Para nosotros, eso puede que no tenga ningún sentido, porque vivimos y no sentimos la necesidad de saber qué es la vida. Pero él es del tipo de los que viven para saber. El conocimiento es su devoción. Fueron los de ese tipo los que desarrollaron la filosofía. Filosofía significa amor al conocimiento, al saber.

El segundo tipo es el de los emotivos, los que sienten. Para los de este tipo, el conocimiento no tiene importancia, a no ser que uno lo sienta. Solo adquiere sentido cuando lo siente; ¡tiene que sentirlo! Sentirlo a través de un centro más profundo: el corazón. El conocimiento ocurre a través del intelecto. Los poetas, los pintores, los bailarines, los músicos pertenecen al tipo de los que sienten. Para ellos, saber no es suficiente, no hay corazón en ello. ¡Lo importante es sentir! Por eso alguien del tipo intelectual puede diseccionar una flor para saber cómo es, pero un poeta no puede hacerlo. Lo que un poeta hace es amarla, ¿y cómo va a diseccionar algo que ama? Él siente la flor, y sabe que solo a través de los sentimientos se llega al verdadero conocimiento.

Puede que un científico sepa más acerca de la flor, pero un poeta nunca se convencerá de que el científico sabe más. Un poeta sabe que él sabe más, y más profundamente. El científico solo tiene información; el poeta sabe de corazón a corazón, mantiene un diálogo de corazón a corazón con la flor. No la ha diseccionado, no conoce su química. Puede que ni siquiera sepa su nombre o a qué especie de flores pertenece, pero está convencido de que conoce su verdadero espíritu.

A Hui-Hai, un pintor zen, el emperador de China le ordenó que pintara algunas flores para su palacio. Hui-Hai le dijo:

—En ese caso tendré que vivir con las flores.

El emperador le dijo:

—No hace falta. En mi jardín hay toda clase de flores. ¡Píntalas!

Hui-Hai le contestó:

—¿Cómo voy a pintar las flores si antes no las siento? Tengo que conocer su espíritu. El espíritu no se puede ver con los ojos, no se puede tocar con las manos. No tendré más remedio que convivir con ellas. Simplemente sentándome a su lado con los ojos cerrados, sintiendo la brisa que comunican, sintiendo el aroma que emanan, podría llegar a una silenciosa comunión con ellas. Algunas veces, la flor no es más que un capullo; otras veces, el capullo se abre, florece. Algunas veces, la flor es joven y está de determinado humor; otras, es vieja y le ronda la muerte. Y algunas veces la flor está feliz y dichosa, y otras, está triste. ¿Cómo voy a ponerme a pintar sin más? Tendré que vivir con las flores. Cada flor que nace, morirá algún día; tendré que conocer toda su biografía, tendré que vivir con una flor desde que nazca hasta que muera, tendré que sentirla en todos sus estados de ánimo.

»Tengo que saber cómo se siente en la oscuridad de la noche, cómo se siente por la mañana cuando sale el sol, cómo se siente cuando un pájaro vuela y canta a su alrededor, cuando soplan vientos tormentosos y cuando todo está en silencio. Tengo que conocerla en su multiplicidad de ser, íntimamente, como un amigo, un testigo, un amante, alguien que está realmente involucrado. ¡Tengo que tener una relación con ella! Solo entonces podré pintarla, y aun así, no puedo prometer nada, porque la flor puede mostrar tal inmensidad que a lo mejor no soy capaz de pintarla. Así que no puedo prometer nada, solo puedo intentarlo.

Pasaron seis meses y el emperador empezó a impacientarse. Entonces preguntó:

—¿Dónde está Hui-Hai? ¿Todavía está intentando convivir con las flores?

El jardinero le dijo:

—No podemos molestarle. Ha llegado a tal intimidad con el jardín que algunas veces pasamos a su lado y ni siquiera nos damos cuenta de que está allí, ¡se ha convertido en un árbol! Siempre está contemplando.

Habían pasado otros seis meses. El emperador fue a ver a Hui-Hai y le preguntó:

—¿Qué estás haciendo? ¿Cuándo vas a empezar a pintar?

Hui-Hai le contestó:

—No me moleste. Si he de pintar, tengo que olvidarme por completo de la pintura. Será mejor que no me lo recuerde, ¡no me moleste! ¿Cómo voy a convivir con las flores si hay algún propósito? ¿Cómo voy a poder intimar si solo estoy aquí como pintor, si solo intento hacerlo para poder pintar? ¡Qué insensatez! Esto no es una negociación; así que no vuelva más. Cuando llegue el momento adecuado me presentaré ante usted, pero no puedo prometer nada. El momento adecuado puede llegar o no.

El emperador llevaba esperando tres años, cuando por fin apareció Hui-Hai. Se presentó en la corte imperial; al verle el emperador le dijo:

—Ya no hace falta que pintes. Tú mismo te has convertido en una flor. ¡En ti puedo ver todas las flores que he conocido! Tus ojos, tus gestos, tus movimientos, son los de una flor. Te has convertido en una flor.

Hui-Hai dijo:

—Precisamente venía a decirle que no puedo pintar, porque el pintor ya no existe.

Este es un camino distinto, el de los del tipo emotivo, los que saben por medio de los sentimientos. Los del tipo intelectual, hasta para sentir, antes tienen que saber. Solo pueden sentir si previamente saben. Incluso su sentimiento viene a través del saber.

Luego hay un tercer tipo: el tipo creativo, el de los activos. Estos no pueden conformarse con saber o sentir, tienen que crear. Solo pueden saber a través de la creación. Hasta que no crean algo, no pueden conocerlo. Solo llegan al saber a través de la creación.

Los que pertenecen a este tercer tipo viven en acción. ¿A qué me refiero por «acción»? Hay muchas dimensiones posibles, pero los de este tercer tipo siempre están enfocados a la acción. Ellos no preguntan qué significa la vida o qué es la vida, lo que preguntan es: «¿Qué hay que hacer en la vida? ¿Cuál es su fin? ¿Qué hay que crear?». Si pueden crear, estarán cómodos. Sus creaciones pueden ser diversas. Pueden ser creadores de seres humanos, creadores de una sociedad o creadores de un cuadro, pero siempre serán creativos. Como por ejemplo, Hui-Hai. Él no era del tipo activo, de haberlo sido, habría pintado. Solo se habría sentido satisfecho pintando.

Esos son los tres tipos de funcionamiento.

Hay muchas cosas que entender.

Como ya he dicho antes, tanto Buda como Nietzsche pertenecen al primer tipo, pero Buda de la forma correcta y Nietzsche de la forma incorrecta. Si alguien del tipo intelectual se desarrolla como es debido, se convierte en un Buda, pero si toma un camino equivocado, si se extravía y pierde el rumbo, se convertirá en un Nietzsche, se volverá loco. A través del conocimiento no llegará a ser un alma realizada, no alcanzará una profunda confianza, se volverá loco. Seguirá creando dudas y más dudas y, al final, se quedará atrapado en sus propias dudas, acabará desequilibrado. Buda y Nietzsche pertenecen al mismo tipo, pero en extremos diferentes. Nietzsche puede llegar a convertirse en un Buda, y Buda puede llegar a convertirse en un Nietzsche. Si un Buda yerra su camino se volverá loco. Si un Nietzsche toma el camino correcto se convertirá en un alma realizada.

La mística india Meera y el marqués de Sade son un claro exponente de los dos extremos del tipo emotivo. Meera representa la forma correcta del tipo emotivo. Cuando el sentimiento toma el camino correcto, se desarrolla en un amor a lo divino; pero cuando toma el camino equivocado, se convierte en perversión sexual. Sade representa el mismo tipo que Meera, pero sus energías de sentimiento tomaron un camino equivocado, por eso se convirtió en un hombre pervertido, en un enfermo mental.

Cuando alguien del tipo emotivo se desvía, se convierte en un pervertido sexual. Cuando alguien del tipo intelectual se desvía, se convierte en un loco escéptico.

Y, en tercer lugar, el tipo activo: Hitler y Gandhi representan al tercer tipo. Si todo va bien surge un Gandhi, pero si va mal surge un

Hitler. Ambos pertenecen al tipo activo, no pueden vivir sin hacer algo. Pero hacer puede ser patológico y Hitler es una clara muestra de ello. Él hacía, pero su hacer se volvió destructivo. Cuando alguien de este tipo va por el buen camino es creativo, pero cuando va por un mal camino se vuelve destructivo.

Básicamente, estos son los tres tipos puros, pero nadie se ajusta por completo a ninguno de ellos; ese es el problema. Solo son arquetipos; en todas las personas hay una mezcla de los tres tipos. En realidad, no se trata de averiguar si perteneces a uno u a otro, la verdadera cuestión es saber cuál de los tres tipos predomina en ti. Esta división solo se hace para poder explicarlos, pero nadie es exclusivamente de un tipo, eso no es posible, en cada persona hay parte de los tres. Si hay un equilibrio entre los tres tipos, estás en armonía; si no lo hay, te conviertes en un desquiciado, un loco. Por eso es difícil decidir; descubre cuál es el que predomina en ti, y ese será el tuyo.

¿Cómo decidir cuál es el tipo que predomina? ¿Cómo saber a cuál pertenezco o cuál es más importante o primordial para mí? Habrá parte de los tres, pero dos de ellos serán secundarios. Hay que tener en cuenta dos criterios. Primero, si eres del tipo del intelectual, todas tus experiencias empezarán por el saber, no por otra cosa. Por ejemplo, cuando alguien del tipo intelectual se enamora, no lo hará a primera vista. ¡No puede! Es imposible; antes tiene que conocer, estar familiarizado, y será un proceso largo. La decisión solo puede llegar a través de un largo proceso de conocimiento. Por eso, las personas de este tipo perderán muchas oportunidades, porque hay situaciones que requieren una decisión instantánea, algo que ellos no pueden hacer. Por esa razón, normalmente los de este tipo no son activos. No pueden serlo, porque cuando por fin llegan a una conclusión, el momento ha pasado. Mientras piensan se les pasa la ocasión. Cuando por fin llegan a una conclusión, esta ya no tiene sentido. Cuando tenían que haber tomado la decisión, no pudieron hacerlo. Así que, en realidad, no pueden ser activos. Esta es una de las mayores fatalidades del mundo: los que pueden pensar no pueden ser activos, y los que pueden ser activos no pueden pensar. Es una fatalidad, pero así es.

Y un dato a tener en cuenta: hay pocas personas que pertenezcan al grupo de los intelectuales. El porcentaje es muy pequeño, un dos o un tres por ciento como mucho. Para ellos todo comenzará por el conocimiento. El sentimiento y la acción vendrán después. La secuencia en los de este tipo será la siguiente: conocimiento, sentimiento, acción. Es posible que pierda la ocasión, pero no puede hacerlo de otra manera. El pensamiento siempre será lo primero.

Otra cosa que hay que tener en cuenta es que los del tipo intelectual siempre empiezan por el conocimiento, no pueden llegar a una conclusión sin antes saber, y no se posicionan hasta que no conocen los pros y los contras. Los de este tipo se convierten en científicos, pueden llegar a ser filósofos, científicos u observadores absolutamente imparciales.

Cualquiera que sea tu reacción o tu acción en las situaciones, descubre cómo empieza. El punto de partida decidirá lo que predomina. Si alguien pertenece al tipo emotivo empezará por sentir, y luego encontrará las razones. El razonamiento será secundario. Empezará por sentir. En cuanto te ve, decide en su corazón si eres bueno o malo. Su decisión es emotiva. Aunque no sepa nada de ti, decidirá a primera vista, sentirá si eres bueno o malo y, luego, encontrará razones para respaldar lo que ya ha decidido de antemano.

Los del tipo emotivo deciden primero y después racionalizan; el razonamiento viene después. Cuando ves a una persona, en lo que tienes que fijarte es en si tomas una decisión nada más verla, si antes llegas a la conclusión de que es buena o mala, simpática o antipática, y luego buscas razones para convencerte de tu propio sentimiento: «Yo estaba en lo cierto, es buena y estas son las razones. Siempre lo he sabido y ahora, hablando con otra gente, me he dado cuenta de que tenía razón.

Mi intuición se ha confirmado». Pero la conclusión de que «era buena» vino antes que el razonamiento.

En una persona del tipo emotivo, el silogismo de la lógica opera a la inversa. Primero llega la conclusión y luego viene el proceso. En el caso de los del tipo intelectual, la conclusión nunca llega antes. Primero siguen el proceso y luego, al final, llegan a una conclusión.

Sigue indagando sobre ti mismo, ¿cuál es tu forma de decidir las cosas? En el caso de los del tipo activo, lo primero es la acción. Deciden en el momento de actuar, luego sienten y finalmente encuentran las razones.

·Como ya he dicho, Gandhi pertenece al tipo de los activos. Primero decide, por eso siempre dirá: «Yo no he tomado la decisión, ha sido Dios». La acción le llega de forma inmediata, sin ningún proceso, así que no puede decir: «Lo he decidido yo». Alguien del tipo intelectual siempre dirá: «Yo he tomado la decisión». Alguien del tipo emotivo siempre dirá: «Lo he sentido así». Pero alguien del tipo activo —un Mahoma, un Gandhi— siempre dirá: «Ni lo he sentido, ni lo he pensado, la decisión ha llegado a mí». ¿De dónde? ¡De ninguna parte!

Si no cree en Dios, dirá: «¡De ninguna parte! La decisión ha surgido en mí. No sé de dónde». Si cree en Dios, dirá que es Él quien decide. Entonces Dios toma todas las decisiones y Gandhi se limita a seguirlas. Gandhi puede decir: «Me he equivocado, pero la decisión no ha sido mía». Puede excusarse diciendo: «Es posible que no haya seguido la decisión correctamente, que no haya entendido el mensaje o que no haya hecho todo lo que debía, pero la decisión fue de Dios. Yo solo tenía que seguirla, solo tenía que rendirme y acatarla». Ese es el estilo de Mahoma, de Gandhi.

Hitler, como he dicho antes, representa la forma incorrecta de uno de los tipos y también piensa en esos términos. También declara: «No es Adolf Hitler quien está hablando sino el propio espíritu de la historia, la mente aria; lo que habla a través de mí es la mente de la raza». Y, ciertamente, muchos de los que oían hablar a Hitler sentían que no era él quien hablaba sino que, en realidad, era el vehículo de una fuerza superior.

El hombre activo siempre da esa impresión. Como actúa con tal inmediatez, no se puede decir que sea él quien decide, piensa, siente. No, ¡él actúa! Y la acción es tan espontánea que ¿cómo vas a saber de dónde viene? Puede que venga de Dios o del Diablo, pero lo que es indudable es que viene de fuera. Hitler y Gandhi encontrarán alguna explicación más tarde, pero antes decidirán.

Esos son los tres tipos. Si en tu caso, primero llega la acción, después llegan los sentimientos y, al final, los pensamientos, puedes determinar que tu característica predominante es la acción. Y determinar ese factor predominante es muy importante, porque entonces podrás proceder en línea recta, de lo contrario, tu progreso siempre será en zigzag. Cuando no sabes a qué tipo perteneces, vas innecesariamente por dimensiones y direcciones que no son las idóneas para ti. Cuando sabes cuál es tu tipo, sabes lo que tienes que hacer respecto a ti, cómo hacerlo, por dónde empezar.

En primer lugar, hay que descubrir qué viene primero y qué va después. Y en segundo lugar, tener en cuenta que, aunque pueda parecer extraño, resulta muy fácil hacer lo opuesto. Por ejemplo, alguien del tipo activo se puede relajar muy fácilmente. La relajación de Gandhi era milagrosa, se podía relajar en cualquier parte. Parece una paradoja. Lo lógico sería pensar que las personas del tipo activo estén tan tensas que no puedan relajarse, pero no es el caso. Solo una persona del tipo activo puede relajarse tan fácilmente. A los de los tipos intelectual y emotivo les resulta muy difícil; sin embargo, los del tipo activo se pueden relajar con mucha más facilidad.

Por lo tanto, el segundo criterio es ver a qué característica opuesta puedes pasarte con más facilidad. En otras palabras, el opuesto al que puedes pasarte más fácilmente te indica cuál es tu tipo predominante. Si te resulta muy fácil relajarte, significa que perteneces al tipo activo.

Si te resulta muy fácil entrar en el no pensar, en el no pensamiento, significa que perteneces al tipo intelectual. Si te resulta muy fácil entrar en el no sentimiento, significa que perteneces al tipo emotivo.

Puede parecer extraño porque normalmente pensamos: «¿Cómo puede pasar al no sentimiento alguien del tipo emotivo? ¿Cómo puede pasar al no pensar alguien del tipo intelectual? ¿Cómo puede pasar a la no acción alguien del tipo activo?». Pero, aunque parezca paradójico, no lo es. Hay una ley básica que dice que los opuestos se juntan, que los dos extremos se juntan. Es como el péndulo de un carillón que va de un extremo a otro. Cuando llega al final de un extremo, empieza a moverse hacia el otro. Mientras va hacia la izquierda, está tomando impulso para volver hacia la derecha. Moverse al opuesto es fácil.

Recuerda, si puedes relajarte fácilmente, perteneces al tipo activo. Si puedes meditar fácilmente, perteneces al tipo intelectual. Por eso, alguien como Buda puede entrar en meditación tan fácilmente, y alguien como Gandhi se puede relajar tan fácilmente. Gandhi dormía siempre que encontraba tiempo. Le resultaba muy fácil dormir.

Un Buda o un Sócrates pueden pasar al no pensamiento muy fácilmente. A simple vista, puede parecer extraño. ¿Cómo es posible que una persona capaz de pensar tanto pueda disolver el pensamiento, pasar tan fácilmente al no pensamiento? Todo el mensaje de Buda se puede resumir en el no pensamiento; sin embargo, él era del tipo intelectual. Pensó tanto que, sin lugar a dudas, todavía sigue siendo contemporáneo. Vivió hace veinticinco siglos, pero Buda sigue estando presente en la mente contemporánea; tan presente como el que más. Ningún pensador actual puede decir que Buda esté pasado de moda. Pensó mucho, se adelantó siglos a su tiempo, incluso hoy en día sigue siendo fascinante. Todo pensador se sentirá atraído por Buda porque representa un arquetipo. Sin embargo, su mensaje es: «Entra en el no pensamiento». Todos los que han pensado profundamente han aconsejado entrar en el no pensamiento.

Del mismo modo, los del tipo emotivo pueden entrar en el no sentimiento. Por ejemplo, Meera y Chaitanya son del tipo emotivo. Su sentimiento es tan grande que no pueden limitar su amor a unas pocas personas o a unas pocas cosas. Tienen que amar al mundo entero. Así es su tipo. No pueden conformarse con un amor limitado. Para ellos, el amor tiene que ser ilimitado, expandirse al infinito.

Chaitanya, que ya se había iluminado y era famoso en todo el estado de Bengala, un día fue a ver a un profesor de Vedanta y se postró a sus pies. El profesor, que respetaba mucho a Chaitanya, se quedó desconcertado. «¿Cómo es que has venido a verme? ¿Qué quieres? —le preguntó—. Tú ya te has realizado, no hay nada que yo te pueda enseñar.» Chaitanya le contestó: «Ahora quiero entrar en *vairagya*, en el no apego. He vivido una vida de sentimientos y ahora quiero entrar en el no sentimiento. Y tú puedes ayudarme».

Alguien del tipo emotivo puede pasarse al no apego, y eso es lo que hizo Chaitanya. Ramakrishna, que también era del tipo emotivo, al final se pasó al Vedanta. Toda su vida había sido devoto de la Diosa Madre Kali, pero al final se convirtió en discípulo de un profesor de Vedanta, Totapuri, y se inició en el mundo del no sentimiento. A menudo, a Totapuri le preguntaban: «¿Cómo vas a iniciar a un hombre como Ramakrishna? ¡Es del tipo emotivo! Para él, lo único que existe es el amor. Lo suyo es la oración, la devoción, la danza, el éxtasis; ¿cómo va a pasarse al no apego, al reino de más allá de los sentimientos?».

Y Totapuri contestaba: «Precisamente por eso puede hacerlo, así que le iniciaré. Él pasará, quien no podrá pasar serás tú».

Por lo tanto, el segundo criterio para decidir a qué tipo perteneces es ver a qué opuesto te puedes pasar. El primero es ver cómo es el comienzo, y el segundo, ver si te puedes pasar a ese opuesto. Estos son los dos baremos. Durante veintiún días observa constantemente tu interior, permanece atento a esas dos cosas. Primero, a cómo reaccionas a una situación —cómo es el comienzo, la semilla, el inicio— y luego, a qué opuesto puedes pasar más fácilmente: al no pensamiento, al no sentimiento o a la no acción. Y en veintiún días podrás descubrir cuál es tu tipo, el predominante, por supuesto.

Los otros dos tipos aparecerán como sombras, porque no hay nadie que sea de un tipo al ciento por ciento, es imposible. Tienes algo de los tres, pero uno de ellos predomina sobre los otros dos. Y una vez que sabes de qué tipo eres, tu camino se vuelve fácil y cómodo. Entonces no malgastas tu energía, no la disipas innecesariamente yendo por caminos que no son los adecuados para ti.

Si no sabes cuál es tu tipo, por muchas cosas que hagas, solo estarás creando confusión, solo estarás creando desintegración. Incluso fracasar es bueno cuando lo haces conforme a tu propia naturaleza, porque ese fracaso te enriquecerá. A través de él, madurarás, aprenderás mucho, crecerás. Por lo tanto, incluso el fracaso es bueno si es conforme a tu tipo.

Descubre a qué tipo perteneces o cuál es el tipo predominante en ti. Luego, empieza a trabajar conforme a ese tipo. Entonces el trabajo será más fácil.

¿Podrías explicar qué clase de técnicas de meditación o enfoques son los más idóneos para cada tipo de persona? Yo siento que soy más del tipo del «corazón» o «emotivo», pero no estoy seguro.

El corazón se comunica de forma distinta. Es la energía de comunicación que, según se dice, muchos santos del mundo han tenido. San Francisco de Asís es el ejemplo más ilustre. Ahora es una verdad respaldada por la ciencia; diversos investigadores en todo el mundo han descubierto que las plantas tienen una sensibilidad muy profunda, más profunda que los seres humanos, porque la sensibilidad del hombre ha sido perturbada por la mente, el intelecto. El hombre ha olvidado por completo cómo sentir; incluso cuando dice que siente, en realidad, piensa que siente.

Hay parejas que me dicen: «Estamos enamorados». Pero cuando yo les pregunto: «¿De verdad, estáis enamorados?». Ellos se encogen de hombros y me dicen: «Bueno, al menos creemos estarlo». El sentimiento no es directo, no surge desde el corazón, pasa a través de la cabeza. Y cuando el sentimiento pasa a través de la cabeza es confuso.

Los investigadores científicos han descubierto que las aves, las plantas e incluso los metales, tienen una sensibilidad. Sienten, tienen sensibilidad extraordinaria. Mandan mensajes que nuestros sentidos no son capaces de captar, pero los científicos han desarrollado instrumentos que sí pueden hacerlo. Cuando tienen miedo, tiemblan, pero su temblor es tan sutil que nosotros no podemos sentirlo. Los detectores muestran señales de que la planta está constantemente temblando, incluso cuando no hay viento. Cuando las plantas están felices, extáticas, los instrumentos pueden detectarlo. Ahora pueden detectarse toda clase de sentimientos en las plantas: dolor, miedo, ira, rabia.

Al hombre le ha ocurrido algo muy grave —una gran herida, un gran accidente— y ha perdido el contacto con sus sentimientos.

Si hablas el tiempo suficiente con los árboles, con los pájaros, con los animales, si en lugar de escuchar a la mente —porque seguro que te dice que eso es ridículo—, la esquivas y te conectas directamente, se liberará en ti una enorme energía de sentimiento. Cambiará por completo tu forma de ser, una forma de ser que nunca habrías podido imaginar. Te volverás sensible; sensible al dolor y al placer.

Esa es la razón por la que la humanidad ha eliminado el funcionamiento del sentir: porque cuando te vuelves sensible al placer, también te vuelves sensible al dolor. Cuanto mayor sea tu capacidad de sentirte feliz, mayor será tu capacidad de sentirte desdichado.

Ese miedo a la posibilidad de ser muy desdichado te ha cerrado, ha ayudado a la mente humana a levantar barreras para no dejarte sentir.

Cuando no puedes sentir, las puertas están cerradas. Ni puedes sentirte desdichado ni puedes sentirte feliz.

Pero inténtalo; es algo parecido a la oración, porque es de corazón a corazón. Primero inténtalo con seres humanos, con tu propio hijo. Siéntate en silencio con el niño y permítete sentir. No dejes que actúe la mente. Siéntate con tu mujer, con tu marido o con tu amigo, agarrados de la mano en una habitación oscura, sin hacer nada, simplemente intentando sentiros el uno al otro. Al principio será muy difícil pero, poco a poco, se irá instalando en ti un nuevo mecanismo y empezarás a sentir.

Para algunas personas es muy fácil reanimar la capacidad de sentir con el corazón, porque en ellas no está completamente muerta. Para otras puede ser difícil. Hay personas que están orientadas hacia el cuerpo, otras, hacia el corazón y otras, hacia la cabeza. Las que están orientadas hacia el corazón pueden reanimar este tipo de sentimientos muy fácilmente.

Para aquellos que están orientados hacia la cabeza, será muy difícil sentir algo. Para ellos, la oración no existe. Gautama Buda o Mahavir, el místico jainista coetáneo suyo, son personas orientadas hacia la cabeza. Por eso la oración no formó parte de sus enseñanzas. Fueron personas muy inteligentes, con una gran preparación intelectual, cultural. Desarrollaron la meditación, pero no hablaron de la oración. En el jainismo no existe nada parecido a la oración; es inconcebible. En el hinduismo, el cristianismo y el islamismo, sí existe; Mahoma y Jesús eran personas orientadas hacia el corazón, tenían una cualidad diferente. Pero en el budismo y en el jainismo, no. En esos dos enfoques no existe nada parecido a la oración.

Hay otro tipo de personas que están orientadas hacia el cuerpo; son los hedonistas en potencia. Para ellos no existe ni la oración ni la meditación, solo la indulgencia con el cuerpo. Esa es su principal forma de estar felices, su principal forma de ser.

Si eres una persona orientada hacia el corazón —si sientes más que piensas, si la música te conmueve profundamente, si la poesía te toca y puedes sentir la belleza que te rodea—, los enfoques que te vienen bien son los más cercanos a la oración. En ese caso, empieza a hablar con los pájaros, los árboles y el cielo, eso será bueno para ti. Pero no lo conviertas en algo mental, deja que sea de corazón a corazón, que haya una relación.

Por eso la gente del corazón se imagina a Dios como un padre o un amado, una figura muy cercana a ellos. La gente orientada hacia la cabeza siempre se ha burlado de eso: ¿qué tontería es esa? ¿Cómo que Dios es el padre? Entonces ¿dónde está la madre? Se burlan porque no pueden entenderlo. Para ellos, Dios es verdad, para la gente del corazón, Dios es amor, y para la gente del cuerpo, Dios es el mundo: su dinero, su casa, su automóvil, su poder, su prestigio.

Las personas orientadas hacia el cuerpo necesitan un nuevo enfoque. De hecho, en Occidente, concretamente en Estados Unidos, ha surgido hace poco un nuevo tipo de trabajo para el hombre orientado hacia el cuerpo. Un trabajo basado en la sensibilidad del cuerpo. Está naciendo un nuevo tipo de espiritualidad.

Hasta ahora solo había dos tipos de enfoques espirituales: el orientado a la meditación y el orientado a la oración. Nunca había existido un enfoque de la espiritualidad orientado hacia el cuerpo. Había personas orientadas hacia el cuerpo pero siempre habían negado la religión, tanto la oración como la meditación. Eran los epicúreos, los hedonistas y los ateos, que negaban la existencia de Dios, mantenían que solo tenemos este cuerpo y que solo existe esta vida. Ellos nunca habían creado una religión.

Pero ahora se está afianzando un nuevo enfoque para las personas orientadas hacia el cuerpo, dirigido hacia el núcleo más profundo de la vida; y es maravilloso, porque esas personas necesitan una metodología distinta. Necesitan un enfoque que admita que el cuerpo funciona de forma religiosa. El Tantra puede ser muy útil para ese tipo de personas. La oración y la meditación no servirán de nada. Pero también tiene que haber un camino que vaya del cuerpo al núcleo más profundo de uno mismo.

Si estás orientado hacia el cuerpo, no te desanimes, porque también a través de él hay caminos para llegar, el cuerpo también pertenece a la naturaleza y la existencia. Si sientes que estás orientado hacia el corazón, prueba con las expresiones y enfoques más cercanos al arte y la oración. Y si sientes que estás orientado hacia el intelecto, entonces lo tuyo es la meditación.

Tú has desarrollado nuevos tipos de meditación para la gente contemporánea. ¿A qué tipo de persona le resultarán útiles tus meditaciones?

En cierto sentido, mis meditaciones son diversas. He intentado desarrollar métodos que puedan ser utilizados por los tres tipos de personas. En ellos el cuerpo, el corazón y la inteligencia, que se usan mucho, se unen. Y funcionan de diferentes formas para los distintos tipos de personas.

A las personas orientadas hacia el cuerpo les encantan los métodos, pero solo las partes activas. Cuando hablan conmigo, dicen: «Maravillosas, las partes activas son maravillosas pero cuando tengo que quedarme de pie en silencio… entonces no pasa nada». Les parecen muy saludables, les hacen sentirse más arraigados al cuerpo. Para las personas orientadas hacia el corazón, la parte más importante es la catártica; el corazón se libera, se quita cargas y empieza a funcionar de una forma nueva. Y para las personas del tercer tipo, del tipo de la inteligencia, lo mejor son las últimas partes, la parte meditativa cuando simplemente hay que estar en silencio, sentado o de pie.

Cuerpo, corazón, mente… todas mis meditaciones van en la misma dirección. Empiezan en el cuerpo, van a través del corazón, llegan hasta la mente y van más allá.

A través del cuerpo puedes relacionarte con la existencia. Puedes ir al mar y disfrutar bañándote en él; pero, entonces, sé solo el cuerpo, no te metas en sentimientos o pensamientos, sé solo «del cuerpo». Túmbate en la playa y deja que el cuerpo sienta la arena, su frescura, su textura.

Sal a correr —precisamente ahora estoy leyendo un libro muy hermoso que se titula *El zen del correr*—, eso es algo que le va bien a la gente orientada hacia el cuerpo. El autor ha descubierto que, si corres, no es necesario hacer ninguna otra técnica de meditación, la meditación sucede al correr. Debe tratarse de una persona absolutamente orientada hacia el cuerpo. Nadie había pensado jamás que correr pudiera ser una meditación, pero a mí me consta que sí, porque me encantaba correr. Es cierto. Cuando llevas un tiempo corriendo, si corres rápido, el pensamiento se detiene, porque el pensamiento no puede continuar cuando uno está corriendo muy rápido. Para pensar se necesita un cómodo sillón, por eso llamamos a los pensadores «filósofos de sillón». Se sientan en un sillón y se relajan, cuando el cuerpo está completamente relajado, toda la energía se dirige a la mente.

Cuando estás corriendo, toda la energía se dirige al cuerpo, por lo tanto, la mente no puede pensar. Además, cuando corres rápido, al inhalar y exhalar profundamente, te conviertes exclusivamente en cuerpo. Llega un momento en el que solo eres cuerpo, nada más. En ese momento te vuelves uno con el universo, no hay división. Tu cuerpo y el flujo de aire a tu paso y se convierten en uno. Se produce un profundo ritmo.

Por eso, los juegos y el deporte siempre han atraído tanto a la gente. Y por eso, a los niños les gusta tanto bailar, correr, saltar; ¡ellos son cuerpos! La mente todavía no se ha desarrollado.

Si sientes que eres del tipo del cuerpo, puedes disfrutar mucho corriendo; corre seis u ocho kilómetros todos los días y haz de ello una meditación. Te transformará por completo.

Pero si sientes que eres una persona orientada hacia el corazón, habla con los pájaros, intenta comulgar con ellos. ¡Obsérvalos! Espera, siéntate en silencio, confía que vendrán a ti y, poco a poco, acabarán viniendo. Poco a poco, acabarán posándose en tus hombros. Acéptalos. Habla con los árboles, con las piedras, pero que sea una charla de corazón, emocional. Llora y ríe. Las lágrimas y la risa están más cargadas de devoción que las palabras, porque salen del fondo del corazón. No hace falta verbalizar, solo tienes que sentir. Abraza al árbol y siéntelo como si estuvieras fundiéndote con él. Pronto sentirás que la savia no solo corre por el árbol sino que también estará corriendo por ti. Tu corazón no solo está latiendo en ti; en lo más profundo del árbol habrá una respuesta. Para sentirlo, hay que hacerlo.

Pero si sientes que perteneces al tercer tipo, lo tuyo es la meditación. Correr no te servirá de nada. Lo mejor para ti será sentarte en silencio en la postura de Buda, simplemente estar sentado sin hacer nada. Tan profundamente sentado que incluso pensar supondrá un esfuerzo, y dejarás de hacerlo. Durante unos días los pensamientos continuarán apareciendo, pero si perseveras en su observación, sin ningún juicio a favor o en contra, dejarán de visitarte. Poco a poco, irán apareciendo huecos, intervalos. En esos intervalos te llegarán destellos de tu ser.

Esos destellos pueden llegar desde el cuerpo, desde el corazón o desde la cabeza. Existen las tres posibilidades porque tu ser está en las tres y, al mismo tiempo, más allá de las tres.

Observar las nubes.
El observador y lo observado

No JUZGUES, PORQUE EN CUANTO EMPIECES A JUZGAR te olvidarás de observar. Y eso se debe a que en cuanto juzgas: «Este es un buen pensamiento», has dejado de observar. Has empezado a pensar, te has implicado. No has podido mantenerte al margen, no has podido quedarte a un lado de la carretera simplemente observando el tráfico.

No te conviertas en un participante que aprecia, valora o condena; no debes adoptar ninguna postura acerca de lo que está pasando por tu mente. Lo que tienes que hacer es observar tus pensamientos como si fuesen nubes que pasan por el cielo. A las nubes no se las juzga: esta nube negra es mala, esta nube blanca parece un sabio. Las nubes son nubes, no son ni buenas ni malas.

Con los pensamientos ocurre lo mismo, solo son pequeñas olas que pasan por tu mente. Observa sin juicio alguno y te llevarás una gran sorpresa. Según se vaya asentando tu observar, los pensamientos irán disminuyendo en proporción directa: si estás asentado en tu presenciar en un cincuenta por ciento, el cincuenta por ciento de tus pensamientos habrá desaparecido. Si estás asentado en tu presenciar en un sesenta por ciento, solo quedará el cuarenta por ciento de tus pensamientos. Cuando tu presenciar llegue a un noventa y nueve por ciento, solo de vez en cuando surgirá un pensamiento solitario; un uno por ciento pasando por la carretera, ese será el único tráfico que haya. El tráfico intenso habrá desaparecido.

Cuando dejas totalmente de enjuiciar, cuando solo presencias, te has convertido en un espejo; un espejo nunca juzga. Si una mujer fea se mira en él, el espejo no la juzga. Si una mujer hermosa se mira en él, a él le da igual. Si nadie se mira en él, el espejo es tan puro como cuando alguien se refleja en él. Ni la reflexión ni la no reflexión lo perturban.

Cuando el presenciar se convierte en un espejo, lo cual es un gran logro en la meditación, ya has recorrido la mitad del camino, y era la parte más dura. Ahora conoces el secreto, solo tienes que aplicar ese mismo secreto a los diferentes objetos.

Tienes que pasar de los pensamientos a experiencias más sutiles, a las emociones, a los sentimientos, a los estados de ánimo. De la mente al corazón, con la misma condición: sin juicios, solo presenciando. Y para tu sorpresa, verás como la mayor parte de tus emociones, sentimientos y estados de ánimo que te poseen empiezan a disiparse. Ahora, cuando te sientes triste, te pones realmente triste, la tristeza te posee. Cuando te enfadas, no es algo parcial, la ira te inunda; la ira vibra en cada fibra de tu ser.

Observando el corazón, tendrás la experiencia de no estar poseído por nada. La tristeza viene y va, pero tú no te entristeces; la alegría viene y va, y tampoco te alegras. Lo que ronda en lo más profundo de tu corazón, sea lo que sea, no te afecta en absoluto. Por primera vez, saboreas algo de maestría. Ya no eres un esclavo al que se le empuja de acá para allá, al que cualquier emoción, sentimiento o persona, puede perturbar con cualquier trivialidad.

Hablas de observar las nubes de estados de ánimo que van pasando, pero en otras ocasiones también has hablado de ser total, de meterse de lleno en lo que esté ocurriendo. A mí me gusta observar las nubes de ira, de tristeza, de celos, etc. Pero cuando surgen estados de ánimo como la felicidad y la dicha, me gusta identificarme con ellos, meterme totalmente en ellos y expresarlos. ¿Debo observar todos los estados de ánimo o debo meterme de lleno en ellos? Al parecer, no puedo conciliar esas dos cosas. ¿Podrías explicarlo, por favor?

Nadie puede conciliar esas dos cosas. Tendrás que elegir una. Yo te aconsejo que lo observes todo con igual distancia, con igual separación: la tristeza, la ira, los celos, la felicidad, la dicha, el amor. Mantente al margen de todo ello y simplemente sé total en tu observación.

Tu observación debe ser total. Con tu observar te puedes identificar porque es tu propia naturaleza, eso es lo que eres. No hay posibilidad alguna de desidentificarse de ello; por mucho que lo intentes no lo lograrás. Ser testigo es tu naturaleza intrínseca. Lo que conforma todo tu ser es una simple cualidad de conciencia. Así que obsérvalo todo como si fueran nubes que pasan.

Puedo entender tu problema. A ti te gustaría identificarte con el amor y la felicidad, pero no con la tristeza. Te gustaría no identificarte con el sufrimiento. Pero la existencia no permite este tipo de elección. Si realmente quieres trascender la mente y todas sus experiencias —la tristeza y la dicha, la ira y la paz, al odio y el amor—, si quieres trascender todas estas dualidades, tienes que observarlas por igual, no puedes elegir. Así que lo primero es ser simplemente un observador.

Al principio, te resultará un poco difícil observar las cosas agradables, bonitas… porque observarlas hace que te mantengas distante de todas esas experiencias que van pasando como las nubes. No te puedes implicar. Eso es lo que has estado haciendo hasta ahora: implicarte en lo que piensas que es bueno, e intentar no implicarte en lo que te parece feo y miserable. Pero no has tenido ningún éxito, solo has conseguido perderte en un caos.

Lo mejor que puedes hacer es convertirte por completo en un observador. Si te resulta difícil, hay otra alternativa, pero es una alternativa más dura, más difícil que la primera. Se trata de identificarse con cada nube que pasa. Si hay sufrimiento, conviértete en sufrimiento por completo, no te contengas, ve con ello hasta el final. Si estás airado, mantente airado y haz cualquier estupidez que la ira te pida. Si pasan algunas nubes locas, vuélvete loco. Pero no te guardes nada. Sé total con lo que surja en cada momento, y que se vaya cuando quiera.

Eso también te liberará, pero es un camino más difícil. Si realmente quieres jugar a un juego difícil, puedes identificarte con todo. Pero no excluyas nada; no te identifiques con lo que te parezca bueno y excluyas lo que te parezca malo. Así no hay ninguna posibilidad; identifícate sin discriminación alguna, y en una semana habrás acabado con ello. Bastará con una semana, porque siempre están pasando muchas cosas. Acabarás muy cansado, completamente exhausto. Si sobrevives, vuelve y me lo cuentas… y si no sobrevives, ¡adiós!

Pero es un camino peligroso. No sé de nadie que haya sobrevivido. Y tú sabes mejor que nadie las cosas raras que te vienen a la mente. Algunas veces te gustaría ladrar, hazlo, ladra como un perro y que el mundo piense lo que quiera. Has elegido tu camino, te liberarás… puede que por completo; ¡la iluminación y la libertad del cuerpo vendrán juntas! Pero es un poco peligroso.

La gente puede intentar impedírtelo, porque, quién sabe qué cosas pueden acudir a tu mente. Tu propia gente —tus amigos, tu familia, tu mujer, tu marido— pueden intentar impedírtelo. Las residencias psiquiátricas de todo el mundo están llenas de personas que han sido llevadas a la fuerza por sus familias porque pensaban que era la única manera de protegerlos. Es algo que ocurre en todas partes.

En la familia más rica que vivía en mi pueblo había una persona que se pasó toda la vida encerrada en el sótano de su casa. Todo el mundo sabía que le había ocurrido algo, porque desapareció de repente. Pero con el paso de los años, poco a poco, la gente acabó olvidándose de él. Yo le conocí por casualidad, porque era el padre de uno de mis alumnos. Como éramos del mismo pueblo, el hijo solía venir a verme a menudo; un día le pregunté por él.

—Nunca he visto a tu padre —le dije.

Él se puso muy triste y me contó:

—No le puedo mentir, lo que le está ocurriendo a mi padre es una pesada carga que llevo en el corazón. Como mi familia es la más rica del pueblo, no quieren que nadie sepa lo que le están haciendo a mi padre. Le golpean, le han enjaulado en el sótano como si fuera un animal salvaje. Llora, grita, patalea, pero nadie le escucha, nadie se acerca a él. Le pasan la comida a través de un hueco que hay en el techo del sótano, se la echan. Desde ese hueco le echan todo lo que necesita; nadie quiere verle.

—Pero ¿qué es lo que ha hecho? —le pregunté.

—Nada especial, estaba loco. Solía hacer cosas que no son normales —me contestó—. Cosas como desnudarse en medio del mercado. Pero no hacía ningún mal… no le hacía daño a nadie, su único pecado era andar desnudo por el mercado; eso fue suficiente para que la familia le encerrara. Y así hicieron que se volviera cada vez más loco. Eso no le podía ayudar, no era una cura, no era un tratamiento.

Por lo tanto, aunque es posible liberarse de todas esas emociones identificándote con todas ellas sin descartar ninguna, si decides identificarte, antes de empezar a ponerlo en práctica, deberías tener en cuenta qué pensará la gente y cómo te tratarán.

Debes estar no identificado sin elegir o identificado sin elegir. La verdadera cuestión es la no elección. Pero si tomas el primer camino estarás en un terreno más seguro. Sé un observador sin elección. No elijas lo bueno y te deshagas de lo malo. Nada es bueno o malo, excepto en el caso del presenciar, el presenciar es bueno y el no presenciar es malo.

—Doctor —dijo el ama de casa—, el motivo de mi visita es mi marido. Llevamos casados más de veinticinco años. Él siempre había sido un buen marido, feliz, alegre y muy cariñoso conmigo, pero desde que vino a consultarle por sus jaquecas, es un hombre diferente. Ahora nunca viene a casa por la noche, nunca me lleva a ninguna parte, no me compra nada, no me da dinero. Ni siquiera me mira. El tratamiento parece haber cambiado por completo su personalidad.

—¿Tratamiento? —dijo el doctor—. Lo único que hice fue recomendarle que usara gafas.

Incluso unas gafas pueden producir un cambio radical en tu personalidad, en tu comportamiento. Y no estamos hablando de algo tan insignificante como unas gafas. Si empiezas a identificarte con todo, surgirán problemas de todos los rincones. Es mejor ir por el camino más seguro; todas las personas que han despertado han elegido ese camino. Es, sin duda alguna, el camino más saludable.

Algunas veces, tras momentos de claridad y luminosidad, parece que los viejos amigos como, por ejemplo, los sentimientos violentos, los celos, la rabia, etc., regresan incluso con más fuerza que antes, como si hubieran estado esperando a la vuelta de la esquina para volver a la menor oportunidad. ¿Puedes hacer algún comentario?

Sí, puedo hacer algún comentario, pero esos sentimientos de violencia, celos y rabia no van a desaparecer por mi comentario, seguirán esperando a la vuelta de la esquina, porque, sin darte cuenta, eres tú quien los está alimentando. Aunque tú no lo sepas, tu deseo de liberarte de ellos es muy superficial.

No estás haciendo lo que yo he aconsejado una y otra vez, sino todo lo contrario. Estás luchando con la oscuridad, no estás llevando luz a tu interior. Puedes seguir luchando con la oscuridad todo lo que quieras pero nunca conseguirás vencer. Eso no significa que seas más débil que la oscuridad, sino que tus esfuerzos no están teniendo ningún efecto sobre ella.

La oscuridad solo es una ausencia, no se le puede hacer nada directamente. Lo único que tienes que hacer es encender una luz. Pero no creas que cuando enciendes la luz la oscuridad se va a toda prisa por todas las rendijas. La oscuridad es una ausencia; cuando hay luz, se anula la ausencia. La oscuridad no se va a ninguna parte, no tiene una existencia propia.

Leeré tu pregunta: «Algunas veces, tras momentos de claridad y luminosidad, parece que los viejos amigos como, por ejemplo, los sentimientos violentos, los celos, la rabia, etc., regresan incluso con más fuerza que antes, como si hubieran estado esperando a la vuelta de la esquina para volver a la menor oportunidad».

Tu claridad y luminosidad son efímeras. Si enciendes la luz por un momento y luego vuelves a apagarla, la oscuridad regresará de nuevo; no es que estuviera esperando a la vuelta de la esquina, sino que has sido quien ha creado la ausencia de luz. Tu antorcha de conciencia tiene que arder continuamente para que nunca haya oscuridad.

Esos sentimientos que piensas que son tan peligrosos son casi impotentes. La violencia es el resultado de no haber desarrollado tu potencial de amor; la violencia es la ausencia de amor. Lo que la gente hace normalmente es muy estúpido. Hacen enormes esfuerzos para no ser violentos, intentan no ser violentos reprimiendo la violencia. Pero no tienes por qué no ser violento. Vas en una dirección equivocada, estás intentando destruir la violencia para dejar de ser violento, pero la violencia en sí es algo negativo. Mi consejo es que te olvides de la violencia —que no es más que la ausencia de amor—, y seas más amoroso. Toda la energía que estás empleando en reprimir la violencia y en dejar de ser violento, conviértela en amor.

Es una fatalidad que Mahavira y Gautama Buda utilizaran el término no violencia. Pero puedo entender su problema, les dio miedo utilizar la palabra «amor». El problema es que, normalmente, la gente entiende por «amor» amor biológico; así que para evitar malentendidos utilizaron un término negativo, «no violencia». Pero ese término puede inducir a pensar que la violencia es lo positivo y la no violencia, lo negativo; cuando, en realidad, la violencia es lo negativo y el amor lo positivo. Por su miedo a que «amor» pudiera confundirse con el amor ordinario en la mente de la gente, utilizaron el poco afortunado término no violencia. Esa no violencia se ha estado practicando durante veinticinco siglos. Si te fijas, te darás cuenta de que la mayoría de la gente que la practica está encogida y apagada. Ni su inteligencia ni su conciencia parecen haber florecido. El simple error de haber utilizado un término poco afortunado ha originado veinticinco siglos de inmensa tortura para miles de personas.

Quiero que sepas que el amor es lo positivo y que «amor» no significa solo amor biológico. Es fácil de entender porque también amas a tu madre, a tu hermano, a tu amigo, y no hay biología de por medio. Estos son algunos ejemplos cercanos de experiencias de amor no biológico. Puedes sentir amor por una rosa; ¿hay algo de biología de por medio? Puedes sentir amor por una hermosa luna, por la música, por la poesía, por la escultura; ¿hay algo de biología en ello? Estoy utilizando ejemplos de la vida cotidiana simplemente para dejar claro que el amor tiene muchísimas dimensiones.

Así que, en vez de tener momentos de claridad y luminosidad, sé más amoroso; sé amoroso con los árboles, con las flores, con la música, con la gente. Deja que tu vida se enriquezca con todo tipo de amor y la violencia desaparecerá. Una persona amorosa no puede hacer daño a nadie. El amor no puede ser nocivo ni violento.

Estos sentimientos violentos no desaparecerán a no ser que su energía se transforme en amor. El verdadero amor no sabe nada de celos.

Ningún amor en el que haya celos es verdadero amor, solo es instinto biológico.

Según te vas elevando —del cuerpo a la mente, del corazón al ser— todos esos toscos sentimientos van desapareciendo. El amor de un ser a otro ser no conoce los celos.

Pero ¿cómo vas a encontrar dicho amor?

Emana de tu silencio, de tu paz, de tu bienestar interior, de tu felicidad. Eres tan feliz que quieres compartirlo; ese compartir es amor. El amor no es un mendigo. Nunca pide que le des amor. El amor siempre es un emperador, solo sabe dar. No espera nada a cambio, ni se le ocurre pensarlo.

Sé más meditativo, hazte más consciente de tu ser. Deja que tu mundo interior se vuelva más silencioso, y el amor fluirá por ti.

La gente tiene toda clase de problemas. Los problemas son diversos —violencia, celos, sufrimiento, ansiedad— pero la medicina para todas esas enfermedades es siempre la misma: la meditación.

Me gustaría recordarte que las palabras medicina y meditación proceden de la misma raíz. La medicina es algo que puede curar tu cuerpo, y la meditación recibe ese nombre porque es una medicina para las enfermedades del interior.

Un vendedor iba por las casas ofreciendo muestras de una crema de vaselina y pedía a la gente que intentaran encontrar una forma ingeniosa de usarla. Una semana después volvió a las mismas casas para preguntar qué nuevas formas de uso de la vaselina habían descubierto.

El primer hombre que entrevistó, un ciudadano acomodado, le dijo: «La he utilizado con fines medicinales. Se la he puesto a mis hijos cuando se han raspado las rodillas o los codos».

El hombre de la segunda casa le dijo: «La utilizo con fines mecánicos, para engrasar los engranajes de mi bicicleta y mi cortacésped».

El hombre de la tercera casa, un hombre desaliñado, sin afeitar, de clase trabajadora, dijo: «La utilizo con fines sexuales».

Sorprendido, el vendedor le preguntó: «¿A qué se refiere?».

«Bueno —dijo el hombre desaliñado—, ¡pongo un buen pegote en el pomo de la puerta de mi alcoba para asegurarme de que los niños no entren!»

Distintas personas encontrarán diferentes usos para el mismo producto, según su grado de inconsciencia. Pero si son conscientes solo encontrarán un uso.

Un hombre que estaba de misionero en Japón, fue a ver al gran maestro Nan-In con el Nuevo Testamento. Estaba seguro de que al escuchar las hermosas declaraciones de Jesús, particularmente el sermón de la montaña, Nan-In se convertiría al cristianismo.

El misionero, que fue recibido muy amablemente, le dijo:

—He traído mi libro sagrado y quisiera leer algunas frases… puede que cambien tu vida por completo.

Nan-In dijo:

—Llegas un poco tarde, ya estoy totalmente cambiado, la transformación ya ha ocurrido. Pero, ya que has hecho un viaje tan largo, si quieres leer algunas frases, adelante.

El misionero empezó a leer, y después de dos o tres frases, Nan-In dijo:

—Es suficiente. Quienquiera que haya escrito esas frases se convertirá en un Buda en alguna vida futura.

El misionero se quedó aturdido. Pero ¿qué está diciendo este hombre, que Jesús muestra cierto potencial y que acabará convirtiéndose en un Buda? Entonces le dijo a Nan-In:

—¡Pero si es el hijo único de Dios!

Nan-In se rió y dijo:

—Ese es el problema. Eso es lo que le impide convertirse en un Buda. Hasta que no abandone esas insensatas ideas, su potencial no florecerá. Algunas de sus ideas son hermosas, pero otras son estúpidas. Dios no existe, así que la idea de ser el hijo único de Dios ni siquiera se plantea. No te preocupes, en alguna vida futura abandonará esas ideas. Parece un hombre inteligente y ya ha sufrido bastante por sus estúpidas ideas. Le crucificaron; eso ya es suficiente castigo. Pero no deberías seguir apegado a la parte estúpida de sus declaraciones.

El misionero dijo:

—Pero es uno de los tres pilares de nuestra fe: que Jesús es el hijo único de Dios, que solo hay un Dios verdadero que ha creado el mundo y que Jesús nació de una virgen.

Nan-In se rió y dijo:

—Pobre hombre, si hubiera podido dejar esas pequeñas ficciones, ya se habría convertido en un Buda. Si te lo encuentras en alguna parte, tráelo aquí, yo le sacaré de su error. No hacía falta crucificarlo, lo único que necesitaba era que alguien le introdujera en los misterios de la meditación.

La meditación quizá sea la llave maestra para todos nuestros problemas. Luchar contra los problemas por separado requeriría vidas, y, aun así, no estarías a salvo de sus garras. Estarán a la vuelta de la esquina esperando su oportunidad y, naturalmente, cuanto más tiempo tengan que esperar, mayor será su revancha.

La meditación no actúa directamente sobre tu violencia, tus celos, tu odio, sino que enciende la luz y la oscuridad desaparece.

He descubierto que, ocasionalmente, puedo observar la ira, el dolor, la frustración, pero con la risa no ocurre lo mismo, siempre llega antes de que me dé cuenta y pueda observarla. ¿Por favor, podrías hablar acerca del presenciar en relación a esto?

En cierto modo, la risa es única. La ira, la frustración, la preocupación, la tristeza, todas ellas son negativas y nunca son totales. No se puede estar totalmente triste, no es posible. El mismo hecho de ser negativas impide que las emociones negativas puedan ser totales. La totalidad requiere positividad. La risa es un fenómeno positivo y por eso es único. Es un poco difícil ser consciente de la risa por dos razones; en primer lugar, porque surge repentinamente; en realidad, cuando quieres darte cuenta ya ha surgido. A no ser que hayas nacido en Inglaterra... Allí nunca surge de repente. Se dice que cuando le cuentas un chiste a un inglés, se ríe dos veces: la primera, por educación. No sabe de qué se está riendo pero, como has contado un chiste, se supone que debe reírse; ríe para que no te sientas incómodo. Y la segunda vez, a mitad de la noche, cuando entiende el chiste... entonces se ríe de verdad.

Las personas de diferentes culturas actúan de forma distinta. Los alemanes solo se ríen una vez, cuando ven que todos los demás se están riendo. Se unen a las risas para no quedarse fuera, para que los otros no piensen que no han entendido el chiste. Tampoco le pedirán a nadie que se lo explique, porque eso les haría quedar como ignorantes. Un hombre que llevaba muchos años viniendo a mis discursos, al acabar siempre le preguntaba a una u otra persona: «¿Qué contaba? ¿De qué se reía la gente?». Aunque él, para no quedarse fuera, también se reía, pero nunca entendía los chistes. Los alemanes son demasiado serios y es esa seriedad lo que les impide entender.

Si le cuentas un chiste a un judío, en vez de reírse, te dirá: «Es un chiste viejo y, además, lo estás contando mal». Son los mejores contando chistes. Así que nunca le cuentes un chiste a un judío, porque seguramente te dirá: «Es un chiste muy viejo; no te molestes en contármelo. Además, lo estás contando mal. Primero aprende a contar un chiste; es un arte». Pero no se reirá.

La risa surge de forma natural igual que los truenos... repentinamente. Ese es el mecanismo de los chistes, de cualquier chiste. ¿Por qué provoca risa en la gente? ¿Cuál es su mecánica? Mientras escuchas el chiste, se va creando cierta predisposición, tu mente empieza a pensar de una forma determinada y estás impaciente por saber cómo termina, por oír el final. Estás esperando un final lógico —porque la mente solo entiende de forma lógica—, pero el chiste no es lógico. El remate siempre es muy ilógico y ridículo, pero encaja perfectamente. La energía que estabas conteniendo esperando el final, de repente estalla en risa. Da igual que sea un chiste bueno o no tan bueno; la mecánica siempre es la misma.

En una pequeña escuela católica, la profesora les dijo a los niños que durante una hora iba a hablar de determinado tema, después haría una pregunta sencilla, y quien la contestara correctamente recibiría como premio una bonita estatuilla.

El tema que la profesora escogió fue la vida de Jesucristo. Les contó a los niños algunas de sus historias, su filosofía, su crucifixión, su religión, les dijo que la religión cristiana es la que más seguidores tiene en el mundo y todo eso lo condensó en una hora de clase. Al final, preguntó:

—¿Quién de vosotros me podría decir quién es el hombre más importante del mundo?

Un niño estadounidense se levantó y dijo:

—Abraham Lincoln.

La profesora dijo:

—Está bien, pero esa no es la respuesta correcta. Puedes sentarte.

Cuando la profesora volvió a preguntar: «¿Quién es el hombre más importante del mundo?», una niña hindú levantó la mano y respondió:

—Mahatma Gandhi.

—No está mal, pero tampoco es esa la respuesta —le dijo a la niña.

La profesora estaba muy decepcionada. ¡Después de toda una hora de esfuerzo!

Entonces un niño muy pequeño empezó a agitar la mano frenéticamente. La profesora volvió a preguntar:

—A ver, ¿quién fue el hombre más importante del mundo?

Él contestó:

—No hay duda… Jesucristo.

La profesora se quedó un tanto perpleja porque el niño era judío. Cuando el niño estaba a punto de marcharse a su casa con el premio ella le llamó aparte y le preguntó:

—Pero ¿tú no eres judío?

Él contestó:

—Sí, soy judío.

—Entonces ¿por qué has contestado Jesucristo?

El niño replicó:

—Ya sé que es Moisés, ¡pero los negocios son los negocios!

Cualquier chiste termina con un giro ilógico que no esperabas. Entonces, de repente, toda la energía que se ha ido acumulando en ti estalla en risa.

Al principio es difícil ser consciente en la risa, pero no imposible. Al ser un fenómeno positivo te llevará algo más de tiempo, pero no te esfuerces demasiado en el intento o ¡te perderás la risa! Ese es el problema. Si intentas permanecer consciente con excesivo ahínco, te perderás la risa. Mantente relajado, y cuando venga la risa, como vienen las olas del mar, obsérvala en silencio, pero no dejes que tu observador la perturbe. Ambos deben tener su espacio.

La risa es un fenómeno hermoso, no hay que renunciar a él, pero nunca ha sido considerado de esa forma. No hay ninguna imagen de Jesucristo riéndose, lo mismo ocurre con Gautama Buda o Sócrates; los tres eran muy serios. La seriedad es una enfermedad. El sentido del humor te hace más humano, más humilde. Para mí, el sentido del humor es una de las partes más esenciales de la religiosidad. Una persona religiosa que no puede reír plenamente tampoco puede ser plenamente religiosa; le seguirá faltando algo. Es como caminar por el filo de la navaja. Hay que dejar que la risa se manifieste sin restricción alguna.

Primero vela por la risa, deja que se manifieste sin ninguna restricción. Y observa. Quizá al principio sea difícil, la risa llegará antes y luego, de repente, te darás cuenta. No pasa nada; poco a poco, esa distancia se irá reduciendo. Solo es cuestión de tiempo, pronto serás perfectamente capaz de ser consciente y total en la risa.

Pero se trata de un fenómeno único. No debes olvidar que los animales no se ríen, los pájaros no se ríen, es algo que solo los hombres pueden hacer, y exclusivamente los inteligentes. Para darse cuenta inmeditamente de lo ridículo de una situación, se necesita inteligencia. Y hay tantas situaciones ridículas... Toda la vida es hilarante, solo tienes que aguzar tu sentido del humor.

Ve despacio, no hay ninguna prisa porque tu risa no debe ser perturbada. La conciencia con risa total es un gran logro.

Las demás cosas —la tristeza, la frustración, el desencanto— no tienen ningún valor, hay que deshacerse de ellas. No hace falta preocuparse mucho, ser muy cauteloso con ellas, solo hay que ser plenamente consciente y dejarlas desaparecer. Pero la risa debe ser preservada.

Recuerda que Gautama Buda, Jesús y Sócrates no se ríen porque olvidaron que la risa es un fenómeno positivo y la trataron como a las emociones negativas. Insistieron tanto en la conciencia que desapareció incluso la risa. La risa es un fenómeno muy delicado y muy valioso. Cuando su conciencia hizo desaparecer la tristeza, la desdicha y el sufrimiento, siguieron adentrándose más y más en la conciencia y se olvidaron por completo de que había algo que debían preservar: la risa.

Tengo la impresión de que si Jesús hubiera sido capaz de reír, el cristianismo no habría sido el desastre que ha resultado ser. Si Gautama Buda hubiera sido capaz de reír, millones de monjes budistas no habrían sido tan tristes, tan aburridos, tan sosos, tan apagados. El budismo se extendió por toda Asia y la hizo palidecer.

Es curioso que el budismo haya elegido un tono pálido para la ropa de sus monjes, porque la palidez es el tono de la muerte. Cuando llega el otoño, las hojas de los árboles adquieren un tono pálido y empiezan a caer, las ramas se quedan desnudas. Es la palidez de un hombre que está muriendo, su cara empieza a palidecer. Está al borde de la muerte, el proceso de la muerte ya ha empezado y en unos minutos estará muerto. En realidad, no somos tan distintos a los árboles; nos comportamos del mismo modo.

El budismo hizo que toda Asia entristeciera. Yo he buscado chistes de origen indio y no he encontrado ni uno. Es gente seria… siempre están hablando de Dios, del cielo y el infierno, de la reencarnación y de la filosofía del karma. ¡No hay lugar para chistes! Cuando empecé a hablar en público acerca de la meditación, algunas veces introducía un chiste. Y de vez en cuando, se me acercaba un monje jainista, un monje budista o un predicador hindú, y me preguntaba: «Tu conferencia acerca de la meditación ha sido maravillosa pero ¿por qué has contado ese chiste? Eso lo ha echado todo por tierra. La gente se ha empezado a reír. Has estado media hora intentando que se pongan serios, y cuando por fin empezabas a conseguirlo ¡cuentas un chiste y lo destruyes todo, estropeas todo tu esfuerzo! ¿Por qué demonios tienes que contar chistes? Buda nunca contó chistes, Krishna nunca contó chistes».

Yo no soy ni Buda ni Krishna, y la seriedad no me interesa en absoluto. De hecho, contaba chistes cuando empezaban a ponerse serios. No quiero que nadie se ponga serio, quiero que todo el mundo esté alegre. La vida tiene que ir alejándose de la seriedad y acercándose más a la risa.

MEDITACIONES Y EJERCICIOS PARA LA TRANSFORMACIÓN

Nota del editor: Osho aconseja que, con cualquier técnica de meditación o ejercicio, experimentes durante tres días para ver si encaja contigo o no. Si sientes que no se está produciendo ningún cambio en ti o no te parece la técnica apropiada, prueba con otra. Es muy normal que al principio no podamos vernos con claridad, puede que determinado ejercicio o meditación le resulte atractivo a la mente y, sin embargo, no nos ayude en absoluto. También puede ocurrir que empecemos a buscar toda clase de justificaciones para evitar experimentar con una técnica o ejercicio, precisamente ¡porque es el que más puede ayudarnos!

Todos los métodos de este capítulo se ofrecen como posibles experimentos. Está en tus manos probarlos con alegría y descubrir cuál de ellos te va bien.

En la sección anterior de este libro, varias veces se ha hecho referencia a las Meditaciones Activas Osho; son técnicas que Osho ha desarrollado específicamente para el hombre y la mujer actuales que viven en un ambiente estresante y acelerado. Estas meditaciones han sido científicamente diseñadas para ayudar al individuo a tomar conciencia de las tensiones y bloqueos emocionales y físicos que nos impiden experimentar la meditación, y a disolverlos. Al final de esta sección se ofrece una breve explicación de las cuatro técnicas de meditación fundamentales, además de algunas direcciones donde

253

podrás recabar más información. Osho dice lo siguiente acerca de la
comprensión subyacente en las técnicas de meditación que él desarrolló:

Mis técnicas, básicamente, empiezan con una catarsis. Hay que liberar todo lo que está oculto. Es mejor que dejes de reprimir y elijas el camino de la expresión. No te condenes a ti mismo. Acepta lo que eres, porque cada condena aumenta la división…

Puede parecer paradójico, pero los que reprimen su neurosis se vuelven más neuróticos aún, mientras que los que la expresan conscientemente se libran de ella. No podrás recuperar la cordura hasta que no te vuelvas loco conscientemente. R. D. Laing, uno de los hombres más perceptivos de Occidente, no se equivoca cuando dice: «Permítete estar loco». Estás loco, así que tienes que hacer algo al respecto. Yo digo que hay que tomar conciencia de ello. ¿Qué dicen las viejas tradiciones? Dicen: «Reprímelo; no permitas que se exprese; si lo haces, te volverás loco». Yo sostengo que hay permitir que se exprese; es el único camino hacia la cordura. ¡Libéralo! Si lo dejas dentro, se volverá venenoso. Tíralo, sácalo por completo de tu sistema. Lo moral es la expresión. Pero para llevar a cabo esta catarsis, tienes que enfocarla de un modo muy sistemático, metódico, porque se trata de volverse loco con un método, conscientemente loco.

Solo tienes que hacer dos cosas: permanecer consciente de lo que estás haciendo y no reprimir nada. Esa es la disciplina que hay que aprender: ser consciente y no represivo; es decir, ser consciente y expresivo.

EL ABC DEL OBSERVAR

Para volverse consciente hay tres obstáculos. Es esencial que todo buscador los comprenda. En realidad, todo el mundo se vuelve consciente, pero solo cuando el hecho ha acabado. Te enfadas; pegas a tu mujer o le tiras una almohada a tu marido. Después, cuando todo se ha calmado, cuando ha pasado el momento, te das cuenta. Pero entonces no sirve de nada, ya no se puede hacer nada. Lo que se ha hecho no se puede deshacer; ya es demasiado tarde.

Hay que recordar tres cosas. La primera es volverse consciente mientras está ocurriendo el hecho. Ese es el primer obstáculo para quien quiera volverse consciente: volverse consciente mientras está ocurriendo el hecho. La ira es como humo dentro de ti. El primer obstáculo es volverse consciente en plena acción, pero no es insalvable, podrás superarlo con un poco de esfuerzo. Al principio serás consciente solo cuando la ira se haya ido y todo se haya calmado, quince minutos más tarde. Si perseveras, llegará un momento en que serás capaz de hacerlo en solo cinco minutos. Si sigues perseverando, solo un minuto después. Un poco más y te volverás consciente justo cuando la ira se está evaporando. Un poco más y te volverás consciente justo en medio del hecho. Y ese es el primer paso: estar consciente en el hecho.

El segundo paso es incluso más difícil, porque empiezas a meterte en aguas más profundas. El segundo paso o segundo obstáculo, es acordarse antes del hecho, cuando el hecho todavía no ha ocurrido sino que solo es un pensamiento, cuando todavía no ha sido realizado pero ya se ha convertido en un pensamiento en tu mente, ya está ahí en potencia, como una semilla; en cualquier momento puede transformarse en un hecho.

Para esto necesitarás una conciencia un poco más sutil. El acto de pegar a una persona es burdo. Es más fácil volverse consciente mientras lo estás haciendo; pero la idea de pegar es mucho más sutil. Por la mente pasan miles de ideas, ¿quién se fija en ellas? Siempre están pasando, el tráfico es continuo, pero la mayoría de esas ideas nunca se convierten en hechos. Esa es la diferencia entre «pecado» y «delito». Un delito es una idea que se convierte en un hecho, pero ningún tribunal te puede condenar por un pensamiento. Puedes pensar en matar a alguien, pero ninguna ley te puede condenar por ello. Puedes disfrutar de la idea, puedes soñar con ello, mientras no actúes, no estarás infringiendo ninguna ley, a no ser que hagas algo y ese pensamiento se convierta en una realidad. Entonces se convertirá en un delito. Pero la religión va más allá que la ley. Según la religión, basta con pensarlo para que sea pecado. No importa si lo llevas a cabo o no, en cuanto lo piensas, cometes un delito en tu interior y eso te afecta, te contamina, te mancha.

El segundo obstáculo es captar el pensamiento cuando está surgiendo en ti. Se puede hacer, pero solo después de haber pasado la primera barrera, porque el pensamiento no es tan sólido como la acción. Pero sí lo suficientemente sólido como para que puedas verlo, solo necesitas un poco de práctica. Siéntate en silencio y simplemente observa tus pensamientos. Fíjate en todos sus matices: cómo surge, cómo toma forma, cómo se queda, cómo se ajusta y cómo, finalmente, se marcha. Te hace una visita, se queda un rato y, cuando llega la hora, se marcha. Son muchos los pensamientos, que van y vienen, tú eres un anfitrión al que visitan muchos pensamientos. Simplemente observa.

Al principio será mejor que no lo intentes con pensamientos difíciles, inténtalo con pensamientos sencillos, te resultará más fácil y el proceso es el mismo. Siéntate en el jardín, cierra los ojos y observa cualquier pensamiento que pase; siempre hay alguno. El ladrido de un perro en el barrio, automáticamente desencadena en ti un proceso de pensamiento. De repente, te acuerdas de un perro que tenías cuando eras niño y de cuánto lo amabas, y de lo que sufriste cuando murió. Eso evoca la idea de la muerte, te olvidas del perro y recuerdas la muerte de tu madre… y con la idea de tu madre, de repente, te acuerdas de tu padre… y los pensamientos se suceden sin cesar. Y todo eso ha sido provocado por un perro que ni siquiera era consciente de que tú estabas sentado en tu jardín, que simplemente estaba ladrando porque no tenía nada mejor que hacer. Él ni siquiera era consciente de ti, no te ladraba a ti, pero provocó una cadena.

Observa esas sencillas cadenas de pensamientos y luego, poco a poco, ve probando con cosas que tengan más carga emocional. Cuando te enfades, cuando sientas avaricia, envidia... obsérvate en medio del pensamiento. Ese es el segundo paso.

Y el tercero es captar este proceso, que al final acaba en un hecho, antes de que se convierta en un pensamiento. Eso es lo más difícil; tan difícil que ahora no puedes ni concebirlo. Antes de que algo se convierta en un pensamiento es un sentimiento.

Esas son las tres fases: primero el sentimiento, luego el pensamiento y en tercer lugar el hecho. Puede que no seas consciente de que cada pensamiento procede de determinado sentimiento. Si no hay sentimiento, no habrá pensamiento. El sentimiento se hace realidad en el pensamiento y el pensamiento se hace realidad en el hecho.00000

Ahora tienes que hacer algo que es casi imposible: captar determinado sentimiento. Seguro que lo has sentido alguna vez. En realidad, no sabes por qué, pero te sientes un poco molesto; no hay ningún pensamiento real que puedas identificar como la causa, pero estás molesto, te sientes molesto. Algo se está cociendo por debajo, algún sentimiento está tomando fuerza. A veces estás triste. No hay ninguna razón para estarlo, no hay ningún pensamiento que provoque la tristeza; no obstante, está ahí, como un sentimiento generalizado. Eso significa que un sentimiento está intentando emerger, que la semilla de un sentimiento está brotando.

Si logras llegar a ser consciente del pensamiento, tarde o temprano, llegarás a ser consciente de sus sutiles matices. Esos son los tres obstáculos, si consigues superarlos, caerás de repente en el núcleo más profundo de tu ser.

La acción es lo que está más lejos del ser; luego el pensamiento y luego el sentimiento. Y oculto justo detrás del sentimiento, está tu ser. Ese ser es universal. Ese ser es la meta de todos los meditadores. Esas tres barreras, que son como círculos concéntricos alrededor del ser, han de ser superadas.

Encuentra tiempo y lugar para estar desocupado. Precisamente, de eso se trata la meditación. Encuentra al menos una hora al día para sentarte sin hacer nada, completamente inactivo, simplemente observando todo lo que pasa en tu interior. Al principio te sentirás muy triste cuando mires en tu interior. Solo sentirás oscuridad, nada más; luego irán apareciendo cosas feas y toda clase de agujeros negros. Será angustioso, nada agradable. Pero si persistes, si perseveras, llegará un día en que toda la angustia desaparecerá, y detrás de la angustia está el éxtasis.

Empezando por cosas sencillas es más fácil entender. Cuando vayas de paseo por la mañana, disfruta el paseo; los pájaros en los árboles, los rayos de sol, las nubes, el viento. Disfruta, pero recuerda que eres un espejo; estás reflejando las nubes, los árboles, la gente. Da un paseo matutino y recuerda que tú no eres el hacedor. Tú no eres el que camina sino el que observa. Poco a poco, llegará el momento en que puedas saborearlo; es un sabor, y llega lentamente. Es el fenómeno más delicado del mundo; no se puede entrar en él con prisas. Requiere paciencia.

Come, saborea la comida, pero recuerda que tú eres el observador. Al principio te resultará un poco difícil porque nunca has hecho las dos cosas a la vez. Sé que al principio, cuando empieces a observar querrás dejar de comer, y que cuando empieces a comer te olvidarás de observar.

Nuestra conciencia —tal como es en este momento— es unidireccional, solo se dirige hacia la diana. Pero puede llegar a ser bidireccional, a comer y observar a la vez. Puedes permanecer asentado en tu centro y ver la tormenta a tu alrededor; puedes convertirte en el centro del ciclón.

TRANSFORMAR EL MIEDO

El miedo tiene su propia belleza… su propia delicadeza y sensibilidad. De hecho, es una vitalidad muy sutil. La palabra es negativa, pero el sentimiento en sí es muy positivo. Solo los seres vivos pueden tener miedo; algo que está muerto no tiene miedo. El miedo es la consecuencia de estar vivo, de ser delicado, de ser frágil. Así que acepta el miedo. Tiembla con él, deja que haga temblar tus cimientos; y disfrútalo como una profunda experiencia que te remueve.

No adoptes ninguna actitud respecto al miedo… Ni siquiera lo llames miedo. En cuanto pronuncias la palabra miedo, ya has adoptado una actitud, ya lo has condenado, ya has dicho que es algo malo, que no debería existir. Ya te has puesto en guardia, estás escapando, huyendo. Te has despegado de él muy sutilmente. No lo llames miedo. Eso es lo primero que hay que hacer: dejar de ponerle nombres. Simplemente observa qué se siente, cómo es. Permítelo y no le pongas etiquetas, no lo clasifiques.

La ignorancia es un estado enormemente meditativo. Insiste en mantenerte ignorante, no dejes que la mente te manipule. No permitas que la mente utilice el lenguaje ni palabras, etiquetas o categorías, porque así es como comienza el proceso. Una cosa va asociada a la otra y a otra y a otra. Simplemente observa… no lo llames miedo.

Permite el temblor

Ten miedo y tiembla; es hermoso. Escóndete en un rincón, métete debajo de una manta y tiembla. Haz lo que haría un animal cuando tiene miedo. ¿Qué hace un niño pequeño cuando tiene miedo? Grita. ¿Qué hace un hombre primitivo de una tribu? Solo las personas primitivas saben que cuando están poseídas por el miedo se les ponen los pelos de punta. Las personas civilizadas han olvidado esa experiencia, se ha convertido en una simple metáfora. Pensamos que no es más que un dicho, pero es algo que realmente ocurre.

Si permites que el miedo tome posesión de ti, se te erizará el cabello. Entonces, por primera vez, sabrás lo hermoso que es el fenómeno del miedo. En medio de esa confusión, en medio de ese ciclón, averiguarás que en alguna parte de ti hay una quietud que se mantiene completamente intacta. Si el miedo no puede tocarla, la muerte tampoco. Hay oscuridad y miedo por todas partes, con un pequeño centro que lo trasciende por completo. No es que estés intentado ser trascendental, simplemente permites que el miedo tome total posesión de ti, y de repente te das cuenta del contraste, encuentras el punto de quietud. El miedo es una de las puertas por las que uno puede entrar en su ser.

Haz lo que te da miedo hacer

Cuando surja un miedo, recuérdalo, no hay que huir, porque huyendo nunca se resolverá. Entra en él. Si te da miedo la oscuridad de la noche, la única manera de superarlo es entrando en esa oscuridad. Es la única manera de trascender el miedo. Entra en la noche; es lo mejor que puedes hacer. Espera, siéntate solo y deja que la noche haga su trabajo.

Si tienes miedo, tiembla. Deja que surja el temblor, pero dile a la noche: «Puedes hacer lo que quieras. Aquí estoy». A los pocos minutos verás que todo se habrá calmado. La oscuridad ya no será oscura, tendrá cierta luminosidad. La disfrutarás. Podrás acariciar su aterciopelado silencio, su inmensidad, su música. Y cuando la estés disfrutando, dirás: «¡Qué tonto he sido teniendo miedo de una experiencia tan maravillosa!».

Cualquiera que sea el miedo que se presente, no huyas de él, porque si lo haces, el miedo se convertirá en un muro que no te dejará crecer en esa dimensión. El miedo te da pistas, te muestra el camino que tienes que tomar. El miedo solo es un reto. Te llama, te dice: «¡Ven!». En tu vida habrá muchos momentos pavorosos. No huyas nunca, no seas cobarde. Acepta el reto de entrar en ellos, si lo haces, detrás de cada miedo un día encontrarás un tesoro oculto. Así es como uno se vuelve multidimensional.

Recuerda: solo te da miedo lo que está vivo; las cosas muertas no te dan miedo porque no albergan ningún peligro.

Relájate y observa

Cuando estés asustado, simplemente relájate, acepta que el miedo está ahí pero no hagas nada al respecto. No le prestes atención.

Observa el cuerpo. No debe haber ninguna tensión en él. Cuando no hay ninguna tensión, el miedo desaparece automáticamente. El miedo produce cierto estado de tensión en el cuerpo para poder arraigarse en él. Si el cuerpo está relajado, el miedo acabará por desaparecer. Una persona relajada no puede tener miedo. A una persona relajada no la puede atemorizar. Aunque surja el miedo, vendrá y pasará como una ola, no echará raíces.

Cuando el miedo viene y se va como las olas, sin tocarte, es hermoso. Cuando echa raíces y empieza a crecer en ti, se convierte en un tumor, un tumor maligno. Entonces destruye el organismo de tu interioridad.

Por lo tanto, lo que tienes que hacer cuando tengas miedo es procurar que el cuerpo no esté tenso. El mejor antídoto para el miedo es la relajación. Túmbate en el suelo y relájate, y se irá igual que ha venido. Tú simplemente observa.

Ese observar no debe ser interesado, sino indiferente. Uno acepta que todo está bien. Hace mucho calor y el cuerpo traspira, ¿qué le vas a hacer?, es inevitable. Pronto llegará la tarde y empezará a soplar una fresca brisa. Así que simplemente relájate y obsérvalo.

Una vez que lo hayas logrado, cosa que harás pronto, te darás cuenta de que cuando estás relajado, el miedo no puede aferrarse a ti.

Cuando vayas a acostarte, tumbado en la cama, durante cinco o diez minutos, empieza a sentir que te estás muriendo. Hazlo todas las noches. En una semana te resultará más fácil entrar en ese sentimiento y estarás disfrutándolo. Te sorprenderá la cantidad de tensión que desaparece del cuerpo. Deja que todo el cuerpo muera, entra en el sueño muriendo, y por la mañana te sentirás renovado y lleno de energía. La energía fluirá armoniosamente.

TRANSFORMAR LA IRA

Recuerda, la ira no tiene energía propia, somos nosotros quienes la provocamos volcando nuestra energía en ella, solo entonces adquiere vida; depende de nuestra colaboración. Al observar, se rompe esa colaboración; dejas de darle apoyo. Se quedará un rato, unos minutos, y luego se irá. Al no encontrar dónde echar raíces, al ver que no estás disponible, que estás distante, que eres un observador en la colina, se disipará, desaparecerá. Esa desaparición es maravillosa, es una gran experiencia.

Al desaparecer la ira surge una gran serenidad, el silencio que sigue a la tormenta. Si cada vez que surge la ira, puedes observar, entrarás en una tranquilidad como no habías conocido antes; te sorprenderá. Caerás en una profunda meditación. Cuando la ira desaparezca te verás a ti mismo más lozano, más joven, más inocente que nunca. Entonces, no estarás enfadado con la ira e incluso le estarás agradecido por haberte proporcionado un nuevo espacio maravilloso en el que vivir, una experiencia completamente nueva. La has utilizado, la has convertido en un trampolín.

Esa es la forma de usar creativamente las emociones negativas.

Cuando estás enfadado, no tienes por qué dirigir tu ira contra nadie; simplemente sigue enfadado. Deja que se convierta en una meditación. Cierra la puerta, siéntate y deja que salga toda la ira que puedas. Si tienes ganas de golpear, golpea una almohada…

Puedes hacer lo que te apetezca, la almohada no pondrá ninguna objeción. Si quieres matarla, coge un cuchillo y mátala; te hará bien, mucho bien. Es increíble lo útil que puede llegar a ser una almohada. Golpéala, muérdela, tírala. Si estás enfadado con alguien en particular, escribe su nombre en la almohada o pega un retrato suyo en ella.

En la meditación, convierte tu ira en un acto total, y luego observa qué ocurre. Sentirás que surge de todo tu cuerpo. Si dejas que ocurra, participarán todas y cada una de las células de tu cuerpo. Cada fibra, cada poro de tu cuerpo se volverá violento. Todo tu cuerpo adoptará un estado de locura. Se volverá loco; pero deja que ocurra, no te contengas.

Te sentirás ridículo, estúpido, pero la ira es así; no puedes hacer nada al respecto. Déjala y disfrútala como un fenómeno energético. Eso es lo que es: un fenómeno energético. Si no haces daño a nadie, no hay nada malo en ella. Cuando lo practiques, verás que, poco a poco, irá desapareciendo cualquier deseo de causarle daño a nadie. Puedes hacerlo a diario, veinte minutos cada mañana.

Luego, observa lo que ocurre durante todo el día. Estarás más tranquilo porque habrás sacado del sistema la energía que se habría convertido en ira, en veneno. Practícalo durante al menos dos semanas y al cabo de una semana te sorprenderás, cualquiera que sea la situación, no aflorará la ira.

Enciérrate en tu habitación y recuerda una experiencia de ira en la que perdiste los estribos. Evócala y represéntala. Así te resultará más fácil. Represéntala, vuelve a hacer todo lo que hiciste, vuelve a vivirla. No te limites a recordarla, revívela. Recuerda una ocasión en la que alguien te insultó, qué te dijo y cómo reaccionaste con esa persona. Reacciona de nuevo, recréalo.

Tu mente solo es como una grabadora y ha registrado el incidente exactamente tal como ocurrió, como si hubieran introducido una grabación en tu cerebro. Volverás a tener la misma sensación, tus ojos enrojecerán, tu cuerpo empezará a temblar y a enfebrecerse, volverás a recrear la situación. Así que, no te limites a recordar, revívelo. Empieza a evocar la experiencia y la mente captará la idea. Recordarás el incidente, volverás a vivirlo. Pero cuando lo revivas, no dejes que te perturbe.

Empieza por el pasado, es más fácil porque solo se trata de una recreación, no es la verdadera situación. Si consigues hacerlo, también podrás hacerlo cuando realmente se presente una situación de ira, una situación real. Volver a representar algo del pasado te resultará muy útil.

Todo el mundo tiene cicatrices en su mente, heridas que no se han curado. Si vuelves a representarlas, te liberarás de su carga. Si consigues ir al pasado y acabar algo que ha quedado incompleto, te librarás de esa carga de tu pasado. Tu mente estará más limpia, la habrás desempolvado.

Cuando una cosa queda inacabada sigue flotando en la mente como una nube. Influencia todo lo que eres, todo lo que haces. Tienes que dispersar esa nube. Vuelve atrás en el tiempo y regresa a los deseos que han quedado incompletos, revive las heridas que todavía te duelen. Las heridas se curarán, te sentirás más completo y, además, aprenderás a permanecer imperturbable ante una situación perturbadora.

Tomar nota tres veces

En el budismo hay un método particular al que llaman tomar nota tres veces. Cuando surge un problema, cuando aparece la envidia, la avaricia o la ira, hay que tomar nota tres veces de que está ahí. Si se trata de ira, el discípulo solo tiene que decir tres veces para sí: «Ira... Ira... Ira», para tomar clara nota de ello y no perder la conciencia. Luego puede seguir con lo que estuviera haciendo. No hay que hacer nada contra la ira, simplemente tomar nota tres veces.

Es enormemente bello. En cuanto te das cuenta de la perturbación, tomas nota de ella y desaparece. No puede agarrarse a ti, solo puede hacerlo cuando no estás consciente. Este «tomar nota tres veces» te da la clara conciencia interior de que estás separado de la ira. Entonces, puedes objetivarla porque la ira está allí y tú estás aquí. Buda aconsejó a sus discípulos que lo hicieran siempre.

Correr como un niño

Empieza a correr por las mañanas. Empieza corriendo uno o dos kilómetros, luego ve aumentando hasta que llegues a cinco por lo menos. Cuando estés corriendo, utiliza todo el cuerpo, no vayas como si llevaras una camisa de fuerza. Corre como un niño, utilizando todo el cuerpo, las piernas y los brazos. Respira profundamente desde el abdomen. Luego siéntate bajo un árbol, descansa, suda y siente la fresca brisa y la tranquilidad. Te sentará muy bien.

Hay que relajar los músculos. Si te gusta nadar, hazlo, también servirá. Pero debes hacerlo lo más totalmente que puedas. Cualquier cosa en la que puedas involucrarte totalmente servirá. Lo importante no es la ira ni cualquier otra emoción, sino la totalidad con la que te involucras en ello; porque cuando seas capaz de involucrarte totalmente en algo, también serás capaz de hacerlo en la ira y en el amor. Cuando aprendes a involucrarte en algo totalmente, sabes hacerlo con cualquier cosa, sea lo que sea.

Trabajar directamente con la ira puede ser difícil, porque suele estar profundamente reprimida, será mejor que lo hagas indirectamente. Correr te ayudará a consumir una gran cantidad de ira y miedo. Cuando corres durante un buen rato y respiras profundamente, la mente deja de funcionar y el cuerpo toma el mando. Durante esos minutos que estás sentado a la sombra de un árbol, sudando, disfrutando de la brisa fresca, no hay pensamientos. Eres, simplemente, un cuerpo vibrante, un cuerpo vivo, un organismo en armonía con el todo; igual que un animal.

Al cabo de tres semanas sentirás que las cosas están llegando a un nivel muy profundo. Y una vez que se haya relajado la ira, que haya desaparecido, te sentirás libre.

Recuerda que tú eres la fuente

Alguien te insulta; de repente la ira entra en erupción, te acaloras. La ira fluye hacia la persona que te ha insultado. La proyectas hacia el otro. Pero no ha hecho nada. ¿Qué daño te ha hecho insultándote? Solo te ha provocado, te ha ayudado a sacar la ira, pero la ira es tuya.

El otro no es la fuente, la fuente siempre está dentro de ti. El otro solo puede provocar a la fuente, pero si dentro de ti no hay ira, no saldrá nada. Si golpeas a un Buda, solo saldrá compasión porque en él solo hay compasión. No saldrá ira porque no la hay. Si echas un cubo a un pozo seco, no sacarás nada, pero si lo echas a un pozo lleno, sacarás agua; el agua viene del pozo no del cubo. El cubo solo te ayuda a sacarla. El que te insulta solo está echando un cubo en ti, y el cubo se llenará con la ira, el odio o el fuego que haya dentro de ti. La fuente eres tú, recuérdalo.

Cuando lleves a cabo esta técnica, recuerda que tú eres la fuente de todo lo que vas proyectando en los demás. En cuanto surja un estado de ánimo a favor o en contra, ve inmediatamente hacia dentro, a la fuente de donde procede el odio. Céntrate en ella; no vayas al objeto. Cuando alguien te proporcione la oportunidad de ser consciente de tu propia ira, dale las gracias y olvídate de él. Cierra los ojos, ve hacia dentro y busca la fuente de la que procede ese amor o esa ira. ¿De dónde sale? Ve hacia dentro. Allí la encontrarás, porque allí es donde está la fuente de tu ira.

El odio, el amor y todo lo demás procede de esa fuente. Es más fácil ir a ella en los momentos de enfado, amor u odio, porque entonces estás caliente. En ese momento el hilo está caliente y te puede guiar hacia ella, puedes internarte siguiendo su calor. Y, de repente, llegarás a un punto fresco en el interior donde descubrirás una nueva dimensión, un nuevo mundo se abrirá ante ti. Utiliza la ira, el odio o el amor para entrar dentro.

Uno de los mayores maestros zen, Lin Chi, solía contar esta hermosa anécdota: «Cuando era joven me fascinaba ir en barca. Tenía una barquita con la que solía adentrarme yo solo en el lago, y me quedaba allí durante horas.

»Una hermosa noche, mientras meditaba en mi barca con los ojos cerrados, otra, que flotaba a la deriva, chocó contra la mía. Como tenía los ojos cerrados, pensé: "Han chocado contra mi barca". Entonces surgió la ira. Abrí los ojos y cuando estaba a punto de increpar al supuesto ocupante, ¡me di cuenta de que la barca estaba vacía! Mi ira no tenía por dónde salir. ¿A quién se la iba a expresar? La barca estaba vacía, iba a la deriva empujada por la corriente, y chocó con la mía. Así que no había nada que hacer. No tenía ningún sentido proyectar la ira sobre una barca vacía.

»Cerré los ojos —cuenta Lin Chi—. La ira estaba ahí pero, al no encontrar una salida, cerré los ojos y me abandoné a la ira. Esa barca va-

267

cía se convirtió en mi realización. Esa noche silenciosa llegue a un lugar muy especial en mi interior. Esa barca vacía fue mi maestro. Ahora, cuando alguien me insulta, me río y digo: "Esta barca también está vacía", cierro los ojos y voy hacia dentro».

TRANSFORMAR LA TRISTEZA Y LA DEPRESIÓN

Nota del editor: Como Osho ha mencionado anteriormente en este libro, gran parte de nuestra tristeza y nuestra depresión está relacionada con la ira reprimida, por lo que experimentando con los métodos de la sección anterior será enfocada de forma natural. A continuación ofrecemos algunos métodos más.

Encuentra la sonrisa interior

Cuando estés feliz, haz lo siguiente: cada vez que tengas la oportunidad de estar sentado sin hacer nada, relaja tu mandíbula inferior y abre ligeramente la boca. Empieza a respirar por la boca, pero no profundamente. Simplemente deja que sea el cuerpo el que respire, la respiración irá siendo cada vez menos profunda. Cuando la boca esté abierta, la mandíbula relajada y la respiración sea ligera, tu cuerpo estará completamente relajado.

Entonces, empieza a sentir una sonrisa, no en la cara sino en todo tu ser interior; podrás hacerlo. No se trata de la habitual sonrisa en los labios, sino de una sonrisa esencial que se extiende solo por el interior.

Si quieres sentirlo, inténtalo esta noche, porque es algo que no se puede explicar. No se trata de sonreír con los labios, sino de sentir que estás sonriendo desde el abdomen, que el abdomen está sonriendo. Y no es una risa, es una sonrisa muy suave, delicada, frágil, como una pequeña rosa que se abre en el abdomen y cuya fragancia se extiende por todo el cuerpo.

Una vez que hayas sentido esta sonrisa, podrás estar feliz las veinticuatro horas del día. Cuando sientas que estás perdiendo esa felicidad, cierra los ojos y vuelve a recuperar la sonrisa, estará ahí. Puedes recuperarla tantas veces como quieras, siempre está ahí.

Lo primero es decidir

Había un místico sufí que siempre estaba contento, nunca se le había visto infeliz, siempre estaba riendo, era la risa personificada, todo su ser emanaba un aroma de celebración.

Ya era muy viejo, estaba a punto de morir, pero todavía seguía disfrutando, riendo alegremente. Un discípulo, perplejo, le preguntó: «¿Cómo es posible que aun en tu lecho de muerte te sigas riendo?».

Y el anciano contestó: «Es muy sencillo. Cuando conocí a mi maestro yo era muy joven, solo tenía diecisiete años y ya era infeliz. Él era viejo, tenía setenta años, recuerdo que estaba sentado bajo un árbol, riendo sin ningún motivo aparente. Allí no había nadie más, no había ocurrido nada, nadie había contado un chiste o algo por el estilo, sin embargo, él se estaba riendo a carcajadas. Yo le pregunté: "¿Qué te ocurre? ¿Es que te has vuelto loco?".

»Él me contestó: "Hubo un tiempo en el que yo estaba tan triste como tú. Entonces comprendí que era mi vida, que era yo quien elegía". Desde entonces, cada mañana al levantarme lo primero que hago es decidir… antes de abrir los ojos me pregunto: "Abdullah —así se llamaba— ¿qué prefieres, desdicha o felicidad? ¿Qué eliges hoy?". Y siempre elegía la felicidad».

Simplemente sentado y en silencio, crea una risa en las entrañas de tu ser, como si todo tu cuerpo estuviera riendo. Empieza a mecerte con esa risa, deja que se extienda desde el abdomen a todo tu cuerpo, que llegue a las manos, a los pies. Métete en ello con todas tus fuerzas. Ríete durante veinte minutos. Si la risa surge a carcajadas, estruendosa, permítelo. Si surge silenciosa, deja que sea silenciosa, pero de cualquier forma ríe durante veinte minutos. Luego túmbate en el suelo, extiéndete en el suelo, boca abajo. Si hace buen tiempo y puedes hacerlo en tu jardín, en contacto con la tierra, mucho mejor, y si puedes hacerlo desnudo, mejor aún. Túmbate en el suelo boca abajo, entra en contacto con la tierra y siente que ella es tu madre y tú su hijo. Piérdete en ese sentimiento.

Primero veinte minutos de risa, y luego veinte minutos en profundo contacto con la tierra. Respira con la tierra, siéntete uno con ella. Venimos de la tierra y un día regresaremos a ella. Después de esos veinte minutos de recarga de energía, baila durante veinte minutos, cualquier tipo de baile, pon música y baila. La tierra te habrá dado tanta energía que tu baile tendrá una cualidad diferente.

Si no dispones de ningún espacio exterior privado o hace demasiado frío fuera, puedes hacerlo dentro de la casa, en tu habitación, pero si puedes hacerlo en el exterior, mejor. Si hace frío, cúbrete con una manta. Busca la manera, los medios, pero no dejes de hacerlo y en seis u ocho meses verás que están ocurriendo grandes cambios.

Sé tan negativo como puedas

Durante veinte minutos, vuélvete negativo, lo más negativo que puedas. Cierra las puertas, pon cojines alrededor de la habitación. Descuelga el teléfono y di a todos que no te molesten durante una hora. Pon una nota en la puerta que diga que durante una hora quieres estar completamente solo. Prepara un ambiente oscuro, pon una música lúgubre y siente que estás muerto. Siéntate y empieza a ser negativo. Repite el mantra «no».

Evoca escenas del pasado —esos momentos de aburrimiento y angustia en los que querías suicidarte y no sentías ningún deseo de vivir— y exagéralas. Prepara el ambiente a tu alrededor. Tu mente intentará distraerte. Dirá: «¿Qué estás haciendo? ¡La noche es muy hermosa, hay una luna llena espectacular!». No la escuches. Dile que ya irás más tarde pero que este momento se lo vas a dedicar por completo a la negatividad. Grita, llora, gime, maldice, haz todo lo que te salga, pero recuerda una cosa: no te sientas feliz. No permitas felicidad alguna. Si te descubres haciéndolo, ¡date una bofetada inmediatamente! Vuélvete de nuevo a la negatividad y empieza a golpear los cojines, lucha con ellos, salta sobre ellos. ¡Sé cruel! Verás que ser negativo durante veinte minutos resulta muy difícil.

Esta es una de las leyes fundamentales de la mente: por mucho que lo intentes, no podrás hacer nada negativo conscientemente. Pero hazlo. Si lo haces conscientemente, sentirás una separación. Lo estarás haciendo pero seguirás siendo un testigo, no te perderás en ello, habrá cierta distancia, y esa distancia es tremendamente hermosa.

Cuarenta minutos después, sal de la negatividad de repente. Aparta los cojines, enciende la luz, pon alguna música agradable y baila durante veinte minutos. Simplemente di «¡Sí! ¡Sí! ¡Sí!», deja que sea tu mantra. Y luego date una buena ducha. Esta meditación desarraigará toda la negatividad, y te proporcionara una nueva forma de decir sí.

Ve a lo opuesto

Si sueles estar enfadado, haz algo que sea justo lo contrario para romper el hábito. Además, cuando rompes un hábito se libera energía, pero

271

si no utilizas esa energía, el hábito volverá a tu mente. ¿Dónde iba a ir la energía si no? Ve siempre a lo opuesto.

Si has estado triste, intenta estar feliz. Es difícil, porque el camino viejo es más fácil, ofrece menos resistencia; para estar feliz tendrás que hacer un esfuerzo. Tendrás que luchar conscientemente contra los viejos hábitos mecánicos de la mente. Tendrás que volver a condicionarla. Es decir, crear el nuevo hábito de estar feliz.

A no ser que se cree un nuevo hábito —el de estar feliz—, el viejo hábito se mantendrá, porque la energía necesita alguna salida. Si no la tuviera, sencillamente no podrías vivir, morirías, te ahogarías. Si tu energía no se convierte en amor, se volverá agria, amarga, se convertirá en ira, en tristeza. El problema no es la tristeza, la ira o la infelicidad; el problema es cómo no caer en la vieja rutina.

Vive un poco más conscientemente, y cuando te des cuenta de que estás repitiendo un viejo hábito, haz inmediatamente lo opuesto, no esperes ni un momento. Cuando se aprende a hacerlo es fácil. Estás cayendo en la trampa… ¡haz algo!

Cualquier cosa servirá. Ve a dar un largo paseo, empieza a bailar. No importa que la danza sea un poco triste al principio, es normal, estás triste, ¿cómo vas a estar feliz de repente? Empieza bailando triste y la danza desviará la tristeza. Has llevado algo nuevo a la tristeza, algo que nunca habías hecho. Nunca antes habías bailado cuando estabas triste o te sentías desdichado; eso desconcertará a la mente. La mente se sentirá perdida, no sabrá qué hacer porque la mente solo puede funcionar con lo viejo. Para las cosas nuevas la mente es sencillamente una inepta.

Con el tiempo, todo el mundo se va haciendo experto, experto en tristeza, en infelicidad, en ira. Y luego te da miedo perder tu pericia, porque te has vuelto muy eficiente.

Cuando te sientas triste, baila o toma una ducha y observa cómo desaparece la tristeza de tu cuerpo según te vas refrescando. Siente cómo el agua de la ducha se va llevando la tristeza a la vez que el sudor y el polvo del cuerpo, y observa qué ocurre.

TRANSFORMAR LA ENVIDIA

Cuando te invada la envidia, observa cómo surge en ti, cómo te agarra, cómo te rodea y te nubla, cómo intenta manipularte, cómo te arrastra a caminos por los que no quieres ir, cómo al final te produce una gran frustración, cómo destruye y disipa tu energía, dejándote extremadamente deprimido, frustrado. Observa todo el proceso.

Simplemente observa el hecho, sin condenarlo ni apreciarlo, sin juicios a favor o en contra. Simplemente observa manteniéndote al margen, distante, como si no tuvieras nada que ver con el asunto. Observa de forma científica.

La observación no crítica es una de las más importantes contribuciones de la ciencia. Cuando un científico experimenta, lo hace sin juicios, sin conclusiones previas. Si va con una conclusión previa en la mente, no es un científico; su conclusión influirá en el experimento.

Sé científico en tu mundo interior. Que tu mente sea tu laboratorio y observa; pero recuerda: sin condenar. No digas que la envidia es mala, porque ¿quién sabe? No digas que la ira es mala, porque ¿quién sabe? Ciertamente, lo has oído, te lo han dicho, pero te lo han dicho los demás, no es tu experiencia. Tienes que ser muy existencial, experimental, hasta que no te lo demuestre tu experiencia, no debes decir sí o no a nada. Tienes que abstenerte por completo de hacer juicios. Entonces, observar la envidia es un milagro.

No vayas con ninguna idea preconcebida; simplemente observa lo que hay. ¿Qué es esta envidia? ¿Qué es esta energía llamada envidia? Obsérvala como observas una rosa; simplemente estúdiala. Cuando vas sin ninguna idea preconcebida, tus ojos ven con claridad. Solo alcanzan la claridad los que van sin ideas preconcebidas. Obsérvala, estúdiala y se volverá transparente, te darás cuenta de su estupidez. Y cuando te das cuenta de su estupidez, cae por sí sola. No hace falta que hagas nada.

Observar el sexo

Entra en el sexo; no hay nada malo en ello, pero mantente como observador. Observa todos los movimientos del cuerpo; la energía fluyendo hacia dentro y hacia fuera, cómo la energía va cayendo hacia abajo; el orgasmo, lo que está ocurriendo, el movimiento rítmico de los dos cuerpos. Observa el latir del corazón, cómo se va acelerando cada vez más hasta que casi se vuelve loco; cómo se va elevando la temperatura del cuerpo —la sangre circula más deprisa—; cómo la respiración se va volviendo desenfrenada; el momento en el que tu voluntariedad llega a su límite y todo se vuelve involuntario. Observa el último momento a partir del cual ya no hay retorno, a partir del cual el cuerpo actúa tan automáticamente que pierdes por completo el control. Un momento justo antes de la eyaculación pierdes el control por completo y el cuerpo toma el mando.

Observa el proceso voluntario y el no voluntario. La fase en la que tú tienes el control y todavía puedes regresar, cuando el retorno todavía es posible, y la fase en la que ya no puedes regresar y el retorno ya es imposible; ahora tú has dejado de tener el control y lo ha tomado el cuerpo. Obsérvalo todo; hay millones de cosas. Todo es muy complejo pero nada lo es tanto como el sexo, porque está involucrado todo el cuerpo-mente, solo hay una cosa que siempre se mantiene al margen: el testigo.

El testigo es ajeno. Debido a su naturaleza, es imposible que el testigo se convierta en un participante. Encuentra a este testigo y estarás como en la cima de una colina desde donde se ve todo lo que ocurre en el valle sin involucrarse. Simplemente observas como si no te concerniera, como si le estuviese ocurriendo a otro.

Del deseo al amor

Cuando sientes que surge el deseo sexual hay tres alternativas. La primera es caer en la indulgencia, que es la más común, lo que hace la mayoría de la gente. La segunda es reprimirlo, sacarlo a empujones de tu conciencia para que caiga en la oscuridad de la inconsciencia, arrojarlo al sótano de tu vida. Eso es lo que hacen las supuestas personas extraordinarias, los *mahatmas*, los santos, los monjes. Pero estas dos alternativas son contrarias a la naturaleza y a la ciencia interna de la transformación.

La tercera, que solo de vez en cuando alguien pone en práctica, es cerrar los ojos cuando surge el deseo sexual. Es un momento muy valioso: el surgimiento del deseo es un surgimiento de energía. Es como el sol saliendo por la mañana. Cierra los ojos; es el momento de ser meditativo. Baja al centro sexual donde estás sintiendo la emoción, la vibración, el estímulo. Baja allí y sé un observador silencioso. Preséncialo, no lo condenes; en cuanto lo haces te alejas de él. Tampoco lo disfrutes, porque en cuanto lo disfrutas te vuelves inconsciente. Simplemente mantente alerta, observando, como una lámpara encendida en la oscura noche. Simplemente lleva ahí tu conciencia, sin vacilar, sin dudar. Observa qué está ocurriendo en el centro sexual. ¿Qué es esta energía?

No le pongas ningún nombre, porque todas las palabras están contaminadas. El mero hecho de llamarlo «sexo» ya es condenarlo; la propia palabra se ha vuelto peyorativa o, dependiendo de a qué generación pertenezcas, algo sagrado. Pero en cualquier caso, siempre contiene una carga de emotividad. Cualquier palabra cargada de emotividad se convierte en una barrera en el camino de la conciencia.

No le pongas ningún nombre, simplemente observa cómo está surgiendo una energía alrededor del centro sexual. Hay una vibración; obsérvalo. Observándolo, sentirás una energía nueva, de una cualidad distinta. Observándolo, verás cómo sube buscando un camino en tu interior. Cuando esté subiendo, te sentirás completamente rodeado de frescura, silencio, gracia, beatitud, bendición, felicidad. Ya no es punzante como una espina, ya no es doloroso; al contrario, es muy relajante, como un bálsamo. Y cuanto más consciente te mantengas, más se irá elevando. Si puede llegar hasta el corazón, lo que no es muy difícil —es difícil, pero no tanto—, si te mantienes alerta verás cómo llega al corazón, y cuando llega al corazón descubres por primera vez lo que es el amor.

Siente tu dolor

Cuando alguien te hace daño, agradécele que te haya dado la oportunidad de sentir una herida profunda. Esa persona ha abierto una herida en ti. La herida seguramente ha sido producida por los golpes que has recibido a lo largo de toda tu vida. Seguramente el otro no es la causa de todo el sufrimiento, pero ha provocado el proceso. Simplemente cierra la puerta de tu habitación, siéntate en silencio y, sin ira hacia esa persona, sé absolutamente consciente del sentimiento que está surgiendo en ti, el doloroso sentimiento de haber sido rechazado, de haber sido insultado. Entonces, para tu sorpresa, a tu memoria no solo acudirá esa persona sino que empezarán a pasar por ella todos y cada uno de los hombres y mujeres que te hayan hecho daño en alguna ocasión.

Y no solo los recordarás, los revivirás. Entrarás en una especie de regresión. Siente el dolor, siente el daño; no lo eludas. Por eso, en muchas terapias se le dice al paciente que no tome ninguna droga antes de la terapia, por la sencilla razón de que las drogas son una vía de escape para tu desdicha interior.

Por muy intenso que sea el dolor, por muy intenso que sea el sufrimiento, deja que así sea. Primero experiméntalo en su total intensidad. Será difícil, desgarrador. Puede que empieces a llorar como un niño, que empieces a revolcarte de dolor, que tu cuerpo sufra espasmos. Puede que, de repente, te des cuenta de que el dolor no está solo en el corazón, sino en todo el cuerpo, te duele todo, el dolor se ha extendido por todo el cuerpo, no es otra cosa que dolor.

Si llegas a experimentarlo —y esto es tremendamente importante—, empieza a absorberlo. Es una energía muy valiosa, no te deshagas de ella. Absórbela, bébela, acéptala, dale la bienvenida, siéntete agradecido a ella. Y dite a ti mismo: «Esta vez no la voy a eludir, esta vez no la voy a rechazar, esta vez no me desharé de ella. Esta vez la recibiré como a una invitada. Esta vez la beberé, la digeriré».

Puede que necesites algunos días para digerirlo, pero cuando eso ocurra, habrás descubierto un camino que te llevará muy lejos, tu vida habrá comenzado un viaje hacia un nuevo tipo de ser. Porque en cuanto aceptas el dolor sin rechazarlo en absoluto, su energía y su cualidad cambian; deja de ser dolor. Quizá te sorprenda, no puedas creerlo, es demasiado increíble. No puedes creer que el sufrimiento se transforme en éxtasis, que el dolor se convierta en gozo.

Deshazte de los condicionamientos de tu pasado

La tristeza es la misma energía que podría haber sido felicidad. Cuando te das cuenta de que tu felicidad no está floreciendo, te entristeces; cuando ves a alguien feliz, te entristeces. ¿Por qué no te está ocurriendo a ti? ¡También puede ocurrirte a ti! Solo tienes que deshacerte de los condicionamientos de tu pasado. Para que eso ocurra, tendrás que salirte un poco del camino; debes hacer un pequeño esfuerzo para abrirte.

Empieza a hacer una meditación por la noche. Tienes que dejar de sentirte como un ser humano y convertirte en el animal que más te guste. Si te gustan los gatos, un gato. Si te gustan los perros, un perro... o un tigre, macho, hembra, lo que prefieras. Simplemente elige, pero luego mantente en lo que hayas elegido. Transfórmate en ese animal. Anda a cuatro patas por la habitación sintiéndote como ese animal. Durante quince minutos, disfruta todo lo que puedas de esa fantasía. Si eres un perro, ladra como un perro, haz las cosas que se supone que hacen los perros, ¡hazlas de verdad! Disfrútalo. Y no controles, porque un perro no puede controlar. Ser un perro significa absoluta libertad así que, en ese momento, haz lo que surja, no introduzcas el elemento humano del control. Sé realmente, perramente, un perro. Durante quince minutos vaga por la habitación, ladra, salta.

Sigue haciendo esta meditación durante siete días; te vendrá muy bien. Necesitas un poco más de energía animal, eres demasiado sofisticado, civilizado, y eso te está mutilando. El exceso de civilización es paralizante. En pequeñas dosis está bien pero en exceso es peligrosa. Uno debería conservar la capacidad de sentirse animal. Si aprendes a ser un poco salvaje, tus problemas empezarán a desaparecer.

Baja el ritmo

Durante unos días muévete lentamente y haz las cosas muy despacio. Por ejemplo, si caminas, camina más despacio de lo que lo sueles hacer. Desde este momento, empieza a quedarte atrás. Cuando comas, come despacio; mastica más. Si normalmente comes en veinte minutos, hazlo en cuarenta; ralentízalo un cincuenta por ciento. Abre los ojos más lentamente de lo que sueles hacerlo. Tómate el doble de tiempo en la ducha; ralentízalo todo.

Cuando lo ralentizas todo, tu mecanismo se ralentiza automáticamente. Solo hay un mecanismo. El mecanismo con el que caminas, con el que hablas, con el que te enfadas, es el mismo. No hay diferentes mecanismos; solo hay un mecanismo orgánico. Así que si lo ralentizas todo te sorprenderás de que tu tristeza, tu desdicha y todo lo demás se ralentice también.

Buda utilizaba este profundo enfoque para sus discípulos y para sí mismo. Les decía que caminaran lentamente, que hablaran lentamente, que hicieran todos los movimientos muy lentamente… como si no tuvieran energía. Eso provoca una experiencia increíble: tus pensamientos, tus deseos, todos tus viejos hábitos se ralentizan. Durante tres semanas baja el ritmo.

MEDITACIONES ACTIVAS DE OSHO

A continuación ofrecemos una lista de las Meditaciones Activas Osho más utilizadas, con una breve descripción de cada una de ellas. Cada técnica de meditación va acompañada de una música especial, compuesta siguiendo las directrices de Osho, que refuerza la estructura y marca cada fase del proceso.

Meditación Dinámica Osho

Es una meditación en cinco fases que comienza con una respiración caótica y profunda hasta el abdomen, seguida de una catarsis y liberación de energía, observación, silencio y celebración. Es una de las más exigentes físicamente —y de las más purificadoras emocionalmente— de las Meditaciones Activas Osho. El mejor momento para hacerla es a primera hora de la mañana.

Meditación Kundalini Osho

Considerada por algunos como la «meditación hermana» de la Dinámica, esta técnica, normalmente se hace a última hora de la tarde o primera hora de la noche, al final de la jornada de trabajo. Comienza sacudiendo el cuerpo y liberando la tensión y estrés acumulados de forma sencilla y natural; luego se danza. Termina con un tiempo de observación en silencio.

Meditación Nataraj Osho

Se baila total y libremente durante cuarenta y cinco minutos. Le sigue una fase de quietud y silencio.

Meditación Nadabrahma Osho

Basada en un antiguo método tibetano, esta técnica comienza con el sonido «ommm» para abrir suavemente todos los centros de energía del cuerpo, se añaden lentos y delicados movimientos de brazos, y acaba en un tiempo de silencio. Es bueno para centrarse, sanarse y relajarse.

Para más información y una descripción más detallada de las técnicas, incluidos vídeos de demostración de las diferentes fases, visita: www.osho.com/meditation

PARA MÁS INFORMACIÓN:

www.osho.com

Un amplio sitio web en varias lenguas, que ofrece una revista, libros, audios y vídeos Osho, así como la Biblioteca Osho con el archivo completo de los textos originales de Osho en inglés e hindi, además de una amplia información sobre las meditaciones Osho. También encontrará el programa actualizado de la Multiversity Osho e información sobre el Resort de Meditación Osho Internacional.

Website:
www.OSHO.com/resort
www.OSHO.com/AllAboutOSHO
www.OSHO.com/magazine
www.OSHO.com/shop
www.youtube.com/OSHO
www.twitter.com/OSHOtimes
www.facebook.com/osho.international

Para contactar con OSHO International Foundation, diríjase a <www.osho.com/oshointernational>.

ACERCA DEL AUTOR

Resulta difícil clasificar las enseñanzas de Osho, que abarca desde la búsqueda individual hasta los asuntos sociales y políti cos más relevantes de la sociedad actual. Sus libros no han sid escritos, sino transcritos a partir de las grabaciones de audio de vídeo de las charlas improvisadas que Osho ha dado a ur audiencia internacional. Como él mismo dice: «Recuerda: toc lo que digo no es solo para ti, hablo también a las generacion del futuro». El londinense *The Sunday Times* ha descrito a Osh como uno de los «mil creadores del siglo xx», y el escritor est dounidense Tom Robbins ha dicho de él que es «el hombre m: peligroso desde Jesucristo». Por su parte, el hindú *Sunday Mi Day* ha seleccionado a Osho como una de las diez personas (jur to con Gandhi, Nehru y Buda) que han cambiado el destino o la India.

Acerca de su trabajo, Osho ha dicho que está ayudanc a crear las condiciones para el nacimiento de un nuevo tipo c ser humano. A menudo ha caracterizado a ese ser humano con Zorba el Buda: capaz de disfrutar de los placeres terrenale como Zorba el Griego, y de la silenciosa serenidad de Gautam Buda. En todos los aspectos de la obra de Osho, como un hi conductor, aparece una visión que conjuga la intemporal sab duría de todas las épocas pasadas y el más alto potencial de tecnología y de la ciencia de hoy (y de mañana).

Osho también es conocido por su revolucionaria contribución a la ciencia de la transformación interna, con un enfoque de la meditación que reconoce el ritmo acelerado de la vida contemporánea. Sus singulares «meditaciones activas» están destinadas a liberar el estrés acumulado tanto en el cuerpo como en la mente y a facilitar una experiencia de tranquilidad y relajación libre de pensamientos en la vida diaria. Está disponible en español una obra autobiográfica del autor, titulada: *Autobiografía de un místico espiritualmente incorrecto*, Barcelona, Editorial Kairós, Booket, 2007.

Ubicación: Situado a unos ciento sesenta kilómetros al sudeste de Bombay, en la próspera y moderna ciudad de Pune, India, el Resort de Meditación Osho Internacional es un destino vacacional que marca la diferencia. El Resort de Meditación se extiende sobre una superficie de más de dieciséis hectáreas de jardines espectaculares, en una zona poblada de árboles.

Originalidad: Cada año el Resort de Meditación da la bienvenida a miles de personas procedentes de más de cien países. Este campus único ofrece la oportunidad de tener una experiencia directa y personal con una nueva forma de vivir, con una actitud más atenta, relajada, divertida y creativa. Están disponibles una gran variedad de programas durante todo el día y a lo largo de todo el año. ¡No hacer nada y relajarse es uno de ellos!

Todos los programas se basan en la visión de Osho de «Zorba el Buda», un ser humano cualitativamente nuevo que es capaz tanto de participar de manera creativa en la vida cotidiana, como de relajarse en el silencio y la meditación.

Meditaciones: Un programa diario de meditaciones para todo tipo de personas, que incluye métodos que son activos y pasivos, tradicionales y revolucionarios, y en particular, las Meditaciones Activas OSHO™. Las meditaciones tienen lugar en la que seguramente es la sala de meditación más grande del mundo, el Auditorio OSHO.

Multiversidad: Las sesiones individuales, los cursos y los talleres abarcan desde las artes creativas hasta los tratamientos holísticos, pasando por la transformación y terapia personales, las ciencias esotéricas, y el enfoque zen de los deportes y otras actividades recreativas. El secreto del éxito de la multiversidad radica en el hecho de que sus programas se combinan con la meditación, avalando y entendiendo que, como seres humanos, somos mucho más que la suma de nuestras partes.

Spa Basho: En el lujoso Spa Basho se puede nadar tranquilamente al aire libre, rodeado de árboles y naturaleza tropical. El diseño único, el espacioso jacuzzi, las saunas, el gimnasio, las pistas de tenis… son realzados por su escenario increíblemente hermoso.

Cocina: Los diferentes cafés y restaurantes sirven cocina vegetariana occidental, asiática e hindú. La mayoría de los productos son orgánicos y se cultivan especialmente para el Resort de la Meditación. Los panes y las tartas se hornean en la propia pastelería del Resort.

Vida nocturna: Hay varios eventos nocturnos para escoger, ¡bailar es el primero de la lista! Otras actividades incluyen meditaciones a la luz de la luna llena bajo las estrellas, una amplia variedad de espectáculos, actuaciones musicales y meditaciones para la vida cotidiana.

O simplemente puedes pasarlo bien conociendo a gente en el Plaza Café, o paseando en la tranquilidad de la noche en los jardines de este entorno de cuento de hadas.

Instalaciones: Puedes comprar los artículos de aseo personal y todas tus necesidades básicas en la Galería. La Galería Multimedia vende una amplia variedad de los productos de Osho. También hay un banco, una agencia de viajes y un Cibercafé en el campus. Para aquellos a quienes les gusta ir de compras, Pune ofrece todas las opciones, desde productos hindús tradicionales y étnicos hasta tiendas de todas las marcas internacionales.

Alojamiento: Puedes escoger entre instalarte en las elegantes habitaciones de la Osho Guesthouse, o para estancias largas puedes optar por los paquetes del programa «Living In». Además, en las cercanías existen numerosos hoteles y apartamentos privados.

www.osho.com/meditationresort
www.osho.com/guesthouse
www.osho.com/livingin

Bienestar emocional de Osho
se terminó de imprimir en enero de 2017
en los talleres de
Impresora Tauro S.A. de C.V.
Av. Plutarco Elías Calles 396, col. Los Reyes,
Ciudad de México